Copyright© 2019 by Literare Books International
Todos os direitos desta edição são reservados à Literare Books International.

Presidente:
Mauricio Sita

Vice-presidente:
Alessandra Ksenhuck

Capa:
Jefferson Porciúncula

Diagramação e projeto gráfico:
Gabriel Uchima

Revisão:
Rodrigo Rainho

Diretora de projetos:
Gleide Santos

Diretora executiva:
Julyana Rosa

Relacionamento com o cliente:
Claudia Pires

Impressão:
Impressul

Dados Internacionais de Catalogação na Publicação (CIP)
(eDOC BRASIL, Belo Horizonte/MG)

S484n	Sérgio, Paulo. À noite o sol não some / Paulo Sérgio. – São Paulo, SP: Literare Books International, 2019. 288 p. : 16 x 23 cm
	ISBN 978-85-9455-205-1
	1. Autoajuda. 2. Autorrealização. 3. Conduta. I. Título.
	CDD 158.1

Elaborado por Maurício Amormino Júnior – CRB6/2422

Literare Books International.
Rua Antônio Augusto Covello, 472 – Vila Mariana – São Paulo, SP.
CEP 01550-060
Fone/fax: (0**11) 2659-0968
site: www.literarebooks.com.br
e-mail: literare@literarebooks.com.br

APRESENTAÇÃO..5

INTRODUÇÃO...11

SUA MELHOR VERSÃO..15

A VISÃO DOS GATOS CEGOS...19

A FREQUÊNCIA 361,5°..27

A ILÓGICA DO SUCESSO...31

O SUCESSO ENTRA PELAS FRESTAS..35

ATRAVESSE O VAZIO...39

O PASSO NÚMERO DEZ..45

SEJA SEU PRÓPRIO XAMÃ..49

A CHARADA DO MEU AVÔ ANTÔNIO...51

ARRUME A MESA, MESMO QUE NÃO TENHA PÃO..................................57

AS FASES DO SUCESSO..59

SUCESSO 361,5°: CORPORATIVO – COOPERATIVO.............................69

O QUARTETO FANTÁSTICO DO SUCESSO 361,5°..................................77

TODA PROFISSÃO TEM RIQUEZAS OCULTAS...99

NÃO CORTE SUAS ÁRVORES NO INVERNO..105

1ª SINTONIA: CONSTRUA UMA MENTALIDADE 361,5°.........................107

    O PROCESSO DE CRIAÇÃO DA MENTE 361,5°...................................117

    O PODER DOS SONHOS PARA A MENTALIDADE 361,5°.....................127

    O FERRO – VELHO...135

    SE VOCÊ ESTÁ NA CHUVA, PROCURE PELO ARCO–ÍRIS....................141

2ª SINTONIA: CORTE OS CICLOS DESTRUTIVOS..147

    MUDANÇAS LIGHTS...155

    MUDANÇAS 361,5°...161

3ª SINTONIA: EMPREENDA VISÃO E ATITUDE 361,5°...................................169

    DEPOIS DE ATINGIR, COMO MANTER O NÍVEL 361,5°?.....................183

4ª SINTONIA: CONTROLE SUAS EMOÇÕES..213

    O FENÔMENO DOS 60 SEGUNDOS..221

    EMPATIA..227

    SEGURE A ONDA..231

5ª SINTONIA: FAÇA DA SUA VIDA UMA TROCA..235

    A SINTONIA ENÉRGICA DAS TROCAS...245

    A REEMISSÃO DAS ENERGIAS...249

    PERDAS SÃO TROCAS...253

    GENEROSIDADE 361,5°...257

CONEXÃO EM VEZ DE EQUILÍBRIO..263

A DISTÂNCIA ENTRE A MÃO E A TAÇA..269

A VIAGEM...273

APROVEITE O VENTO...277

CELEBRAÇÃO 361,5°..281

AH, E A HISTÓRIA DE FAZER LARANJADA
COM LIMÕES NO INÍCIO DO LIVRO?...287

REFERÊNCIAS...288

PROF. PAULO SÉRGIO

APRESENTAÇÃO

Certa noite, quando meu filho do meio, o Vinícius, ainda era criança, enquanto estávamos deitados na grama de um parque, olhando as estrelas, ele me disse: "Pai, por que à noite o sol some?". Rindo e segurando sua mão, respondi: "Ele não some. O sol nunca deixa de existir. Nós é que não estamos conseguindo vê-lo".

Percebi que na nossa vida, tanto pessoal quanto profissional, funciona do mesmo jeito. A alegria, a motivação, a força de vontade, o entusiasmo, a garra, a determinação e a capacidade de se adaptar às mudanças nunca deixam de existir, não somem: nós é que não conseguimos ver, sentir, expor tudo isso, porque estamos passando por períodos difíceis, escuros, vibrando numa frequência mental errada, o que acaba comprometendo todas as nossas atitudes.

Então, assim como quando é noite aqui para nós, e o sol parece que some, todas essas nossas qualidades, habilidades e padrões de comportamento parecem sumir também, diante das adversidades da vida e por estarmos vibrando nessa frequência equivocada.

Mas é importante saber que, quando estiver passando por momentos delicados, daqueles que afrouxam a determinação do mais

À NOITE O SOL NÃO SOME

forte dos seres humanos, não deve desistir de acreditar que há uma luz, um brilho, não no fim do túnel, porém no início da sua força mental, da sua capacidade de compreender que esse momento, essa situação, não é você, não é o seu estado natural de ver, sentir e agir diante das coisas. É apenas a sua visão que está escurecida pela situação que enfrenta.

Se entender isso, nenhuma escuridão, dificuldade, mudança vai assustar, porque em vez de lamentar, você fará parte da mudança que está acontecendo.

Em 1998, eu havia retornado para um escritório de contabilidade, para cuidar da parte do arquivo. Estávamos com computadores recém-instalados no escritório. Éramos 22 colaboradores e, muitos desses, ao ver a tecnologia e a inteligência dos computadores, os apelidaram carinhosamente de "demônios que iriam tirar nossos empregos" e torciam para que eles fossem expulsos da empresa. E realmente foi o que aconteceu: não os computadores, não foram expulsos, mas, sim, oito colaboradores foram dispensados.

De lá para cá, tenho visto todo tipo de mudança na área contábil e para todas as áreas serve o mesmo alerta. Mudanças na tecnologia, que no caso da contabilidade, em vez de caneta e livros fiscais manuais, há importação de notas fiscais, registros contábeis automáticos feitos por robôs supostamente inteligentes.

Mas, esse mesmo escritório, hoje em dia, no qual sou um dos proprietários, tem quase duas dezenas de colaboradores e três vezes mais clientes. Os colaboradores não chamam as tecnologias de "demônios", mas de ajudantes.

Quero dizer tudo isso para você não se preocupar com as mudanças. Desde que você seja parte, se adapte a elas, haverá um lugar para você no mundo dos negócios, e o sol do seu sucesso não vai sumir mesmo nas noites mais escuras.

Agora, se apenas criticarmos, jogarmos contra as mudanças, achando que isso vai garantir nosso espaço, vamos observar o sol se escondendo atrás de um pequeno pontinho escuro: nossa mente, nossa visão, nossa vibração errada, na frequência da lamentação e não na das atitudes.

PROF. PAULO SÉRGIO

Vejo muitas pessoas desistindo dos sonhos, de algum projeto importante, de alguém especial, pelo simples motivo de que está difícil suportar a situação ou as mudanças repentinas que estão ocorrendo. É justamente nessa hora que o campeão, o vencedor, aparece, pois reconhece que a dificuldade, o medo de dar errado e a necessidade de mudanças são sinais de que o resultado será maior, a conquista será mais importante e a celebração após a superação dessa momentânea ausência de sol na sua vida será extraordinária.

Quem vive de metas, de vendas, por exemplo, às vezes se entrega, se cansa, depois de tantas visitas que fez, objeções que respondeu, nãos que levou, sem nenhum fechamento de pedido, de contrato. A pessoa desiste de prospectar, não acredita mais no mercado em que atua e, no fim, muda de profissão, pois se acha incapaz de vender. Ela precisava perceber que era só um leve sumiço do sol, um momento em que o mercado estava retraído.

Sua mente tinha de estar preparada para entender que deveria empregar mais empenho, dedicação, garra e não fazer o movimento contrário, ou seja, se retrair junto com o cenário que enfrenta, até desistir. Embora o sol, sua energia, motivação, comprometimento, estivesse ali, ela não o via, devido à escuridão momentânea.

O empreendedor que investiu todas as economias na empresa, que iniciou com o gás todo, mas que há seis meses acumula prejuízos, acaba achando que o ditado de que o sol nasceu para todos não é real, pois o dele parece ter sumido. Não é verdade. O sol continua lá, brilhando. O problema é que ele não consegue visualizar, pois sua visão está distorcida, turva, diante da tempestade passageira. Quem sabe esteja receoso de que a tecnologia tome seu espaço, de que os clientes não apreciem mais seus serviços e produtos. Se a pessoa não souber analisar isso, vai colocar ladeira abaixo seu empreendimento, pois se achará incapaz, vendo a noite ocultar o sucesso que poderia ter no mundo dos negócios.

O profissional que batalha há anos para ser promovido, ter reconhecido seu comprometimento, quem sabe já esteja

À NOITE O SOL NÃO SOME

entregando os pontos, jogando a toalha. Acha que o sol das oportunidades não nasceu para ele. Sua vontade de crescer e sua garra para arrebentar a boca do balão na empresa não sumiram, embora pareça. Só estão esvanecendo diante da dificuldade de evoluir na carreira. Quem sabe seu coração esteja tremendo de medo da dita inteligência artificial, que vai roubar seu emprego. Isso só acontecerá se ele não for capaz de enxergar essas mudanças como suas aliadas, e basta uma adaptação de sua parte para se sair melhor diante disso tudo.

A mãe e o pai, que veem os filhos indo por um caminho errado, também podem concluir que foram incompetentes, não souberam educar as crianças. Porém, nem sempre isso é verdade. Mesmo diante dos melhores exemplos e do amor, muitos se perdem, por razões que nem a psicologia, psiquiatria e pedagogia juntas são capazes de explicar.

O que os pais não podem jamais fazer é se culparem e abandonarem a ideia de ser pais melhores, nem tampouco desistirem dos filhos que ainda querem mudar. Embora o sol aparentemente tenha sumido na relação entre eles e os filhos, que tudo esteja escuro, o amor e o respeito de um pelo outro ainda estão lá. Nada que um bom diálogo, um ombro e muitos abraços não possam incendiar a luz das soluções e um recomeço.

O casal que já não acredita mais que pode ser feliz junto provavelmente precisa reconhecer, em primeiro lugar, que a luz do amor, da admiração e do carinho ainda existe. Essa luz está apenas ofuscada pelas noites que dormiram separados, devido às brigas por coisas banais, onde um quis mostrar que é melhor ou mais forte que o outro. Deveriam compreender que não há nada mais forte do que a humildade em reconhecer que o que pode salvar a relação é a sabedoria de ambos cederem, dividirem juntos o sofá, com as mãos entrelaçadas, enquanto falam abertamente sobre seus medos, problemas, na busca incessante de ver qual deles fará o outro mais feliz.

Qualquer que seja seu papel atualmente: de pai, mãe, esposo, esposa, parceiro, parceira, líder, empresário, colaborador, entenda uma coisa: o sol não some à noite. Todo o brilho de

PROF. PAULO SÉRGIO

suas motivações, entusiasmos, alegrias e forças para continuar na direção dos seus objetivos está aí dentro de você, ele nunca vai deixar de existir. Pode até parecer que dá aquela sumidinha, assim como o sol faz nas noites. Porém, ele jamais deixa de existir e estará sempre brilhando em algum lugar.

Eu sei que você talvez esteja passando por momentos bem delicados, não veja luz alguma e seu sol realmente pareça estar desaparecendo. Sei bem como é isso, pois já passei por situações bastante complexas, inclusive nessa noite em que estava com meu filho Vinícius. Enfrentava momentos bem adversos.

Mas o melhor conselho que posso dar agora é: em uma bela noite de inverno, deite-se na grama, ao lado de uma, duas ou três pessoas muito especiais e, enquanto olham e contam as estrelas, pergunte: "Sabia que o sol nunca deixa de existir?". E contem um para o outro boas e inspiradoras histórias.

Creio que isso vá fazer você enxergar o brilho de todo seu potencial para seguir em frente e acreditar que o sol nasceu para todos, mesmo que nem sempre possamos vê-lo.

Este livro é para você que ainda acredita que o sol dos seus sonhos, projetos, objetivos e propósitos jamais vai deixar de brilhar, e estará sempre esperando que você vibre na frequência capaz de expandir sua visão e suas atitudes, para que possa atravessar as noites difíceis que ocultam momentaneamente a força do seu brilho.

PROF. PAULO SÉRGIO

INTRODUÇÃO

 O QUE DÁ SEGURANÇA E PROTEGE PODE SER A MESMA COISA QUE PRENDE.

Com as mudanças viscerais que estão ocorrendo, e na velocidade em que acontecem, não dá mais para aprender a fazer do limão uma limonada: você tem de fazer do limão uma laranjada.

Provavelmente você deve estar se perguntando: "Como é que vou fazer do limão uma laranjada, se ainda não aprendi nem a fazer uma limonada dele?".

Mas eu não vou contar agora, porque para que você realize seus projetos, conquiste seus sonhos, as coisas geralmente não são tão rápidas como a gente imagina. Muitas pessoas querem receitas prontas, ideias mágicas, milagrosas, que resolvam todos os seus problemas e abram todas as portas e janelas de oportunidades. Claro, de uma maneira bem rápida.

Portanto, no momento oportuno você vai entender a minha ideia em relação aos limões e à laranjada.

A maioria das pessoas não vive a vida que gostaria. E isso é desolador, pois não há nada mais triste do que abdicar de uma vida cheia de realizações, para viver longe dos nossos sonhos.

À NOITE O SOL NÃO SOME

Algumas vivem escondidas dentro de uma casca, como um pintinho antes de nascer. Elas pensam estar protegidas, mas a mesma casca que protege também as sufoca. Para o nosso sucesso e felicidade, essa decisão de esconder-se tem um alto custo.

Outras pessoas são ousadas demais, não medem consequências, não planejam, querem resultados sempre maiores e melhores, no menor tempo possível. Estão dispostas a pagar qualquer preço pelo sucesso na carreira, nos negócios. O problema é que buscam isso, às vezes, às custas da própria felicidade. Nesse caso, é como se o pintinho decidisse nascer antes do tempo: ele sairia da casca, mas morreria logo em seguida.

Assim somos muitos de nós, que:

> • Ou ficamos com medo de ousar, de acabar com algo que parece nos proteger, mas, com o tempo, só nos faz mal, tira a nossa paz, o brilho dos nossos olhos, seja no âmbito pessoal ou profissional, impedindo de começarmos algo novo, desafiador. Presos a essa casca, parece que manter a vida como está, por mais que não seja a vida que sonhamos, é a melhor decisão;

> • Ou nos tornamos aventureiros demais, sem ter um mínimo de planejamento e estratégia, o que também coloca em risco o sucesso e a felicidade que gostaríamos de vivenciar, pois rompemos a casca antes de um mínimo de preparo para enfrentar o mundo aqui fora.

A questão é que quando decidimos ficar dentro dessa casca ou sair antes do tempo acabamos tomando a decisão equivocada. E, no futuro, só olharemos para trás para continuar a reclamar, inventar desculpas, culpar alguém, seja um chefe, nosso parceiro ou parceira, o governo. Enfim, vamos descarregar nossa falta de atitude ou o excesso delas nas costas dos outros, estragando ainda mais a nossa vida e a vida deles.

Porém, há maneiras de resolver esse grande impasse que nos impede de viver como gostaríamos. Primeiro, temos que criar uma versão melhor de nós mesmos todos os dias. E isso só será possível se rompermos a casca e sair do casulo, no tempo certo, enfrentando nossos medos e ansiedades, reconhecendo que, na realidade, eles são apenas sinais de que estamos no caminho certo e que, depois de os gerenciar e superar, há algo maravilhoso nos esperando do outro lado.

 NADA GRANDIOSO DA NOSSA VIDA É FEITO SEM UM FRIOZINHO NA BARRIGA.

E, segundo, para que essa versão melhorada torne-se parte permanente da nossa vida, temos de aprender a vibrar na frequência mente-corpo correta, que vai muito além de ver e agir diante do todo, pois isso não é mais suficiente. Precisamos ver e agir além, enxergar mais do que a visão holística nos ensina a ver.

Mudanças assim requerem um esforço, uma dose extra de energia e um novo modelo de crenças, diferente do qual, provavelmente, estamos seguindo muitas vezes sem termos consciência de que estamos seguindo algum modelo. Pode ser que tenham pintado, ou nós mesmos, uma tela feia da nossa história. Precisaremos mudar essa tela e começar a pintar um paraíso, para vivermos nele.

Isso requer, às vezes, pequenas mudanças diárias, outras, mudanças mais radicais, que exigem um empenho sobrecomum, mas, que depois de empregadas, mostram o quanto valeram à pena serem implementadas, pois elas trazem um colorido todo especial aos nossos dias, nas nossas relações afetivas e profissionais.

Uma das partes mais complexas da mudança é aprendermos a gastar mais tempo com alternativas, soluções, ideias e ações do que com reclamações. É uma conta bem simples de ser feita, pois, ocupando nosso tempo com atitudes, não sobrará tempo para a falta delas. A complexidade está no porquê de não querermos assumir a responsabilidade, acabamos mantendo o modelo de crenças em que a culpa é sempre de algo ou alguém.

Falando em responsabilidade, um ponto crucial que devemos compreender é que precisamos nos tornar responsáveis

À NOITE O SOL NÃO SOME

pela nossa vida, pela nossa história. Muita gente se acha culpada por tudo o que aconteceu. Elas não culpam ninguém, apenas a si mesmas. Isso também não é conveniente, pois culpa causa desânimo, desesperança, um sentimento de incompetência, que geralmente paralisa-nos, impedindo o movimento às novas ações e mudanças. O simples fato de trocarmos a ideia de culpa por responsabilidade abre uma outra frequência mental, e a partir dela assumimos o compromisso com as mudanças que precisaremos fazer.

GASTE TODA A SUA ENERGIA ASSUMINDO A RESPONSABILIDADE POR SUA VIDA, POR SUA HISTÓRIA. USE TODO O SEU TEMPO E GÁS PARA FAZER O QUE TEM DE SER FEITO, ASSIM NÃO SOBRARÁ TEMPO NEM ENERGIA PARA PASSAR A VIDA RECLAMANDO E SE CULPANDO.

Contudo, essas singelas mudanças precisam estar acompanhadas de muitas outras mudanças, pois é possível que algumas pessoas pensem que se promoverem certas mudanças em sua vida tudo vai se encaixar perfeitamente e não haverá mais falhas no processo. Eu adoraria dizer que você tem razão, que iniciadas as mudanças seu caminho será sem espinhos, mas essa não é a realidade. A assombrosa e encantadora verdade:

É MELHOR OS MEDOS E AS DÚVIDAS DIANTE DAS MUDANÇAS RUMO AO SUCESSO E À FELICIDADE DO QUE A CERTEZA DE CONTINUAR NA MESMA SITUAÇÃO, QUE SÓ FAZ VOCÊ SE SENTIR CADA VEZ MAIS FRUSTRADO E INFELIZ.

PROF. PAULO SÉRGIO

SUA MELHOR VERSÃO

Em um mundo onde cada vez mais as máquinas e os aplicativos estão fazendo o que antes só era feito por humanos, é imperativo aprender a pensar como se destacar diante desse cenário, cuja tendência é avançar cada vez mais depressa.

É prudente tomar consciência da necessidade de tornar-se realmente interessante, entregando o que máquina ou tecnologia alguma será capaz, ao menos por enquanto, porque são habilidades comportamentais e não meramente técnicas, pois já há evidências de que essas últimas computadores e sistemas superpotentes executarão.

Como não seremos superados pela tecnologia, então? Enquanto ela atualiza versões cada vez mais sofisticadas para executar trabalhos técnicos, realizações robóticas, para chamar a atenção das empresas e das pessoas que amamos, nós temos de atualizar nossas versões comportamentais, com mais consciência, sentimentos, experiências inesquecíveis em nossos pares, sejam parceiros de trabalho, amigos, cônjuges, clientes. Será essa nossa capacidade de atualizar versões melhores de nós mesmos, o tempo todo, que nos fará brilhar nos palcos da existência pessoal e profissional?

À NOITE O SOL NÃO SOME

Para fazer vir à tona essa versão, precisaremos atuar como um garimpeiro, que, ao escavar, encontra muitos problemas, obstáculos pela frente, mas não desiste. Quando chega ao local esperado, depara-se com muito barro antes de encontrar as pedras preciosas que procurava. Ele sabe que as pedras estão lá, porém escondidas pela camada de barro. Com uma série de habilidades, ferramentas, mas sobretudo persistência, ele segue em frente até o brilho da pedra surgir. Enfim, destrói seus problemas, supera os obstáculos e encontra o que foi buscar.

Certa vez, um sábio precisava encontrar um novo líder para seu grupo. Então, ele ajuntou mais de duzentos discípulos e os colocou sentados ao redor de uma mesa. Sobre a mesa, ele pôs um lindo vaso e disse: "Está aqui o problema e ele está me causando muito medo. Qual de vocês resolver primeiro essa questão será o novo líder". Todos ficaram durante dias tentando decifrar o enigma, sem respostas. Conversavam entre si, mas não parecia haver qualquer problema, pois era um lindo vaso, sobre uma mesa imponente. De repente, no quarto dia, um discípulo levanta, empunha sua espada e corta o vaso pelo meio. O sábio se levanta e diz: "Você é o novo líder, pois não importa a aparência do problema. Se ele está impedindo você de crescer, gerando um medo excessivo, paralisando suas ações, precisa ser destruído".

Se o nosso maior problema é a descrença de que temos uma versão melhor, e se isso nos sintoniza numa frequência corpo-mente errada, criando camadas de medos, dúvidas, inseguranças, ele precisa ser destruído, sem terceirizar a solução aos outros, pois resolver significa encarar, enfrentar, diferentemente do que a maioria faz, que é ficar esperando que alguém resolva tudo.

PARA SOLUCIONAR OS PROBLEMAS, É PRECISO ENCARÁ-LOS. DESEJAR QUE ELES SE RESOLVAM POR MILAGRE, SEM SUA INTERVENÇÃO, É O MESMO QUE QUERER VER A IMAGEM DO PRÓPRIO ROSTO FICANDO DE COSTAS PARA O ESPELHO.

PROF. PAULO SÉRGIO

Diante disso, algumas perguntas precisam ser feitas: na sua carreira, qual é a camada que está impedindo você de crescer? Falta de comprometimento, motivação, disciplina, conteúdo, remuneração, apoio? Na sua empresa, o que impede você de produzir, vender e gerar mais lucros? Equipe destreinada, qualidade baixa, preço alto ou baixo, falta de engajamento do pessoal, liderança fraca? Como profissional liberal, autônomo, o que está travando a sua ascensão? Falta de clientes, a chuva, o frio, concorrência desleal?

É importante saber o que o impede e, mais importante ainda, concluir que:

> Tudo o que é responsabilidade minha pôr em prática, e não estou fazendo, é o grande problema e gerador de medos. Então, preciso criar uma versão melhor de mim mesmo, que seja capaz de, em vez de desculpas, arranjar meios para encarar e destruir esse e outros problemas, como o vaso que o sábio deixou sobre a mesa.

A maioria das pessoas que não assume as rédeas da própria vida possui essas camadas que embaçam e distorcem a visão e as atitudes positivas, pois elas olham apenas para o que são agora e não para a versão melhorada que podem despertar por meio de algumas mudanças que proponho neste livro.

O grande lance de sempre ter uma versão melhor é que isso dá a capacidade de transformar o difícil em fácil. O complicado é que, sem acessar essa versão melhorada, ampliando nossa visão de um modo geral, parece que vivemos para fazer o contrário: nossas atitudes vão tornando o que é fácil em difícil e o que é difícil praticamente em impossível.

Para realizar algo extraordinário e sair de um conformismo desastroso, ou da ousadia em excesso, você vai precisar criar versões melhores o tempo todo, em que sua missão é a de acreditar mais em si mesmo, desembaçando sua visão, mudando seu modelo de crenças, para ver o que quase ninguém mais vê ou acredita e também saber a hora de frear seus impulsos, para não se arriscar desnecessariamente.

À NOITE O SOL NÃO SOME

Vou explicar isso com duas histórias reais.

Um amigo meu passou por poucas e boas na vida. Enquanto enfrentava todo tipo de dificuldade, era convidado, o tempo todo, por pessoas próximas, a desistir. Seu pai e eu éramos aqueles que o incentivavam. Um belo dia, depois que sua vida melhorou bastante, ele me disse: "Paulo, foi uma pena meu pai ter morrido antes de ver o sucesso que estou fazendo". Sorrindo, eu disse a ele: "Fique tranquilo, assim como eu, ele viu tudo isso antes que você conseguisse".

Ao contrário, um jovem empresário que assessorei dizia que a mãe o impedia de dar saltos maiores, gigantescos, como ele queria. Contudo, ao desobedecer as ordens da mãe e minhas orientações, investiu em um negócio de sorvetes, que quebrou em menos de seis meses. Retornando a mim, disse: "Se tivesse ouvido vocês, não teria perdido tanto dinheiro, nem deixado minha mãe triste".

Mas onde está essa nossa melhor versão, para tomar as decisões mais assertivas? Como é possível ativá-la? Como você pode ver um paraíso onde o cenário é caótico, cheio de crises, problemas, economia prejudicada, empresas quebrando, negócios sendo desfeitos, equipes que não rendem o máximo, demissões acontecendo, relações se dilacerando? Como é possível acessá-las, antes que nosso espírito aventureiro nos faça arriscar demais, colocando tudo a perder?

A resposta é: para encontrar e ativar essa melhor versão, você precisa aprender a sintonizar toda sua estrutura mental na frequência correta, para que seu comportamento mude de maneira integrada também.

O bom disso é que, ao se dedicar a ser sua melhor versão todos os dias, a tirar lições dos seus erros e maus hábitos, nunca mais retorna a versões inferiores e cria um ciclo de sucesso e felicidade. Para começar a acessar sua melhor versão, acredite: dá para ser melhor a cada dia, se convencendo de que nasceu para o sucesso e não apenas ver os outros conquistando o que querem.

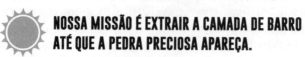

NOSSA MISSÃO É EXTRAIR A CAMADA DE BARRO ATÉ QUE A PEDRA PRECIOSA APAREÇA.

PROF. PAULO SÉRGIO

A VISÃO DOS GATOS CEGOS

Em uma pesquisa realizada em meados da década de 1970, com gatos recém-nascidos, constatou-se algo espantoso. Os gatos nascem com os olhos fechados e, à medida em que vão abrindo os olhos, o nervo óptico que está mal desenvolvido vai se abrindo e possibilitando a visão formidável que eles adquirem com o tempo. Porém, os pesquisadores descobriram que, ao se tapar os olhos de um gatinho, por dois ou três dias, enquanto o bichano está na fase de abrir os olhos pela primeira vez, ele ficará cego para sempre.

Observe que toda a genética do gato está pronta para que ele tenha uma visão extraordinária. Mas o fato de tapar seus olhos por um curto período de tempo, enquanto está em formação, faz esse felino ficar cego por toda a sua vida.

Qual é a origem da visão tapada ou distorcida que criamos diante daquilo que nos impede de avançar na direção dos nossos sonhos e projetos? De onde nascem a camada de barro e a ideia de que estamos presos a uma casca protetora, sem percebermos que ela também nos aprisiona e impede as novas visões e atitudes?

O que nos faz concluir que somos tão bons que não precisamos medir nossas ações e que já temos todo o discernimento

À NOITE O SOL NÃO SOME

para tomar as decisões que quisermos, pois tudo dará certo, apesar de vários sinais de que as coisas podem dar errado se adotarmos essa postura soberba?

São muitas fontes, como composição genética, nossa história de vida, companhias e todo tipo de influência. Mas nada se compara ao fato de às vezes parecermos gatos cegos e permitirmos que as pessoas, ou nós mesmos, tapem nossos olhos durante o processo em que poderíamos expandir nossa visão, ampliando possibilidades e mudanças de atitudes, para aproveitar ou criar oportunidades, além de planejar melhores estratégias para que, quando avançar, o tiro não saia pela culatra.

As origens são as mais variadas, todavia a maior delas, então, é a nossa decisão pela cegueira.

Nós decidimos, por uma série de motivos já expostos e tantos outros que estudaremos, continuar de olhos tapados e com a visão embaçada.

Essa pesquisa mostra, por outra óptica, que não basta ter todas as características genéticas para enxergar o mundo e os acontecimentos. É preciso decidir abrir os olhos, a mente, para que o cérebro consiga fazer as conexões necessárias com aquilo que existe, embora não estejamos vendo ainda, para captarmos as possibilidades e oportunidades que o tempo todo estão nos circundando.

 QUANDO MUDAMOS NOSSA MENTE, NOSSO COMPORTAMENTO NÃO TEM OUTRA COISA A FAZER SENÃO SEGUI-LA.

Outra pesquisa, também realizada com gatos, expôs três grupos deles em ambientes diferentes, no mesmo momento em que a visão desses animais estava se desenvolvendo. Um grupo ficou em uma caixa branca com linhas pretas verticais. Outro foi colocado em caixas brancas com linhas pretas horizontais. E o terceiro grupo foi deixado em uma caixa completamente branca.

Incrivelmente, os gatos do primeiro grupo tiveram durante toda a vida grande dificuldade em se deslocar e enxergar objetos horizontais, como cadeiras, mesas. O segundo teve

PROF. PAULO SÉRGIO

grandes problemas para se ajustar a tudo que tivesse linhas horizontais. E o terceiro grupo foi o que teve o maior problema, pois não conseguiam se relacionar bem com qualquer objeto, tivesse a forma que fosse.

Por que isso ocorreu? Porque no momento em que desenvolviam a visão, tudo o que aprenderam a ver foi o mundo que apresentaram a eles.

Para nós, a lição que fica, mais uma vez, é que há um mundo de infinitas possibilidades, porém muitos de nós fomos treinados para não as ver. Ficamos patinando em algo que aprendemos, sem nos dar ao luxo de desconstruir isso, para reconstruir de uma maneira mais inteligente.

É o caso de duas pessoas que nascem na mesma região e em famílias pobres, e são rodeadas pelos mesmos componentes diariamente, tipos de pessoas, enfim, têm estruturas muito semelhantes. No entanto, no decorrer da vida, uma continua na mesma região, sem quaisquer resultados relevantes, enquanto a outra iça voos extraordinários, conquistando e realizando grandes projetos.

Ou de outras duas pessoas, que nasceram em uma região e família ricos, porém uma delas foi capaz de multiplicar sua riqueza, enquanto a outra agiu como um filho pródigo, dilapidou o patrimônio que recebeu.

Qual a diferença entre essas pessoas? Os exemplos familiares e a situação são iguais, quando comparamos as duas que nasceram em condição difícil e também quando fazemos isso com as que tiveram condições melhores. Por que uma delas, em cada situação, se deu bem na vida e as outras duas não?

Basicamente, a diferença é que uma delas, na sua situação, tomou a decisão correta, de abrir os olhos, tirar a venda, e não quis mais ficar cega à falta ou ao excesso de possibilidades e oportunidades. Decidiu desconstruir o que sabia, incorporando à sua nova construção aquilo que ignorava, mas era importante para alcançar a realização que queria. Ela decidiu que seu mundo era maior do que apenas vertical, horizontal ou branco. Seu mundo era a soma disso tudo e muito mais.

À NOITE O SOL NÃO SOME

Isso prova que não é necessariamente o local nem a condição que moldam nosso futuro, mas, sim, nossa decisão de mudar aquilo que precisa ser modificado, para manter e expandir nossas capacidades e habilidades, que fazem toda a diferença.

Nossa sorte é que, diferentemente dos gatos, temos essa opção de decidir enxergar a hora em que quisermos. Não precisamos passar a vida toda cegos.

Uma coisa é as pessoas nos influenciarem por longos períodos. Outra é nós decidirmos prosseguir alimentando isso, sendo que podemos mudar com um simples clique mental: a decisão de parar de alimentar aquilo que não nos faz bem!

> Certa vez, um pequeno macaco adentrou no quintal de uma residência. Duas crianças que o viram ficaram com certo receio, mas ao mesmo tempo eufóricas. Correram para dentro de casa e pegaram várias bananas, arremessando para o macaco. A mãe de uma delas, ao ver a cena, correu para perto para protegê-las de qualquer perigo. Ao terminar de comer as bananas, o macaco foi se aproximando mais das três. A mãe, desesperada, entrou na cozinha e pegou mais bananas, jogando para o macaco e dizendo: "Coma mais essas e vá embora". Obviamente que o animal não entendeu absolutamente nada disso. Terminou de comer aquelas bananas e sumiu. Mais tarde, ele retornou ao mesmo local e a mãe e seu filho que brincavam no quintal tentavam espantar o pequeno macaco. Sem sucesso, entraram em casa, pegaram mais bananas, e arremessaram com força no bicho. Isso perdurou por vários dias, até que a mãe resolveu chamar o responsável pelo Ibama no local, que, ouvindo a história, disse: "Se você quer que ele vá embora, não o alimente".

A mesma regra vale para tudo o que é negativo e prejudicial em sua vida, sejam pensamentos, crenças ou pessoas: se você quer que vão embora, pare de alimentá-los.

Sem essa nova visão e versão, acabamos por repelir o que mais gostaríamos que se aproximasse de nós e atrair aquilo que queremos que vá embora.

PROF. PAULO SÉRGIO

A pessoa que quer um emprego novo, por exemplo, mas está sintonizada na frequência incorreta, não percebe que estará repelindo aquilo que mais quer, quando diz que a próxima entrevista também não vai dar certo, por ter sido reprovada em outras entrevistas ou por estar ouvindo quem também não encontra emprego, sem avaliar a razão disso estar acontecendo. Sem perceber, ela está grudada mentalmente ao desemprego.

Quem já está há algum tempo trabalhando, mas não viu a carreira decolar, começa a se conectar com todo tipo de ideia errada, sua ou de outras pessoas, como: "O meu tempo já passou, a empresa na qual estou não oferece oportunidades, meus colegas vivem puxando meu tapete, ninguém me valoriza, mas Fulano também não consegue...", e acaba concluindo:

> "Fazer o que, tenho de me contentar em ficar nesse lugar, mesmo que sem o progresso que adoraria ter, afinal, tenho muito medo de não encontrar nada melhor e, nessa crise, não dá para arriscar".

Se expandissem a maneira de enxergar as coisas, e isso só viria por meio de uma mudança na frequência mental em que estão sintonizadas, poderiam concluir de outra maneira, diante do mesmo episódio:

> "Preciso me doar por completo à minha carreira, a esse negócio, a essa empresa. Vou dialogar com meus chefes (clientes, parceiros, colegas) para modificar esse cenário. Se nada disso der certo, vou sair desse trabalho atual e arranjar outro. Mereço crescer, ser promovido, ter sucesso e ser feliz. Tenho que dar um jeito de mudar isso".

Mas, tristemente, a primeira maneira de ver as coisas é a mais comum, e, claro, a mais catastrófica, pois a pessoa destrói a semente dos seus sonhos antes mesmo de semeá-la.

Alguém com essa visão não consegue se dar conta de que dificuldades, dor e sofrimento têm de passar, mas que basicamente

À NOITE O SOL NÃO SOME

depende da maneira como cada um vê e age diante de tudo isso, que faz toda a diferença nos resultados futuros.

Muitos empresários ouvem que o mercado em que estão atuando vai crescer apenas 2% e começam a trabalhar para chegar, pelo menos, próximo disso. Essa visão nivelada por baixo reduz a energia, a garra, a motivação, e quando atingem ou chegam perto desse percentual acreditam que se saíram bem.

 MUITOS NÃO CRIAM UM FUTURO MELHOR, PORQUE SEMPRE TOMAM DECISÕES COM BASE NO PASSADO.

Mas a realidade é que se tirassem o foco da frequência errada que aprenderam a vibrar, olhando para fora das caixas brancas, expandiriam a visão, e a versão melhorada apareceria, e, com ela, novas atitudes, pois notariam que algumas empresas do mesmo setor cresceram 40%, 50%, 70% no mesmo período. Elas souberam dosar as decisões, saindo da visão pessimista, sem ultrapassar também a linha da ousadia extrema.

Na carreira, colaboradores que focaram seus projetos no crescimento padrão desistiram de uma promoção, de galgar salários e rendimentos melhores. Não notaram que quem vibrou em uma frequência positiva foi promovido e dobrou seus ganhos. Fizeram isso com parcimônia e antes de entrar chutando a porta do chefe pedindo aumento, mudaram os resultados da empresa, pois ativaram sua melhor versão, empreendendo atitudes diferentes, vendendo, produzindo mais, e tiveram o reconhecimento merecido.

Quem observa com visão de vítima tende a continuar permanentemente vendo e agindo do modo errado. Por outro lado, quem olha como agente transformador de mudanças, reconhecendo que um novo olhar do mundo de fora começa com um novo jeito de olhar para o mundo de dentro, passará a circular pelos níveis acima, até situar-se naquele em que sonha chegar.

Quem vive numa frequência mental errada, além de não resolver o conflito pontual que possa estar enfrentando, carrega essa carga para outras áreas, ampliando seus medos, problemas, estresses e ansiedades, o que só faz com que retroalimente

PROF. PAULO SÉRGIO

o processo e permaneça sem ver soluções. É como se a pessoa sintonizasse uma rádio na frequência errada e fosse aumentando o volume. Ela só vai ouvir uma chiadeira desgraçada!

Nessa frequência incorreta, por exemplo, o colaborador reclamará da crise, da sua função, do salário, para não entregar mais comprometimento, melhores resultados e um perfil intraempreendedor. O vendedor atribuirá suas baixas vendas ao preço, à falta de variedade de produtos e serviços, aos clientes que pesquisam, mas não compram.

O líder, gerente, diretor da empresa, tentará a todo custo fazer com que a equipe atinja metas, produza e venda mais, sem conseguir, pois mentalmente na frequência errada não será capaz de inspirar, gerir nem chefiar, afinal, não apresenta as habilidades que quer ver na equipe, tampouco acredita no potencial dos seus liderados.

O empreendedor na frequência errada deixará esfriar seu desejo de empreender, pois, talvez, acompanhou negócios afundarem, por má gestão ou pelos mais variados problemas, e começa a vibrar negativamente, sintonizando-se na frequência do insucesso, deixando de revolucionar sua vida profissional e, por consequência, a pessoal também.

Os pais não saberão lidar com as diferenças de gerações entre eles e os filhos. Assim, em vez de brindarem o que cada um tem de melhor, combaterão para provar que um está ultrapassado e o outro é jovem demais para opinar. Se a questão é a procura do grande amor da sua vida, a pessoa também acaba por repeli-lo, pois, por timidez ou receio de receber um "não", deixa de flertar com a outra pessoa. Muitas vezes, quando toma coragem de ir se declarar, ela já está namorando ou saindo com alguém. Ou seja, todos os personagens que nos representam, sintonizados na frequência do insucesso, vibrando mentalmente de modo equivocado, verão o mundo por uma óptica errada, enxergando nada mais que caixas brancas ou ficando cegos às oportunidades por toda uma vida.

Talvez você conheça alguém que viva um ou mais dilemas desses, ou, quem sabe, você mesmo tenha passado ou passe por algo parecido, acreditando mais que tudo acontece por acaso, do que na sua própria capacidade de mudar todos esses cenários.

À NOITE O SOL NÃO SOME

Realmente, não sei qual a sua situação atual. Mas posso dizer que já passei por momentos muito delicados. Já construí e quebrei negócios e, mesmo como colaborador, pensei em deixar de lado o entusiasmo que sempre procurei empregar por onde passo. Crenças e histórias negativas tentavam me empurrar ladeira abaixo, com a intenção de me convencerem de que não teria oportunidades e que não merecia grandes coisas na vida. Já fui possuído também pela arrogância, que me fez empreender em negócios horríveis e levaram à quase falência num curto espaço de tempo.

Todavia, com o tempo, percebi que os resultados que eu não conquistava eram em virtude de eu ter permitido minha mente vibrar numa frequência errada, que me fazia ter uma visão equivocada dos acontecimentos, repelindo tudo aquilo que eu mais queria ter: sucesso e felicidade de maneira integrada na minha vida.

Portanto, o que verdadeiramente eu sei é que é só aprendendo a sintonizar a vida na frequência certa que descobrimos a coragem para mudar o que precisa ser mudado e desenvolvemos habilidades que vão nos conectar com a visão e as atitudes que nos farão vibrar na frequência do nosso sucesso, em vez de ficarmos procurando desculpas e culpados pelo que não estamos conseguindo realizar. Quando você consegue vibrar sua mente na frequência correta, mudando seu jeito de ver o mundo, sua vida se integra, se une, e você deixa de dar importância aos pessimistas de plantão, que procuram cortar a raiz da árvore dos seus sonhos.

Assim, todas as áreas se conectam e passam a trazer uma grande satisfação e prazer por viver, pois mesmo com alguns contratempos, normais na vida de todos nós, você sabe que vai superar e realizar seus projetos profissionais e pessoais, sem precisar ficar pulando de galho em galho. Vibrar nessa frequência demanda muitos ajustes e esforços extras, para conseguir fazer essa conexão com todas as áreas da nossa vida, pendendo para um lado e para o outro sempre que necessário. Entretanto, esses ajustes e esforços adicionais nos fazem viver cada uma dessas áreas intensamente, de maneira a concluir que a vida é mesmo incrível e que vale a pena ser vivida.

Precisamos parar de agir como gatos cegos ou míopes, que tiveram sua visão interrompida ou embaçada, sem chance de mudar esse destino. Nós temos essa opção!

PROF. PAULO SÉRGIO

A FREQUÊNCIA 361,5°

Recentemente plantei um pé de figo em meu jardim. Passados alguns dias, todos os galhos e folhas estavam secos por fora. Eu havia esquecido de regá-lo e não choveu por um período. Achei que ele havia morrido. Mas bastou quebrar um pequeno galho para observar que ele estava verdinho e vivo por dentro. Então o molhei abundantemente e, em pouco tempo, sua beleza havia rompido a parte interior, e era visível exteriormente.

Assim é o ser humano. Muitas vezes, observamos apenas o lado de fora, que pode estar opaco, sem brilho, aparentemente sem vida ou desfalecendo. Muito disso em razão de um auto-abandono. Porém, se mantivermos acesa a chama interior, uma crença inabalável em nós mesmos, jamais deixaremos morrer nossos projetos e sonhos e, também, nunca permitiremos que quem nos vê apenas por fora possa decretar nosso fracasso.

Vibrar em uma frequência 361,5° é exatamente manter a mente positiva, ativa, vibrante, "verdinha", viva, mesmo que por fora estejamos abalados. Para ativar essa frequência mental poderosa, a primeira coisa que precisamos fazer é regá-la, como fiz com o pé de figo.

À NOITE O SOL NÃO SOME

 SUCESSO E FELICIDADE NÃO VÊM ANTES DE TRABALHO APENAS NO DICIONÁRIO. HÁ UM LUGAR NO QUAL ELES, OBRIGATORIAMENTE, PRECISAM VIR ANTES: NA SUA MENTE.

Precisamos entender que, fundamentalmente, o mundo é igual para todos nós. Chove para mim, chove para você. Faz frio para mim, faz frio para você. Há problemas para mim e para você. Bem como, existem oportunidades para nós dois, não é?

Qual é a grande diferença entre as pessoas que brilham e as que apagam seus sonhos? Basicamente, a frequência em que elas vibram, em que umas enxergam nos tropeços, obstáculos, reveses, na secura aparente uma oportunidade de avançar, enquanto outras, diante do mesmo cenário, permanecem com a visão embaçada e distorcida, o que as faz paralisar, retroceder ou avançar rápido demais, mas sem direção, dando de cara com a parede, até desistirem.

Não importa a fase da vida em que nos encontramos, uma coisa é certa: estamos e estaremos sempre sintonizados em uma frequência corpo-mente, que pode ser positiva (focada em soluções, otimismo e oportunidades) ou negativa (conectada em problemas, pessimismo e desculpas) e isso vai influenciar diretamente em nossa carreira, nos negócios e trazer impactos para a área pessoal também.

É essa sintonia que faz a pessoa arrebentar a boca do balão profissionalmente ou ter uma carreira murcha. Ela é que torna o colaborador um supervendedor, gerente, diretor, ou alguém que vive reclamando do mercado, dos negócios, da política ou economia, sem promover as mudanças que quer ver acontecendo.

É essa frequência que cria cônjuges, pais, filhos, parceiros, amigos, incentivadores dos sonhos do outro ou aqueles que parecem disputar para ver quem faz o outro infeliz.

Só conseguimos sintonizar nossa estrutura mente-corpo na frequência positiva se mudarmos nosso modelo de crenças, subindo o nível de como interpretamos e agimos diante daquilo que acontece ou fazemos acontecer. É essa capacidade de sintonia

PROF. PAULO SÉRGIO

que nos faz enxergar o todo e mais um pouco, focados em soluções, otimismo e oportunidades, para agirmos da maneira mais adequada, que eu chamo de Frequência 361,5°.

É essa frequência que expande nossa visão, que propicia atitudes novas, diferentes ou mais intensas e nos torna capazes de realizar aquilo que parecia não ter mais jeito de ser feito.

Essa mudança de modelo é que fará nos aproximarmos do nosso sucesso, em vez de repeli-lo. Com esse singelo e poderoso ajuste inicial, você começará a dar significado ao conceito 361,5° que criei, e que verá em todo este livro, pois é ele que fará você assumir um compromisso constante com os resultados.

Raramente nos damos conta disso e ficamos tentando adivinhar a razão de algumas pessoas terem sucesso e outras não, mesmo quando, aparentemente, apresentam as mesmas condições e oportunidades para obtê-lo.

Para que os resultados esperados aconteçam, é preciso sintonizar toda a nossa estrutura mente-corpo, na frequência 361,5°, para poder realizar os movimentos certos, na direção e velocidade certas, e criar coragem para derreter as algemas mentais que nos aprisionam.

Geralmente ficamos martelando em ferro frio, sem perceber que o que mais nos impede de seguir na direção correta são as algemas mentais que surgiram por todas as conexões e crenças que fomos capazes de criar até este momento, fazendo-nos vibrar numa frequência muito abaixo do nível 361,5°.

O PRESO DA CADEIA PERDE SEU DIREITO DE IR E VIR. PORÉM, O APRISIONADO MENTALMENTE, PRESO A IDEIAS NEGATIVAS, ALGEMADO PELO PESSIMISMO E NEGATIVISMO, PERDE SUA LIBERDADE DE EXISTIR.

Um estudo realizado na Universidade de Essex, na Grã-Bretanha, pela pesquisadora Elaine Fox, revela que nosso estado mental afetivo – a maneira como vemos o mundo – nos molda. Nesse estudo, Fox identificou, por exemplo, que pessoas pessimistas têm

À NOITE O SOL NÃO SOME

muito mais estresse e ansiedade, fatores que podem funcionar como gatilho para depressão.

Como sabemos, pessoas com essa patologia apresentam resultados insignificantes em relação aos quais poderiam demonstrar em seu estado psicológico normal. Elas vendem menos, atendem de maneira ineficiente e ficam muito vulneráveis emocionalmente, o que afeta drasticamente seus resultados na vida de uma maneira geral.

Em outro estudo iniciado em 1975, cientistas pediram para que mais de mil pessoas na cidade de Oxford, Ohio (EUA), preenchessem um questionário sobre emprego, saúde, família e perspectivas para a idade mais avançada. Décadas depois, Becca Levy, cientista da Universidade Yale, monitorou os entrevistados. Ao verificar as certidões de óbito, Levy observou que as pessoas mais otimistas quanto à velhice haviam vivido, em média, sete anos e meio a mais que os pessimistas. Essa descoberta levou em conta outras questões relevantes e possíveis, como o fato de pessoas mais pessimistas possivelmente terem sido influenciadas por doenças prévias ou até depressão.

O pessimismo é como ter uma nuvem negra sobre a cabeça. O problema é que o pessimista só enxerga a nuvem tapando a luz do sol, sem conseguir perceber que essa nuvem está carregada de água, que molhará as plantas e árvores do seu jardim, fazendo-as germinar e gerar frutos.

Sem mudar a frequência, sintonizando nas ondas 361,5°, a pessoa pessimista sempre verá a sombra da nuvem ofuscando a luz, sem notar que é a sua luz própria que deve ser capaz de atravessar a sombra, iluminando seu caminho e arrebentando com tudo o que a prende mentalmente, a impedindo de realizar seus projetos.

Focando na frequência certa, nossa mente vibrará positivamente, abrindo espaço para enxergar que o mundo como nós queremos que ele seja e todos os resultados pessoais e profissionais que estamos atraindo surgirão da integração mente-corpo que a frequência 361,5° proporciona.

PROF. PAULO SÉRGIO

A ILÓGICA DO SUCESSO

Embora o sucesso seja ilógico e que não haja um único caminho que nos leva a conquistar o que queremos, quando estamos vibrando na frequência certa começamos a entender o porquê de algumas pessoas o conquistarem e outras não, mesmo que apresentem condições semelhantes. Em alguns casos, aquelas que tinham mais condições são as que menos se realizam.

Essa falta de lógica explica-se, em grande parte, pela frequência positiva, que faz a pessoa que não tem todos os expedientes correr atrás deles, enquanto que quem vibra incorretamente, mesmo diante dos mais fartos recursos, não consegue realizar grandes projetos.

Certamente você conhece pessoas nas quais ninguém apostava, mas que, às vezes, mesmo sem uma formação curricular invejável, são muito bem-sucedidas, enquanto que, não raras vezes, muita gente com diplomas e mais diplomas pendurados na parede está sofrendo para conquistar um lugar ao sol.

Independentemente da situação em que você esteja vivendo – início de carreira, procurando o primeiro emprego, experiente, pequeno empresário ou uma pessoa de relativo sucesso –, o que vai possibilitar seu crescimento, alinhado com a felicidade

À NOITE O SOL NÃO SOME

pessoal, é a frequência correta em que você sintoniza toda a sua estrutura e o seu modelo mental, pois é a partir daí que poderá transformar para melhor seus resultados.

Um empresário amigo meu, dono de um pequeno comércio, estava ondulando na frequência errada. Até então sua empresa gerava bons lucros e ele estava satisfeito. Mas, repentinamente, uma grande rede de lojas, abriu mais uma filial, a poucos metros dele. Infelizmente, viu seus clientes sumirem e se desesperou, orbitando na frequência negativa, e tinha praticamente convicção de que iria quebrar. Tentou muitos movimentos, como o de cativar mais seus clientes, ampliar o mix de produtos que oferecia e caiu na tentação de competir com a grande rede em preço. Nenhum movimento desses deu certo. Sua falência parecia inevitável. Mas, conversando com ele, indaguei: "Por qual razão você não muda de bairro? Por que não procura outro local para se instalar?". A princípio, me disse que não via jeito de dar certo, pois como chegaria em um local onde não conhecia ninguém, teria que alugar um espaço, sendo que o local atual era sua propriedade, que toda a logística da sua família teria de reestruturar. Enfim, arranjou dezenas de desculpas. Eu disse que, talvez, essa fosse sua única chance e que era melhor mudar para uma logística onde houvesse chances de sucesso do que manter uma que estava na iminência de grandes prejuízos. Falei para que não pensasse em aluguel, mas em vender mais, levar novidades para alguma região ainda em desenvolvimento da cidade e que o imóvel atual serviria como um plano B. Caso as coisas não saíssem como o esperado, ele teria para onde retornar e repensar sua vida profissional. A ideia começou a fazer sentido e ele acabou alinhando tudo com sua família, que o apoiou, pois, juntos, concluíram que realmente era a única saída para sobreviver. Mudaram a frequência negativa para uma que continha esperança, novos desafios e, claro, estratégias para reiniciar. Por fim, para encurtar a história, no sexto mês no local novo, já vendia três vezes mais que no bairro anterior.

PROF. PAULO SÉRGIO

O que estava impedindo aquele empresário, amigo meu, de tirar a venda dos olhos, para enxergar soluções em vez de bloqueios? Incompetência? Escassez de recursos? Parcerias erradas? Nada disso. Era a frequência negativa, que o colocou num nível bem inferior aos 361,5° em que precisaria estar, levando-o ao desespero e ao medo de quebrar.

Ele se esqueceu, deletou, num primeiro momento, qualquer possibilidade de fazer algo para melhorar a situação, embora tivesse largo conhecimento e experiência. E isso aconteceu em razão de vibrar na frequência errada, que fazia conexões mentais erradas, fazendo-o pensar e acreditar do jeito errado. Toda essa soma levava-o a atitudes equivocadas também. Embora se movimentasse, era na direção contrária a qual deveria.

Se não tivesse mudado a frequência, sua ruína seria garantida, no entanto, sintonizada em 361,5°, seus resultados foram melhores do que ele sequer poderia imaginar.

Não importa a situação na qual estamos. O que interessa para a vencermos é o modo como iremos vibrar mentalmente, o nosso alinhamento ao conceito 361,5°.

Se você está em início de carreira, pode ser que esteja receoso com seu futuro profissional e não entende muito algumas exigências do mundo corporativo. Quem sabe já tenha larga experiência, no entanto, com as drásticas mudanças que tem acompanhado, percebe que nada mais é seguro, estável, e não sabe bem ao certo que rumo dar à sua vida profissional.

Pode ser que seja dono de um pequeno empreendimento que, quando abriu, seus olhos brilhavam e, mesmo com medo, tinha grande entusiasmo e otimismo. Estava convicto de que daria certo.

Porém, o tempo foi passando e parece que você vive apagando incêndios todos os dias, trabalhando duas vezes mais do que quando era funcionário de alguém. Isso foi ofuscando o brilho dos seus olhos e, financeiramente, não sabe se fez um bom negócio. Naquela época, pelo menos, todo dia cinco de cada mês você tinha um saldo a receber. Agora, como empresário, a única certeza que tem são as contas a pagar.

À NOITE O SOL NÃO SOME

Este livro é para você que está em busca do seu sucesso e, também, para você que já está obtendo o que sempre quis, vivendo relações pessoais superinteressantes. Ele amplifica o volume das suas conquistas, ou seja, toda pessoa evoluirá a partir do ponto em que se encontra.

Afinal, pessoas de sucesso sempre querem mais, porque geralmente não fazem o que fazem apenas para si mesmas, mas para contribuir para que a vida de todos melhore.

TODA SUA ESTRUTURA CORPO-MENTE-MENTE-CORPO PRECISA ESTAR SINTONIZADA NA FREQUÊNCIA 361,5º. SEM ISSO, VOCÊ VAI VIVER PRESO À CASCA, AUMENTANDO O VOLUME DA FREQUÊNCIA ERRADA, BLOQUEANDO SEUS SONHOS E PROJETOS DE VIDA.

PROF. PAULO SÉRGIO

O SUCESSO ENTRA PELAS FRESTAS

Era sábado, já à noitinha, e meu pai, que dormia com as galinhas, se dirigia para sua cama. Mas antes disso, falei a ele, em alta voz, devido à sua surdez: "Pai, precisamos colocar sarrafos na parede, porque à noite entra muito vento pelas frestas". E ele, com tom educador, responde: "Polaco (era como ele me chamava), amanhã cedo o sol vai passar por essa mesma fresta".

Era verdade. Eu não tinha me dado conta daquilo, claro, eu tinha apenas 10 anos de idade. A mesma fresta por onde o vento passava era por onde o sol entrava durante o dia, iluminando e esquentando o ambiente.

Com a nossa vida é a mesma coisa. Há tantas dificuldades que, se nossa mente estiver ativada na frequência errada, só olhamos para elas. Mas a mesma situação que aparenta ser negativa pode ser a oportunidade se mostrando de um jeito diferente. Afinal, quase sempre, o frio da noite é só um sinal de que também há espaço para o calor da manhã. Tudo depende da forma como iremos interpretar e agir em cada momento, com base em nossa estrutura mental.

Talvez você tenha sido demitido injustamente ou quem sabe seja um bom líder que trata bem os seus colaboradores

À NOITE O SOL NÃO SOME

e parceiros, mas só recebe a ingratidão deles. Pode ser que esteja dando o seu máximo, cuidando dos negócios alheios como se fossem seus, mesmo assim acha que não tem o devido reconhecimento.

Quem sabe seja um profissional liberal, autônomo, batalhando dia e noite para honrar seus compromissos, no entanto parece que está esmurrando a ponta de uma faca e até quem achava que apoiaria você é quem mais bate pesado nos seus projetos e sonhos, querendo que arrume um emprego com carteira assinada e enterre seu propósito de vida.

Ou seu vento na fresta pode ser o fato de não ter experiência, estar começando no mercado de trabalho, perdido, sem rumo, com dúvidas do que dizer em uma entrevista, com medo de não saber escolher a carreira certa.

Seu vento talvez seja uma doença, patologia, aguda ou não, própria, ou de alguém especial, e você não se vê capaz de encontrar nada iluminado nisso.

Pode ser que você se dedique à família, ao cônjuge, e esse troglodita não reconheça seu valor, desvaloriza seu potencial, acha que você não merece mais nada, pois ele considera que a parte financeira mantida por ele pode substituir respeito, carinho e seu valor humano. Ou a parceira que só enxerga seus erros e o critica pela vida humilde que tem, culpando você por todas as dificuldades que passam, sem nem notar o duro que tem dado para levar o pão de cada dia à mesa.

Tudo isso significa o vento das noites frias, entrando pelas frestas das paredes da sua história.

Porém, se você acredita no sucesso, tem de se agarrar ao fiozinho de esperança e procurar pelas oportunidades escondidas nessas situações, pelos raios do sol que vão entrar para iluminar seu dia. Por mais que, inicialmente, você não os veja, eles entrarão. Se não fizer isso, ficará igual a mim, que não notava o sol do dia seguinte, pois estava tão focado no vento da noite anterior que não percebia a beleza que invadia o quarto todas as manhãs.

Quem foi demitido pode se sair muito bem no novo emprego que vai arranjar. Pode demorar um pouco, doer, vir aquela

PROF. PAULO SÉRGIO

angústia, mas isso passará, cicatrizará, tornando você alguém mais preparado para outra empresa, carreira. Ou, talvez, seja sinal de que está na hora de empreender o negócio próprio.

Quem cuida bem da equipe e não recebe o comprometimento que espera ganha a oportunidade de saber com quem pode contar, e quem deve dispensar, tomando decisões melhores para que as vendas, a produtividade e o lucro aumentem.

Se o problema é a falta de reconhecimento por tudo o que você faz pelos negócios dos outros, pode pensar que isso é injusto e que não tem como notar os raios do sol brilhando, já que o sucesso parece só entrar na casa alheia. Porém, pode ser que seja a hora de rever suas aptidões, habilidades e a geração de resultados, para analisar se o problema não está nisso, em vez de na empresa na qual trabalha.

Às vezes ficamos tão presos no mesmo lugar que achamos que estamos avançando, arrasando, contudo não nos damos conta de que paramos de evoluir e queremos que reconheçam nosso esforço e tempo de casa, sem perceber que estagnamos e o que fazíamos bem já nem é mais útil. Se demorássemos mais para enxergar isso, talvez fosse tarde, então foi justamente o vento pela fresta que nos possibilitou olhar para nossos fracassos, na busca pelo sucesso.

Se já está atuando como profissional liberal, autônomo, sabe bem a importância de enxergar oportunidades onde todos veem problema. E sabe que se quiser se dar bem na vida, não pode depender mais do apoio de ninguém. Pode contar, sim, com as pessoas, mas nunca entregar o seu sucesso nas mãos dos outros.

Quanto ao primeiro emprego, aos medos das entrevistas pela falta de experiência, em vez de focar nisso desafie seu entrevistador, dizendo que tem tanta certeza do seu potencial que trabalhará de graça até que cumpra o que esperam que você faça. Geralmente, para ir longe é preciso se jogar na frente de um trem em movimento. Falar assim com quem entrevista você é ousado, arriscado, mas o não você já tinha, não é?

Se a parceira ou o parceiro só deixam entrar o vento pelas frestas, está na hora de um longo diálogo, enquanto tomam

À NOITE O SOL NÃO SOME

café, para acertar as arestas ou concluir que não merecem sofrer, que a vida é curta demais para serem felizes só de vez em quando. Se a relação não esquentar para valer, pode ser que seja melhor derrubar todas as tábuas de uma vez, em vez de ficarem sofrendo em conta-gotas, com aquele ventinho frio incomodando vocês toda noite.

E quanto às doenças, os males que nos acometem, ainda que realmente pareçam um vento frio vindo do norte e que vai levando nossa vida mais próxima do fim, é geralmente nesses momentos que o Criador nos permite contemplar a vida e as pessoas que sempre foram raios de sol, porém não dávamos tanta importância a toda a luz que nos traziam. É nessas horas que aprendemos, de fato, a viver com toda plenitude. Não raras vezes, é isso que nos cura.

A questão crucial para que o sucesso atravesse as frestas da sua vida é a que o meu velho e saudoso pai disse: pela mesma fresta por onde passa o vento (dificuldades, problemas) também entra o sol (oportunidade, solução). Tudo vai depender de para onde estará focada sua visão e suas atitudes. Só precisamos nos agarrar a essa ideia e olhar para a luz do sol, em vez de focar no vento frio.

Desse modo, em vez de ficar tentando tapar as frestas da sua vida (adversidades, medos, fracassos), deve se conscientizar de que é por elas mesmas que entrará a luz que iluminará os seus sonhos. E o fator determinante para esse novo jeito de se comportar está intimamente ligado à sua frequência 361,5°.

PROF. PAULO SÉRGIO

ATRAVESSE O VAZIO

Não há outra maneira de conquistar resultados diferentes e melhores se não atravessarmos o vazio entre o que temos e somos e aquilo que sonhamos ter e ser.

Certa vez, um estudante iniciante perguntou a um empresário de sucesso: "O que separa uma pessoa igual a você de alguém que sente ter fracassado na vida?" E o empresário respondeu: "Apenas um vazio".

"Como assim?", arguiu o estudante. "A pessoa de sucesso atravessou o vazio entre aquilo que ela era e tinha e o que queria ser e ter", respondeu o empresário.

Qual é o vazio que você precisa atravessar? O que precisa fazer, para cruzá-lo, chegando ao outro lado? Que pontes precisa construir antes de tentar atravessar?

Qual é a distância entre a renda que tem agora e aquela que sonha ter? Entre a profissão dos seus sonhos e qual exerce neste momento? Da empresa que construiu e a expansão que deseja realizar? Da relação a dois que tem hoje e aquela relação maravilhosa que prometeu no dia em que se conheceram? O que separa você dos seus sonhos? O que você precisa fazer para ter e ser tudo aquilo que arde na sua alma, tamanho é seu desejo de conseguir? Eu respondo:

À NOITE O SOL NÃO SOME

 VOCÊ PRECISA ATRAVESSAR O VAZIO.

Do mesmo modo que o pintinho tem de ter coragem para desbravar a casca e atravessar o vazio que o separa do mundo aqui de fora, você também precisa atravessar o vazio que tem impedido de realizar seus projetos mais ousados. Senão, também vai morrer, e do pior jeito: preso no vazio.

Atravesse o vazio pessoal que pode estar matando você em vida. Muitas pessoas vivem de aparências, sofrendo de um jeito tão doído que só elas sabem o quanto são tristes intimamente, ainda que esbanjem sorrisos do lado de fora.

Eu atendi a um senhor de pouco mais de sessenta anos, que havia conquistado tudo o que imaginava materialmente. Mas sua vida pessoal era vazia de prazeres e de saúde física. Viveu para manter as aparências, conservando um casamento falido. Se doou aos negócios, na tentativa de preencher o buraco que a infelicidade pessoal deixara na sua vida. Como era de se esperar, não conseguiu. E isso lhe trouxe uma série de sintomas físicos, como gastrite, fibromialgia, cefaleia, tudo associado à ansiedade e ao estresse elevados.

Em suas longas conversas comigo, dizia que jamais dividira com os filhos suas angústias, suas dores, sempre suportou sozinho, e seu alento maior era ganhar mais e mais dinheiro, pois achava que assim a lacuna existencial seria preenchida.

Esse é um pensamento comum a quem vive essas angústias, recheadas de medos, insegurança, falta de pertencimento a um propósito. As pessoas acreditam que podem preencher o vazio da alma com coisas. Isso é impossível.

E o pior: muitas vezes, elas acreditam que a culpa é das coisas que conquistaram, sem se dar conta de que todas as conquistas que têm são maravilhosas. O problema está, geralmente, na forma como foram conquistadas, no preço que pagaram para obtê-las.

Em um desses encontros, fomos até uma área arborizada, com muitos pássaros cantando, borboletas revoando e uma brisa deliciosa. Sentados em um banco, ele me pergunta: "Paulo, como é que eu vou mudar minha vida, meu jeito,

PROF. PAULO SÉRGIO

se passei mais de 20 anos casado com uma pessoa maravilhosa, mas que eu anulei e não fui capaz de amar e fazer bem a ela? Meus filhos mal conversam comigo, parece que há um abismo entre nós".

Com muita força, respondi: "Você precisa atravessar o vazio".

E continuei: "Você, se Deus quiser, ainda tem, pelo menos, duas décadas de vida. Portanto, precisa decidir, agora, de que maneira quer passar esse período. Se do mesmo jeito que passou as duas décadas anteriores ou de uma maneira tão feliz, tão extraordinária, que toda parte ruim de outrora será sobreposta pela nova maneira que viverá".

Ele me questiona: "Fale mais como é isso de atravessar o vazio?"

Ensinei, dizendo:

"Parece complexo, mas é muito simples. Faça uma lista com pelo menos dez atitudes erradas que o conduziram a ter essa vida lamentável que diz ter. Depois, escreva para cada uma delas, pelo menos, duas atitudes que sabe que deveria ter tido. Por exemplo, você diz que seus filhos mal conversam com você, não é? Por que isso acontece? O que você fez de errado? Que atitudes acredita que levaram a esse ponto? Depois que estiver com essa lista em mãos, escreva como acredita que deveria ter agido com eles, o que deveria ter feito diferente. Assim que tiver as respostas, saia do campo da teoria e transporte do papel para as páginas da sua vida essas ações, sem desculpas. Simplesmente faça, sem criar expectativas por enquanto. Apenas atravesse esse vazio entre teoria e prática. Não atribua culpa aos seus filhos. Estamos atrás dos seus erros, das suas falhas. Vamos fazer você atravessar esse vazio entre o que fez e faz e aquilo que precisa ser feito. Quando nós atravessamos o vazio, automaticamente nos aproximamos das pessoas, das coisas, enfim, de tudo aquilo que queremos, sem que elas precisem fazer um movimento sequer, pois nós faremos a travessia".

À NOITE O SOL NÃO SOME

Outra vez, atendi uma jovem senhora de quarenta e sete anos que se sentia muito infeliz, pois tinha vendido sua vida aos filhos e ao marido. Na juventude, sonhava ser massoterapeuta, no entanto engavetou o sonho, pois tivera filhos muito cedo. Agora, em nossas conversas, seu choro vinha fácil, pois além de não se sentir feliz com o momento atual, lá no fundo culpava os filhos por seus fracassos profissionais.

Entediada e sufocada, pediu-me ajuda, dizendo: "Professor, sempre ouço as pessoas dizendo que algumas vendem a alma ao diabo, para ter seus sonhos realizados. Eu fiz o contrário. Vendi minha alma à minha família, mas deu tudo errado e hoje vivo triste, trancafiada em casa, porque meus filhos já foram cuidar de suas vidas e tudo o que tenho são a louça e a casa para zelar. O que eu fiz de errado? Como posso mudar isso?"

É muito triste ver as pessoas assim. Mas, ao mesmo tempo, é ótimo quando alguém se dá conta do mal que fez a si mesmo, pois geralmente é o ponto de propulsão que a pessoa precisava para dar uma guinada.

Então, eu lhe disse:

> "Não se dê por vencida. Sua vida está só começando. Estou ciente de que deixou muitas coisas para trás e realmente há coisas que não poderão ser feitas como antes. Porém, veja quanta experiência acumulou e quantas coisas formidáveis há ainda por fazer, quem sabe, melhores agora do que se tivessem sido realizadas anteriormente. Você precisa parar de ruminar o passado. Seu papel agora é atravessar o vazio que a separa de construir a vida que ainda tem o direito de viver. Ninguém está preocupado com suas dores, e esperar que o mundo carregue você no colo é uma ilusão. A travessia para o outro lado da ponte terá de ser feita apenas por você. Se puder contar com o apoio de alguém, ótimo. No entanto, caminhe com seus próprios passos e mesmo que ninguém apoie, ainda assim, chegue ao outro lado".

Com algumas novas atitudes, ela encorpou sua postura e uma das primeiras coisas que fez foi se inscrever no curso de massoterapia. Com sua mudança, algumas pessoas começaram a se reaproximar dela, principalmente os filhos e o esposo, que nunca haviam visto aquela sua face proativa, dinâmica. Sempre existiu, mas ela própria havia encoberto com uma conduta miserável.

Em dois anos concluiu o curso, abriu uma pequena clínica que, aos poucos, expandiu-se para mais duas filiais. Na última vez que a vi, estava esbanjando jovialidade, rodeada pelos filhos e netos, além de viver um caso de amor com seu cônjuge. Afinal, atravessou o vazio e passou a ter um romance com ela mesma. E não há quem resista a amar alguém que se ama.

Atravessar o vazio significa tomar a decisão de fazer diferente, e fazer. Chamar para si a responsabilidade pelas mudanças, sem dar desculpas ou esperar que os outros façam a travessia que cabe a nós fazer.

Seja na profissão ou na vida:

QUAL É O VAZIO QUE VOCÊ PRECISA ATRAVESSAR PARA TER E SER TUDO AQUILO QUE MERECE?

PROF. PAULO SÉRGIO

O PASSO
NÚMERO DEZ

O passo número dez é o lugar, o sonho, o objetivo que queremos atingir.

Diante dos fatos, da situação em que nos encontramos em cada momento, na imensa maioria das vezes, senão em todas, nós sabemos qual próximo passo deveríamos dar. O problema é que gastamos muito tempo pensando, sonhando em como seria maravilhoso estar no passo dez, porém não temos a coragem e a ousadia de dar o passo número um.

É como a pessoa que quer entrar para a faculdade de medicina. Cursar essa que ainda é uma das mais concorridas e desejadas formações universitárias é o passo dez. Ela sonha em cursar, vive prometendo que um dia fará o curso de medicina. No entanto, para que isso se torne realidade, a pessoa sabe que precisa dar o primeiro passo, que, talvez, seja economizar o suficiente para pagar um cursinho pré-vestibular ou, se o problema não for financeiro, apenas deixar algumas diversões de lado para se dedicar aos estudos.

Quem quer uma promoção na empresa, que é o passo dez, fica furioso quando não consegue dar esse passo, sem perceber que, para que seja possível chegar até ele, terá de ser mais comprometido, doar mais de si mesmo aos negócios e à carreira.

À NOITE O SOL NÃO SOME

O vendedor ou a vendedora que tem como passo número 10 o desejo de comprar a casa própria se frustra a cada trinta e um de dezembro que chega, pois no dia primeiro de janeiro do mesmo ano prometeu novamente que compraria. Contudo, se esqueceu de dar o primeiro passo, provavelmente que seria ter estudado mais sobre vendas, seguido do passo dois, que era ter prospectado mais clientes, atendido melhor os quais já possuía ou, quem sabe, ter focado de maneira otimista na melhora da economia e não na crise.

A moça pobre que quer ser advogada, por seu próprio desejo, mas, também, para que seus pais, filhos e cônjuge sintam ainda mais orgulho dela, talvez esteja paralisada no desejo, sem conseguir dar o primeiro passo, que é ter mais fé em si mesma ou parar de dar tanta importância a quem desacredita dela e seguir o fluxo da vida, um passo por vez, até postar uma foto com seu diploma e sentir-se realizada.

O moço humilde, trabalhador, que ganha pouco e não consegue ajudar quem tanto ama, tem como passo dez o desejo de mudar a realidade. Contudo, para que isso aconteça, está ciente de que precisa, quem sabe, deixar a vila simples e partir para um bairro, cidade e Estado maiores e empreender firme suas convicções de que não nasceu para ser menos do que um executivo importante.

Quem está preso a um trabalho enfadonho, sem desafios, e que ainda gera pouco rendimento, tem no passo dez a vontade ardente de entrar noutra empresa ou em outro segmento, que faça brilhar seus olhos, resgatar aquela motivação para realizar grandes projetos. Todavia, seu passo um pode ser poupar o suficiente para se manter no tempo entre sua saída e o novo trabalho.

A mulher que vive sufocando seus sonhos profissionais, em razão de ter se doado à família, mas ninguém a valoriza, tem no seu passo dez o desejo ardente de sair desse casulo e mostrar ao mundo suas habilidades profissionais, e não apenas sua competência como mãe e dona de casa. No entanto, tem de estar ciente de que o primeiro e grande passo pode ser contar

PROF. PAULO SÉRGIO

seus sonhos a todos, e caso não receba apoio, o segundo passo é jogar tudo para o alto e ir em busca da sua real felicidade. Geralmente, com essa coragem, o apoio vem, mas se não vier ela continuará sendo a melhor mãe e mulher do mundo.

O empresário cujo passo dez é abrir filiais, talvez dezenas delas, gerando mais empregos, renda e lucro, só não vai cumprir essa missão se ficar paralisado, com medo de dar o passo um, que pode ser aprender a gerenciar seus recursos, fazendo os investimentos se multiplicarem, em vez de gastar com aquilo que só alimenta seu ego e não sua conta no banco.

A pessoa que sonha com uma relação daquelas dos contos de fadas, onde o amor é sublime, o respeito e a admiração são constantes, que todo fim de tarde um está à espera do outro, para se abraçarem ali mesmo em frente à pia, sabe que o passo um pode ser parar de olhar os defeitos do outro e passar a enaltecer suas qualidades, ou, quem sabe, ter a coragem de abandonar quem só faz mal a ela, ignora e rebaixa. Mesmo que doa, esse passo é necessário para se chegar ao número dez.

Ou simplesmente a pessoa que tem o desejo de entrar naquela lingerie linda da vitrine – passo dez –, que chega a colar fotos no espelho do quarto, de quando tinha 53 quilos, tamanho é seu sonho em retornar à boa e velha forma física. No entanto, se esquece de dar o passo um, que pode ser, por exemplo, parar de comer tantos doces ou vencer o sedentarismo do sofá.

O difícil, em todas as situações, não é o passo dez, mas, sim, o primeiro passo.

Nós quase sempre sabemos que o passo número dez só será possível de ser dado se dermos o passo número um e, em seguida, os passos dois, três, quatro... É a distância entre os passos um e dez que é o vazio que precisa ser atravessado. Sem essa atitude, vamos ficando cada vez mais distantes de onde mais adoraríamos chegar, seja um lugar, uma posição, enfim, um sonho, um objetivo.

E aí, qual é o seu passo número um? Quando vai dá-lo? Afinal, o número dez eu tenho certeza de que sabe qual é, e ele está esperando por você, mas precisa começar pelo primeiro.

PROF. PAULO SÉRGIO

SEJA SEU PRÓPRIO XAMÃ

Para sair do local onde estamos e ir na direção do nosso passo dez, temos de começar pelo primeiro passo. E é esse começo que mais atormenta. Por essa razão, precisamos nos tornar nosso próprio xamã.

O xamã é alguém, segundo a história, com poderes especiais, capaz de promover curas milagrosas, por meio do seu contato com a natureza, e de acordo com algumas crenças, por sua capacidade de se comunicar com o outro mundo, espíritos, de maneira sobrenatural.

Segundo essas crenças, o xamã seria algum homem ou mulher capaz de viajar para o outro mundo, em busca de soluções para os mais variados problemas, males e doenças da alma e do corpo.

O que significa o "outro mundo"? Deixando de lado o fator místico, o outro mundo é o seu mundo de dentro, ou seja, ser capaz de se conectar com uma paz interna, com seu interior, para resgatar energias, forças, e um espírito guerreiro, empreendedor, vencedor que há em cada um de nós.

Certamente, se você buscar pela memória, irá se lembrar de alguma vez em que tenha encontrado "cura" para seus problemas, quase que como em um passe de mágica. Na madrugada, acordando abruptamente, ou no chuveiro, teve aquele

À NOITE O SOL NÃO SOME

insight e resolveu algo que parecia insolúvel. Ou, quem sabe, num sonho, encontrou o remédio ideal para sanar pendências na empresa, na carreira, nos negócios, na sua relação conjugal, com os filhos e amigos.

No xamanismo, essas seriam explicações lógicas para explicar o ilógico poder do xamã, que por meio de todo tipo de conexão com o "outro lado" trazia soluções para os mais diferentes problemas.

A ideia não é tornar o leitor um expert em xamãs ou no xamanismo, mas, sim, fazer com que você se torne seu próprio xamã, e, por suas crenças, seja capaz de viajar para o outro lado, que significa pensar diferente, agir diferente, focar na "cura" e não nos problemas, e voltar de lá com as soluções, pois essas sempre existiram, você só não estava conseguindo conectá-las com o lado de cá.

Ser seu próprio xamã é acreditar intensamente na capacidade de se conectar com seus "poderes especiais", para sair do marasmo da acomodação ou agitação sem rumo, do medo e das tensões atuais, e viajar pelo vazio que o separa dos seus mais ousados sonhos, até conquistá-los.

O xamã era alguém que, basicamente, fazia suas viagens para trazer cura aos outros. Provavelmente, muitos deles poderiam obter mais resultados, se antes viajassem para curar a si mesmos.

SEU PAPEL A PARTIR DE AGORA É TORNAR-SE SEU PRÓPRIO XAMÃ.

Se a carreira não está decolando, busque seu xamã.

Se as vendas não estão acontecendo, os clientes estão desaparecendo, a empresa enfrenta sérios problemas, sua liderança não está dando certo ou as relações intrapessoal e interpessoal estão difíceis, conecte-se com seu xamã, viaje para o outro lado e resgate seu espírito guerreiro em busca das "curas" que precisa, para realizar seus mais ousados projetos de vida.

PROF. PAULO SÉRGIO

A CHARADA DO MEU AVÔ ANTÔNIO

Na infância, eu achava meu avô Antônio um cara muito inteligente. Numa noite em especial, eu o vi com o dedo polegar erguido, mirando na lua. Enquanto fazia isso, fechava um dos olhos. Vendo aquilo, cheguei perto e perguntei: "O que você está fazendo vovô?", e eis que sua resposta me surpreendeu: "Estou escondendo a lua, Paulinho. Meu dedo é maior do que ela. Fique aqui nesta posição, olhe por trás dele e tente enxergar a lua".

Eu fiz o que ele mandou e não consegui ver a lua. E aí ele me surpreendeu mais uma vez, em outras palavras, dizendo: "Paulinho, no dia em que conseguir ver a lua através do meu dedo, você será um homem de sucesso".

Essa cena foi marcante e nunca mais esqueci as palavras do meu avô, mesmo ele tendo falecido poucos meses depois daquele momento. Por um tempo, até achei que nunca mais teria sucesso, afinal já não seria mais possível ver a lua através do dedo dele.

Mas um dia eu contei essa história para a minha avó e ela me disse: "Paulinho bobo, era só você ter se movimentado um pouco ou ter ficado com os dois olhos bem abertos". Aí eu passei a achar a minha avó o máximo, pois ela desvendou a charada:

À NOITE O SOL NÃO SOME

SE VOCÊ QUER ALCANÇAR SEUS OBJETIVOS, NÃO IMPORTA O QUE OS OUTROS DIZEM. MOVIMENTE-SE CORRETAMENTE, COM OS DOIS OLHOS BEM ABERTOS, E VERÁ O QUE PARECIA INVISÍVEL, E ATINGIRÁ O QUE PARECIA INATINGÍVEL.

Acompanho muitas pessoas dedicadas, comprometidas com a carreira, os seus negócios, porém, muitas delas vivem desgastadas, cansadas, exaustas e um pouco perdidas em relação aos caminhos que escolheram. Se mexem para lá e para cá, mas sentem que todo esse esforço está trazendo poucos resultados ou, mesmo que sejam bons, estão atrapalhando outras áreas da vida.

O que estão fazendo errado? Estão agindo, metaforicamente, de "olhos fechados", ou seja, com a visão distorcida, embaçada. Nesse caso, os movimentos que fazem estão na direção errada, ou nem se mexem, como fiz diante da ordem do meu avô.

Eu tive um amigo na faculdade que chegava extenuado toda noite e frequentemente dormia em sala de aula. Era visível seu cansaço e estresse. Um dia perguntei a ele qual a razão de tamanho empenho no trabalho, que causava tanto desgaste na vida dele? "Bem, Paulo, essa é a minha vida, eu preciso trabalhar, e pronto". Fui mais adiante e disse: "Sim, praticamente todos nós temos que fazer isso. Mas qual a razão de você estar trabalhando dessa maneira? Olha só como você chega todas as noites na faculdade, totalmente destruído, exausto". Novamente, me disse: "Paulo, essa é minha rotina, é assim que as pessoas vivem, meu objetivo é pagar as contas, comer, beber... é isso. Se eu não agir assim, como será meu futuro? E vamos parar a conversa, preciso estudar!"

Hoje, eu diria ao meu amigo: "Quem sabe se você parar de agir dessa maneira, vibrando numa frequência completamente contrária ao seu sucesso, e expandisse sua visão, veria além do óbvio, e aí, sim, seu futuro seria melhor, porque o simples fato de estar enxergando algo, e se mexendo, pode não significar muita coisa".

PROF. PAULO SÉRGIO

Talvez você conheça pessoas com esse comportamento, que vivem na correria, cansadas, estressadas, ansiosas, com medo do futuro, que repetem o mesmo ritmo todos os dias, fazendo as mesmas coisas, com ciclos viciosos, e que não sabem bem ao certo por qual motivo agem assim. Quem sabe você mesmo passou ou esteja passando por algo parecido.

Além dessas pessoas, há aquelas que dizem que fazem tudo o que fazem para ser bem-sucedidas, contudo, sem a menor noção do que isso significa. Muitas pegam o conceito de sucesso dos outros e correm atrás disso. Outras veem parentes, colegas e amigos ganhando muito dinheiro em determinado ramo e passam a atuar no mesmo segmento, negócio ou empresa. Na maioria das vezes, não conquistam o que queriam e ainda atrapalham os negócios dos outros.

 SEGUIR CONCEITOS ALHEIOS AO SUCESSO É O MESMO QUE IR À CHURRASCARIA SENDO VEGETARIANO. AO CHEGAR LÁ, VOCÊ NÃO IRÁ SE IDENTIFICAR COM A REFEIÇÃO.

E, claro, há um terceiro grupo de pessoas, que não se mexe para lado nenhum ou faz pequenos movimentos e desiste no primeiro sinal de dificuldade.

Eu as chamo de pessoas primeiro de janeiro. Elas, anualmente, fazem as mesmas promessas de mudanças, com a certeza de que farão tudo para que, no novo ano, as coisas sejam diferentes. O problema é que elas esperam que o ano mude, que as empresas mudem, que o governo mude, que o mercado mude, em vez de elas mudarem suas atitudes.

Obviamente que as promessas não serão cumpridas e o ano novo será uma repetição dos anos passados. Infelizmente, até o próximo primeiro de janeiro, a vida delas será uma metralhadora de reclamações, lamentações, arrependimentos e desculpas.

Pode ser que você já tenha feito isso, mas está na hora de assumir o máximo controle da situação e parar de prometer, para começar a fazer. E você sabe que é capaz disso.

À NOITE O SOL NÃO SOME

Muita gente troca de profissão, de empresa, de negócio, de sócio, por achar que eles são o problema, sem perceber que, geralmente, o problema é o jeito com que estão levando a carreira e a vida pessoal.

Isso tudo é muito perigoso e não parece valer a pena viver como se um trator tivesse passado por cima de você no fim do dia, vivendo num ritmo frenético e sem direção ou paralisado e acomodado.

Eu também já vivi angustiado à procura do sucesso e concluí que a maioria de nós não sabe o que ele é. Por esse motivo, corremos o risco de estar ao lado dele, mas não o reconhecermos. É mais ou menos como naquelas histórias em que a filha procura a mãe desaparecida há vinte anos, ou, vice-versa, e, de repente, descobrem que trabalham juntas, na mesma fábrica de móveis da cidade. Apenas não se reconheceram.

Como conquistar alguma coisa sem ter ideia do que e como ela é? Isso é pior do que procurar agulha no palheiro.

Na história de Alice no País das Maravilhas, em determinado momento, o Gato de Cheshire diz que se Alice não sabe aonde vai, qualquer caminho serve. Isso está errado: a partir de um dado momento, para quem não sabe aonde vai, nenhum caminho serve. Se você quer chegar a algum lugar em relação ao sucesso, é melhor definir o que, onde e como é esse lugar.

A PARTIR DE UM DADO MOMENTO, PARA QUEM NÃO SABE AONDE VAI, NENHUM CAMINHO SERVE.

Isso significa que o quanto antes definir aonde quer chegar, mais fácil será sua jornada.

Outra coisa que precisamos aprender é que o sucesso tem o poder da metamorfose. Ou seja, o que antes parecia êxito e nos agradava, hoje, amanhã ou em pouco tempo já não nos satisfaz. E o que jamais pensamos que um dia significaria sucesso, em algum momento da nossa vida começa a fazer todo o sentido.

Quando eu era adolescente e jogava futebol, não via sentido nos aquecimentos que as pessoas com mais de quarenta anos de idade faziam antes dos jogos, nem nos alongamentos depois.

PROF. PAULO SÉRGIO

Bem, sei que o sucesso da saúde física deles na época (e na minha hoje) depende disso. Como eu disse, muitas coisas que parecem não ter qualquer significado um dia vão revelar seu grande valor.

Ao compreendermos o que é sucesso, e que ele é mutável, automaticamente teremos mais condições de alcançá-lo, aliás aguçamos nossa visão para o que é necessário e importante ver, direcionando assim nossas ações.

Ao descobrirmos que, por não ser algo estático, ele não vem embalado como um doce que você compra no supermercado. Se ele é mutável, nossa visão percebe que não podemos ficar paralisados, nem repetindo os mesmos movimentos, mas, sim, que devemos acompanhar o seu ritmo e mutabilidade.

 SUCESSO NÃO É ALGO ESTÁTICO, EMBALADO, COMO UM DOCE QUE VOCÊ COMPRA NO SUPERMERCADO.

Diante de tudo isso que descobriu até agora, talvez tenha se feito algumas perguntas, como: "Que carreira devo seguir? Devo mudar de emprego, abrir um negócio próprio ou ir falar com meu chefe sobre uma promoção? Será que preciso mudar completamente os rumos da minha vida profissional e, quem sabe, pessoal?"

Não se estresse tanto. Essas são aflições comuns que todo ser humano compartilha durante a vida. Só há excesso de angústia e aflição quando deixamos de criar nossa própria ideia de sucesso, e associado a isso, transferimos a responsabilidade por ele aos outros. Sem essa criação e assunção de responsabilidade, as respostas para nossas angústias e tantas outras perguntas somem pelo ar como a fumaça, levando para longe aquilo que o sucesso mais tem de proporcionar: felicidade!

Quem consegue compreender o verdadeiro significado dos seus vários sucessos aprende a reconhecê-lo durante toda a jornada existencial e não se preocupa em conquistá-lo, mas, sim, em aproveitá-lo. Sabendo disso, faz os movimentos certos e as análises necessárias para executar melhor seus planos, para depois avançar rumo à frequência correta, para enxergar a "lua" por trás de qualquer obstáculo!

PROF. PAULO SÉRGIO

ARRUME A MESA, MESMO QUE NÃO TENHA PÃO

Um dia desses, ao começar a arrumar a mesa para o café da manhã, percebi que não havia comprado pão, e me recordei nesse momento da minha avó, dona Zifa. Na minha infância, bem pobre materialmente, várias vezes não tínhamos pão. Mesmo assim, ela dizia: "mesmo que não tenha pão, arrume a mesa. Aqui nós sempre daremos um jeito".

Eu ficava "p" da vida, mas continuava a arrumar a mesa. Incrivelmente, vovó sempre aparecia com algo, como farinha de milho com água salgada, uns pães velhos e duros, que viravam torradinhas, e não raras vezes, como mágica, algum vizinho aparecia com pães e nos oferecia.

Essa história é muito linda, porque, no mundo empresarial, vejo muitos vendedores que não prospectam mais, não criam metas maiores, pelo simples fato de não terem todas as ferramentas, os recursos disponíveis. Vejo colaboradores alegando falta de material, investimento, bons salários ou propostas futuras, para não realizarem bem o seu trabalho. Ou seja, eles não querem arrumar a mesa só porque não têm pão.

Precisamos ter a coragem, a atitude, de fazer o que precisa ser feito. Se não há todos os recursos, vamos criar outros meios, mecanismos, inventar ferramentas. Mas jamais deixar

À NOITE O SOL NÃO SOME

de fazer, de dar um jeito. Se não conseguimos ainda traçar o perfil do nosso cliente ideal, então vamos oferecer para o maior número de pessoas nosso produto e serviço. É melhor do que ficar planejando, planejando, enquanto que, na loja ao lado, nosso concorrente já está faturando.

Se o salário que ganhamos não é o melhor, nem as ferramentas que nos deram são as mais adequadas, vamos nos virar com o que temos, com o que ganhamos. Afinal, aquele colega que trabalhava ao nosso lado, e hoje é diretor da empresa, fez isso e foi condecorado com uma promoção, acompanhada de um contracheque mais gordinho.

Mantenha firme suas atitudes. Emane essa energia otimista, positiva, porque de algum modo, sua carreira, sua vida, seus negócios, vão dar um tremendo salto quando tiver a coragem de arrumar a mesa, mesmo que não tenha pão. Quando você menos esperar, os recursos e as ferramentas ganham forma, mesmo que algum "vizinho" (parceiro, colega, etc.) tenha que aparecer para isso acontecer, e, aí, o seu sucesso acontece como mágica.

PROF. PAULO SÉRGIO

AS FASES DO SUCESSO

Falando em sucesso, alguns autores dividem o sucesso em muitas fases. Eu acredito que ele só tem duas: sacrifícios e prazer.

SACRIFÍCIOS

Sucesso sem sacrifício não existe. É sorte ou herança, pois toda pessoa de sucesso que conheço teve seus dias de sacrifícios.

Os sacrifícios provocam sintomas assustadores na maioria de nós, que vê nesses momentos a oportunidade dramática para desistir, pois não há melhor momento para dar desculpas, e reduzir nossa performance, do que quando estamos enfrentando situações sacrificantes, não é?

Mas é em momentos assim que os verdadeiros vencedores dão as caras e mostram do que são capazes. É em situações de forte tensão que os campeões deixam aflorar capacidades extraordinárias e continuam atuando em alta performance.

O grande segredo, enfim, da alta performance, está exatamente em transformar momentos de tensão em tesão por aquilo que se está realizando, apesar dos sacrifícios.

À NOITE O SOL NÃO SOME

 O SEGREDO DA ALTA PERFORMANCE ESTÁ EM TRANSFORMAR TENSÃO EM TESÃO.

Nessa fase de grandes enfrentamentos, você leva muitos tombos, tem de abrir mão de certas coisas, fazendo concessões aqui e ali. A tendência é que seja um período bastante doloroso, repleto de preocupações, insônia, cansaço, estresse mais elevado, ansiedade, medo do presente e do futuro. Nesse momento, o ideal é você agir como se estivesse numa corrida de regularidade e não na Fórmula 1, ou seja, a jornada é longa, então resistência e persistência são mais importantes do que a rapidez.

Um erro grave nosso é que queremos sair o mais rápido possível dessa fase, para avançar rumo ao prazer. Com isso, erramos na direção e na velocidade, esquecendo de resistir à dor e aos medos que o sacrifício traz, levando-nos, geralmente, a desistir, em vez de persistir diante dos contratempos que, inevitavelmente, vão aparecer.

Dor e medo são sinais excelentes. Se não sentíssemos dor física, por exemplo, quando estamos com febre, e o corpo não emitisse esse sinal de desconforto, poderíamos morrer. Medo também é muito importante. Se nosso cérebro não reconhecesse perigo ao nos deparar com um leão em um zoológico, entraríamos na jaula com ele.

O problema, então, é a proporção da dor e do medo que criamos diante do que aconteceu, está acontecendo ou pode acontecer. Se forem muito maiores do que o necessário, paralisamos. Se forem muito menores, nos arriscamos demais.

É nessa fase de sacrifícios que a grande maioria desiste. As pessoas querem o sucesso, vendo as glórias que ele pode trazer. No entanto, elas enxergam apenas a pontinha do iceberg. Não veem tudo o que foi necessário para que alguém conquistasse o que queria. Geralmente, quando notam as conquistas do outro, dizem: "Nossa, mas foi sortudo mesmo", sem se darem conta de quanto sacrifício a pessoa teve.

É importante destacar que nem sempre sacrifício para obter o seu sucesso está relacionado com conquistas materiais. Pode

PROF. PAULO SÉRGIO

ser que, nesse momento, sucesso para você seja, por exemplo, eliminar aqueles quilinhos a mais que estão atrapalhando realizar alguma atividade, de conquistar alguém ou de vestir aquela roupa linda que viu na vitrine de uma loja. Se você conhece alguém que precisou perder peso, sabe o quanto isso parece impossível, pois perde-se um quilo depois de um tremendo esforço e ganha-se dois num simples jantar de fim de semana!

Quem sabe, para você, nesse momento, o seu significado seja apenas voltar a se relacionar com aquela pessoa que teve algum desentendimento. E isso também exige, de todos nós, um sacrifício enorme, porque precisamos baixar a guarda, assumir ou perdoar falhas e erros, mágoas e ofensas, ser muito humildes para conseguir, de fato, resolver situações assim.

Enfim, o seu sucesso pode ser qualquer objetivo que pretenda realizar e, independentemente do que seja, isso vai ter de passar pela fase de sacrifícios.

E algo que me preocupa, como disse no início, é o fato de as pessoas desistirem nessa fase. É vital compreender que o que tem de motivar alguém a ultrapassar essa fase é a superação da acomodação, do status quo que a pessoa tem vivido ultimamente.

O que tem de preocupar a pessoa que se considera acima do peso, por exemplo, não é o seu peso, nem a aparência que talvez não aprecie tanto ao olhar para o espelho. Sua real preocupação, para superar essa fase, deve ser a acomodação, que vai gerar cada vez mais infelicidade, minando sua autoestima.

Aos poucos, a pessoa se sente pior, e quanto mais acomodação, mais o nível de infelicidade e baixa autoestima aumentam. Enfim, vira um ciclo negativo sem perspectivas de mudanças, em que a pessoa ganha peso só de pensar em comer.

Quem não está feliz na carreira não pode ter como preocupação, para vencer os desafios e sacrifícios do cotidiano, o baixo salário, mas, sim, a acomodação que gera tristeza, por não poder oferecer uma qualidade de vida às pessoas que ama.

O empresário que não está conseguindo sucesso com seu empreendimento não vai vencer a etapa dos sacrifícios se focar

À NOITE O SOL NÃO SOME

no saldo negativo na conta bancária. O que tem de fazê-lo se movimentar de maneira correta, tomando as decisões certas, é o fato de ver a acomodação destruindo sua dignidade e sua honra sendo banida do mapa.

Para vencer a fase dos sacrifícios, o foco não deve ser o problema que está tendo por se manter acomodado, com medo, mas, sim, o impacto que manter-se assim vai causar na sua energia, na sua força e autoestima, para conseguir realizar uma grande virada. Não podemos nos render à mesmice, à acomodação, pois assim jamais vamos virar o jogo que estivermos perdendo.

Eu adoro escrever para pessoas que querem vencer na vida, mas sei que, às vezes, estamos com tantas dificuldades e dúvidas que é difícil nos sentir vencedores. Os sacrifícios parecem tão grandes que pensamos que o melhor é abandonar tudo para sofrer menos. Mas sabemos que isso não acontece assim. Quando jogamos a toalha, o sofrimento só aumenta.

Mas o fato de não nos sentir pessoas vencedoras momentaneamente não quer dizer que não sejamos. Justamente por estarmos passando por momentos de dores, de sofrimento, sacrifícios é que teremos condições de nos declarar vencedores, ou seja, alguém que venceu as dores e chegou aos seus objetivos.

 O FATO DE VOCÊ NÃO SE SENTIR NESTE MOMENTO UM VENCEDOR NÃO SIGNIFICA QUE VOCÊ NÃO SEJA.

Quem sabe você ocupe um cargo que considera inferior atualmente e não esteja se sentindo grande coisa. Porém, observa o seu gerente feliz, sorridente, com um contracheque maravilhoso e um carrão incrível, e pensa: "Nossa, isso sim é sucesso, e eu aqui, sofrendo, ganhando essa desgraça e andando de Del Rey".

Talvez você não saiba, mas seu gerente também já esteve no seu lugar e se sentiu do mesmo jeito que você. Ele já era um sucesso naquela época, porém não se valorizava como tal, e, assim como você, quase desistiu de tudo, tamanho o peso de suas dores e sacrifícios naquele momento. Porém, ele não desistiu, e conseguiu se livrar do Del Rey.

PROF. PAULO SÉRGIO

Qual será sua decisão? Vai passar a aproveitar o que é e tem agora, enfrentando as dores que são necessárias para você, mirando no sucesso que pode ser? Ou vai reclamar, mal-agradecido, perdendo a chance de conquistar o mesmo que seu gerente ou de qualquer pessoa que considera bem-sucedida?

Os vencedores sabem que as coisas valiosas têm um preço alto a ser pago e não se iludem que tudo vai se ajustar facilmente se ficarem torcendo e esperando que tudo dê certo, contando muito mais com a sorte do que com as próprias atitudes.

A sorte é só um elemento do sucesso e geralmente quem mais a tem é quem menos confia e acredita nela, porque aí a pessoa trabalha, se esforça, dá o seu melhor, cai, levanta, resiste, persiste. Como mágica, agindo assim, a sorte vira sua amiga.

O problema de muita gente que reclama da falta de oportunidades, quando essas batem à sua porta, é que não atendem, pois estão concentradas em fazer uma fezinha na loteria. Quando se dão conta, a oportunidade já passou e o bilhete que fizeram não foi o premiado, então acabam se considerando duplamente azaradas.

 AZAR É QUANDO A OPORTUNIDADE BATE À PORTA, MAS ESTAMOS CONCENTRADOS DEMAIS CONTANDO COM A SORTE.

Geralmente quem atribuiu o sucesso dos outros à sorte não sabe quantos tombos tiveram, quantas renúncias e concessões foram necessárias nessa caminhada.

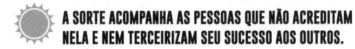 **A SORTE ACOMPANHA AS PESSOAS QUE NÃO ACREDITAM NELA E NEM TERCEIRIZAM SEU SUCESSO AOS OUTROS.**

Siga seu ritmo, sua marcha, compreendendo os sacrifícios, pois, para quem quer ser um vencedor, é preciso, como vimos, vencer as dores, caso contrário iremos desistir.

E por que a maioria das pessoas desiste nessa fase de dor e sacrifício?

À NOITE O SOL NÃO SOME

Dentre tantas razões, a principal delas é porque quando começamos algo novo não vemos resultados no prazo em que acreditávamos que viriam. Desistir por esse motivo é um erro grave, pois ficamos um, dois, cinco, dez anos agindo de maneira inadequada e queremos que as coisas mudem em um piscar de olhos.

Os resultados dependem, na maioria das vezes, de pequenas atitudes. Um passo por vez, como um corredor de cem metros ou de uma maratona. Não adianta ele querer terminar o percurso mais rápido pulando ou dando dois, três passos de cada vez. Isso é impossível. É um a um. Talvez uns mais longos, porém, mesmo assim, é apenas um passo. Ou ele segue dessa maneira ou não atingirá seu objetivo.

O que eu percebo é que as pessoas querem que seja diferente. E realmente seria ótimo, por exemplo, se quem quer emagrecer pudesse pular direto para os 10 quilos a menos no dia seguinte ao início de uma nova dieta, evitando assim qualquer sacrifício, como ter de fazer exercícios físicos. Mas sabemos que não é desse jeito que funciona. Temos que ir de grama em grama.

A pessoa que pretende ser promovida pode desejar que a promoção aconteça do dia para a noite. Contudo, não funciona assim na imensa maioria das vezes. É de tarefa em tarefa, de responsabilidade a mais que ela assume, que o novo cargo e salário vêm.

O colaborador que assume um cargo de liderança deseja que todos sigam seus passos e deem o seu melhor no trabalho, sempre em prol do coletivo. Contudo, boa parte de quem é promovido a esses cargos não tem resultados excelentes imediatamente, pois a liderança é conquistada dia a dia, de exemplo em exemplo, e não somente porque temos um cargo.

Quem monta uma empresa também passa por situações assim. Embora faça tudo certo, do planejamento inicial à inauguração, os clientes que realmente serão fiéis, e o modelo de gestão mais adequado, que trarão lucro, vão sendo conquistados e construídos com o tempo.

Portanto, se você quer realizar seus projetos, seus sonhos, sejam eles quais forem, entenda que os resultados vêm como

64

os dias da semana: um a um. Não dá para saltar do domingo para a sexta, pulando segunda, terça, quarta e quinta. Um bom sábado ou domingo de descanso geralmente é precedido por uma semana cheia de sacrifícios.

É essa compreensão que nos faz realizar nossos mais ousados desejos. É esse entendimento que fará você persistir, passando pela fase de sacrifícios, sem abandonar seus projetos por causa disso.

 UM BOM SÁBADO OU DOMINGO DE DESCANSO GERALMENTE É PRECEDIDO POR UMA SEMANA CHEIA DE SACRIFÍCIOS.

PRAZER

Para quem supera a fase dos sacrifícios, vem a etapa do prazer, que é se sentir realizado com o que fez. Perceber que tudo valeu a pena, que o esforço extra, as concessões, as dores, o cansaço e a insônia fizeram todo sentido.

É mais ou menos como alguém que entra para correr uma maratona, sem ser um corredor profissional. A pessoa começa bem, mas lá pelo meio da prova já está pensando em desistir, porque não aguenta mais a dor e o cansaço que sente, porém continua mirando a linha de chegada, como se isso fosse seu código de honra.

Nos últimos metros, talvez vá se arrastando, de joelhos, empurrada pelos amigos. Se não desistir, ao cruzar a linha de chegada vai sentir que valeu a pena, porque a sensação de prazer pelo sucesso não dá para explicar: é só sentindo mesmo. Basicamente, o sabor do prazer supera todo o dissabor que os sacrifícios trouxeram.

 O SABOR DO PRAZER SUPERA TODO O DISSABOR QUE OS SACRIFÍCIOS TROUXERAM.

À NOITE O SOL NÃO SOME

Na fase do prazer, a pessoa chora de felicidade, relembra os maus bocados pelos quais teve de passar, porém sorri largamente, por saber que tudo aquilo já passou.

No entanto, o que acontece com a maioria das pessoas vencedoras que conquista o que procurava? Por exemplo, quem correu a maratona?

A pessoa já começa a se programar para correr novas maratonas ou entra em provas maiores ainda.

Quem conseguiu o cargo de gerente na empresa se programa para ser diretor geral, e esse almeja a presidência ou já está planejando um negócio próprio.

O que isso significa? Que, realmente, como dissemos, o sucesso não é algo estático. Ele vive se modificando, é uma metamorfose a cada conquista que realizamos.

A pessoa mal se recupera dos sacrifícios que fez e, chegada a fase do prazer, ela logo inicia o percurso novamente, criando algo maior, que ela também chama de sucesso, retornando à fase dos sacrifícios, das dores, até chegar ao prazer outra vez. E é muito provável que siga assim a vida inteira, num ciclo virtuoso interminável.

Interminável porque acreditar que determinada conquista é eterna é começar a retroceder. Mesmo as pessoas que buscam, por exemplo, ganhar muito dinheiro e ganham não conseguem ficar paradas, apenas aproveitando o dinheiro que conquistaram.

Analisando essas duas fases e o ciclo virtuoso que elas representam, criei o conceito de inconformado de sucesso. São pessoas que lutam, trabalham, batalham, sofrem, se desgastam, vencem suas dores, pagam um alto preço e quando conquistam aquilo que buscavam, aproveitam, celebram, comemoram, porém não se conformam em ficar no mesmo lugar.

São os inconformados de sucesso que constroem belas carreiras, ajudando seus pares a serem bem-sucedidos também. São grandes líderes que estimulam a equipe a ir sempre além. São eles que criam empresas, lançam novos empreendimentos, que não deixam a roda da economia parar.

PROF. PAULO SÉRGIO

Se você analisar, os grandes empresários poderiam fechar ou vender a maior parte dos negócios que possuem e viver apenas de rendimentos de aplicações financeiras, sem nenhuma ou pouquíssima preocupação com ações trabalhistas, fornecedores, clientes, impostos. Por que eles não fazem isso?

Porque detestam a acomodação, a mesmice, o ócio destrutivo. Eles vivem de sacrifício e prazer. Gostam de dinheiro, de riqueza, mas amam os desafios, as turbulências, e parece que não sabem mais viver sem estar numa ponte que os ligará a algo maior e, de preferência, que essa ponte esteja balançando pelos ventos dos desafios, das incertezas, medos e dúvidas. É isso que os faz querer atravessá-la.

Eles definiram que sucesso é estar em movimento, agindo, seguindo, curtindo cada etapa de sacrifícios e prazeres que essa jornada proporciona. É isso que os impulsiona.

O que impulsiona você? Seja o que for, isso irá flutuar sempre entre sacrifícios e prazeres. Aproveite cada etapa.

PROF. PAULO SÉRGIO

SUCESSO 361,5°: CORPORATIVO-COOPERATIVO

Eu sou empresário, palestrante e escritor há mais de quinze anos e tenho como missão ajudar empresas e pessoas a se dar bem nos negócios e na vida, e acredito que precisamos ir além da visão mesquinha e solitária de sucesso, onde cada um dá o seu máximo por si mesmo.

Batalhar pelo próprio sucesso é importante, todavia, sucesso de verdade é em conjunto, um ajudando o outro a progredir, crescer. É somente dessa maneira que os resultados acima da média são construídos e se tornam consistentes nas organizações e carreiras. Não é um querendo o lugar do outro. Mas, sim, um ajudando o outro a ir além, para ocupar o espaço que foi deixado, tornando isso um ciclo maravilhoso dentro das empresas, onde as pessoas torcem, de verdade, umas pelas outras.

Quando construímos times fortes nas empresas, evitamos conflitos desnecessários, que tornam o ambiente ruim, improdutivo, causado por mágoas pessoais, arrogância, inveja, fofocas.

No sucesso corporativo, todos na equipe vibram quando alguém progride, pois notam que as oportunidades existem e sabem que estão no lugar e caminho certos. Em um ambiente assim, os resultados são cada vez maiores e melhores, pois propiciam bem-estar, alívio do estresse, da pressão desmedida.

O AMBIENTE DE TRABALHO AFETA DIRETAMENTE OS RESULTADOS DAS EMPRESAS E PESSOAS. ELE FICA IMPRODUTIVO QUANDO NOS TORNAMOS MAIS PESADOS, NÃO EM QUILOS, MAS EM MÁGOAS, ARROGÂNCIA, FOFOCA E INVEJA.

Formado em Contabilidade, Pós-Graduado em Gestão Empresarial, com diversos cursos em vendas, liderança, negócios, vou além dos números, balancetes, relatórios de produtividade, vendas e lucro. Eu acredito que é o trabalho em equipe, a conexão entre as pessoas, independentemente da posição que ocupem, e do salário que tenham, que produz resultados muito acima dos esperados. Analisar números é moleza. Mas o sucesso nos negócios passa, essencialmente, por conseguir analisar as pessoas no contexto frio dos números e relatórios.

Precisamos pensar em nosso sucesso corporativo, porém, urgentemente, temos de passar a visualizá-lo de maneira cooperativa.

CONSEGUIR ALGO PARA SI É FÁCIL. MAS NOSSA MISSÃO, SEJA COMO COLABORADOR, EMPRESÁRIO, PROFISSIONAL LIBERAL, É AJUDAR A CONSTRUIR AMBIENTES MAIS PRODUTIVOS E LUCRATIVOS PARA TODAS AS PESSOAS ENVOLVIDAS. ISSO GERA CONSISTÊNCIA NA VIDA E NOS NEGÓCIOS.

Por que o sucesso cooperativo é tão importante? É simples: primeiro, porque uma empresa é um organismo vivo. Ela é como uma árvore, onde cada parte é fundamental para que haja o fruto. Um galho sozinho, sem estar conectado na árvore, não produz nada. Mas todos os galhos juntos conectados um ao outro e à árvore são capazes de gerar uma produção

PROF. PAULO SÉRGIO

extraordinária. O colaborador, o líder, o dono, sozinhos, são como galhos fora da árvore.

E, segundo, porque quando ajudamos os outros a crescer na organização da qual fazemos parte abrimos espaço para crescermos até o local onde eles já estavam ou, se nós estamos em níveis acima, para que ocupem o nosso lugar, para podermos ir mais longe.

Quem entende isso se torna um empreendedor global, que é ser um verdadeiro empreendedor da sua carreira, dos seus negócios, com a sua equipe, colegas de trabalho, em casa, com sua família, gerindo adequadamente suas relações, vibrando na frequência da evolução, do progresso, dos lucros, do amor.

Ser um empreendedor global, é ser sempre sua melhor versão, no papel que estiver atuando, mesmo que as recompensas ainda não estejam acontecendo. Só os empreendedores globais compreendem que ficar esperando o salário, o cargo, a melhor posição ou relação pessoal, para então se jogarem de cabeça num projeto, é também decidir adiar o sucesso, pois ele não acontece para quem vive na expectativa de que tudo se encaixe, para depois se doarem por inteiro.

O empreendedor global sabe que, apesar de ainda não ser tudo o que pode ser, ajudar os outros a conquistar o que querem abre as portas pelas quais ele também quer passar.

No sucesso corporativo normal, cada membro da equipe procura dar o seu melhor, e faz isso em busca do próprio progresso. No modelo 361,5°, se uma equipe é composta por dez pessoas, cada uma delas estará focada, também, em ajudar as outras pessoas, ou seja, a força se multiplica por dez, e é aí que o progresso profissional de todos na equipe acontece, e a produtividade, as vendas e o lucro da organização também.

No sucesso corporativo normal, por exemplo, se há um pão de um quilo e existe dez pessoas disputando, cada uma delas tentará ficar com o pão todo. Se a equipe for ampliada para 15 pessoas, o pão continua com o mesmo peso e a disputa vai se acirrando cada vez mais.

À NOITE O SOL NÃO SOME

No modelo corporativo-cooperativo, com a união de forças, as pessoas também disputam o pão, mas, antes, unem forças para que ele chegue a dez quilos. Assim, cada um que colaborou terá direito a um quilo de pão. Ou seja, no corporativo tradicional, o foco é disputar o pão. No corporativo-cooperativo, o pensamento e as ações também são de competir, disputar, mas, primeiro, a equipe se une para aumentar o tamanho do pão.

Esse modelo de sucesso privilegia o crescimento, a competição. Como é um trabalho em equipe, a soma das forças é que gera os maiores resultados e não a força individual, embora essa também seja recompensada.

Um dos maiores erros em vendas, por exemplo, é destacar apenas os vendedores que mais vendem ou os que dão mais lucro com as vendas que realizam. E o departamento de marketing? E o porteiro ou zelador, que deixou a empresa maravilhosa para o cliente ser bem recebido, com um cafezinho de dar água na boca? E o pessoal da contabilidade, que se esforçou para reduzir ao máximo, legalmente, os tributos, para que o preço se tornasse mais competitivo no mercado? E a galera das mídias sociais, que captaram milhares de leads e prospects para a empresa?

Quando os bônus são dados somente para alguns profissionais, a tendência é que a empresa se engane que está a todo vapor, produzindo, vendendo e lucrando muito. Todavia, a realidade é que as pessoas que ajudaram a construir os resultados, porém, foram esquecidas, tendem, com toda razão, a amornar a motivação, o entusiasmo e as atitudes. E aí a produção, as vendas e o lucro caem, e a liderança pune os vendedores. Afinal, foram eles que receberam os bônus, então nada mais justo que recebam os ônus.

No sucesso corporativo-cooperativo, os líderes são os primeiros a mostrar que quanto mais produtividade, vendas e lucro, mais todos vão ganhar. Diferente de algumas empresas em que já prestei serviços, que inicialmente os líderes, gerentes e até os donos pareciam torcer contra o colaborador, alegando que não conseguiam pagar a comissão deles, embora eu falasse: "O que eles ganham é uma pequena fração da venda, ou seja, quanto mais eles ganharem, mais a empresa estará ganhando. Agora, se vocês não estão gerindo bem os negócios e os recursos que entram, a culpa não é de quem vende mais".

Esse modo de gestão, focando no êxito global, embora possa parecer o contrário, não permite que colaboradores que não tenham o melhor comportamento dentro da organização durem muito tempo. Como é um trabalho comum, conectado, aqueles que fazem corpo mole ou tentam suprimir a capacidade dos outros logo ficam em evidência e são substituídos por profissionais que buscam o próprio progresso, sabendo que isso acontece de maneira mais fácil e rápida se ajudarem a equipe toda também.

NO SUCESSO CORPORATIVO TRADICIONAL, O PÃO É DISPUTADO POR DEZ, CADA UM QUERENDO FICAR COM O PÃO INTEIRO. NO SUCESSO CORPORATIVO-COOPERATIVO, PRIMEIRO AS PESSOAS SE UNEM E AUMENTAM O TAMANHO DO PÃO, PARA TODOS QUE SE EMPENHAREM POSSAM TER A CHANCE DE SABOREAR O ALIMENTO.

Esse conceito não tem nenhum apelo socialista, comunista ou que implique em você sair doando a metade do que tem para as pessoas mais pobres que trabalham ao seu lado. Não é essa a visão, embora, se quiser, possa fazer isso.

No sucesso 361,5°, a competição continua firme e todos são exigidos a ir além, se doando por completo aos projetos da empresa, não importa a função e o salário que estejam ganhando. A diferença é que a visão é ampliada, onde um pensa em todos e todos pensam no único. Desse modo, ninguém se sente bem em se aproveitar da capacidade do outro, sem dar seu melhor em troca também. Essa maneira de ver e agir é que eleva os resultados, aumentando o pão, antes desse ser dividido.

Quando eu explicava isso em uma palestra, o dono de uma empresa me disse: "Paulo, eu não consigo ver como esse modelo possa funcionar. As pessoas adoram se aproveitar umas das

À NOITE O SOL NÃO SOME

outras na minha empresa. Se souberem que vão ganhar um pedaço do pão sem muito esforço, ninguém vai fazer nada".

Expliquei novamente que não se tratava disso e que a visão dele estava errada. Nesse modelo, todos se esforçam para aumentar o pão, para que todos possam ter mais pão.

Finalizei com algo que ele não gostou muito, depois de perguntar se poderia dar uma resposta desagradável, mas verdadeira, e ele disse que sim:

> "As pessoas de uma equipe são a cara dos seus líderes. Você precisa ver quem está dando a elas esse exemplo que citou".

Em outro evento, o gerente de uma grande organização regional pediu para falar comigo ao final da palestra, e me disse: "Sabe Paulo, essa ideia sua é utopia. Lá na empresa, os gerentes são os que ganham bônus. O dia em que o colaborador evoluir e der os resultados que esperamos, vai ganhar também".

Novamente, de uma maneira delicada, respondi:

> "Meu amigo, se você falou que os gerentes estão dividindo os bônus, seus colaboradores já estão gerando resultados. Você só terá mais pão se começar a dar alguns pedaços a eles. Eu detestaria ser um líder, um gerente, que anda de Jaguar, mas cujo colaborador que ajuda no meu sucesso não tenha dinheiro nem para comprar o leite para o filho dele."

Em pouco tempo, se não mudarmos essa visão, como líderes, empresários ou colaboradores, provavelmente o leite também faltará a nós.

Sucesso 361,5° é global, geral. O colaborador vê na empresa a possibilidade do seu progresso. O líder vê no colaborador a oportunidade de exercer sua missão, que é a de extrair o máximo das pessoas, devolvendo a elas o que também esperam. Isso faz com que a liderança também receba seu devido retorno. O empresário e o investidor enxergam o negócio como a união de

PROF. PAULO SÉRGIO

pessoas em prol de objetivos comuns e não unicamente como geradoras de lucro para o próprio empreendimento.

A nova geração, jovens entre 16 e 25 anos, só parece avoada, desligada dos compromissos profissionais. A realidade é que eles são ligados, antenados, e pensam muito nesse modelo, por mais que não usem esse nome que criei. Eles dividem o controle do videogame, o aparelho celular, o lanche na escola, o quarto, a sala, alguns até as namoradas ou namorados, e vivem em repúblicas e espaços apertadíssimos, juntos.

Empresas e profissionais, que antes precisavam de construções faraônicas, hoje estão instalados em um cowork, onde água, luz, telefone e secretária são divididos e seu faturamento e lucro são muitas vezes bem maiores do que os de empresas com estruturas enormes.

Em alguns anos, serão esses jovens que estarão à frente das empresas, em cargos de direção ou não, sendo que muitos deles já estão atuando. E eles vão levar seus conceitos para dentro das organizações. Startups, negócios compartilhados, resultados ampliados para serem divididos com os participantes, de uma maneira mais humana, são as novas tendências.

Usando esse conceito, além de você construir uma organização extraordinária, que funciona e gera resultados importantes, pode estendê-lo aos seus concorrentes. Isso mesmo, você pode unir-se a empresas do seu segmento ou de qualquer segmento, realizando parcerias estratégicas. Nesse modelo, um não pensa em tirar o outro do mercado, em vencer, derrubar, mas, sim, em expandir os negócios, um beneficiando o outro, com sua estrutura, clientes, produtos e serviços.

Realizo muitos treinamentos para imobiliárias e vejo o quanto, separadas, elas perdem dinheiro. Algumas têm os imóveis para oferecer, mas não os clientes certos. Outras, possuem clientes atrás de imóveis específicos, porém esses imóveis estão nas outras imobiliárias. Em vez de se unirem, cada uma tenta, sem êxito, angariar e vender imóveis.

Em certa ocasião, quando conectamos três delas, foi um tremendo alvoroço de vendas. Afinal, juntaram a fome com

À NOITE O SOL NÃO SOME

a vontade de comer. Num plantão de vendas, imóveis e clientes certos se encontraram. As imobiliárias racharam as comissões e todos saíram ganhando.

Em outro momento, conversando com um empresário do ramo de gastronomia, ele me dizia da sua preocupação, porque havia aberto mais dois locais na mesma área e ele imaginava perder clientes.

Seu espanto foi total quando eu disse para fazer uma parceria com seus concorrentes, levando seu material publicitário para eles e recolhendo os deles para divulgar na sua empresa.

Expliquei então que, com mais empresas do ramo de gastronomia, mais pessoas sairiam de casa, pois muitas já estavam cansadas de irem sempre aos mesmos locais, e com mais opções, elas ganhariam um ânimo novo. Frisei que além dos seus clientes, muitos outros visitariam os novos estabelecimentos, saindo de suas casas, trazendo as famílias, namorados, namoradas, para curtirem bons momentos. Como a maioria das pessoas gosta de novidades, não iria sempre no mesmo local. Ou seja, com mais alternativas no ramo da gastronomia, numa semana, num mês, elas iriam aos concorrentes. No entanto, em breve, frequentariam sua empresa também.

Convencido, ele fez o network, deixando boquiaberto os demais empresários, que aceitaram na hora a parceria, pois entenderam a ideia do sucesso 361,5°, cooperativo. Passados mais de cinco anos, todos estão abertos e com ótimo faturamento e rentabilidade.

Quem não mudar para se adaptar, não terá muitas chances de conseguir o sucesso pelo modelo tradicional de disputa e competição predatória, cada um querendo comer o pão sozinho. Manter essa ideia é decidir ficar sem pão ou, no máximo, com algumas migalhas. Aquelas pessoas que mudarem e ampliarem sua visão, para um modelo corporativo, competitivo e cooperativo, aumentarão o tamanho do pão, para que todos os que se comprometerem e derem o seu melhor tenham sucesso, e o pão que merecem.

PROF. PAULO SÉRGIO

O QUARTETO FANTÁSTICO DO SUCESSO 361,5°

Dentre tantas atitudes e comportamentos que proporcionam chegar ao sucesso que queremos, quatro delas são essenciais: motivação, multicompetências, fome de vencer e disciplina.

Sem esses quatro elementos, conquistar o que se quer é como pintar uma janela na parede e tentar sair por ela. Sabemos que não vai dar certo. Afinal, não existe janela ali, é só um desenho.

Vejo o tempo todo as pessoas dizendo para não perdermos a esperança, que um dia tudo vai dar certo. É um discurso romântico e eu adoraria que fosse verdade. Mas, para realizar seus projetos, não adianta ter somente esperança. Ela é importante e também acho que jamais devemos perdê-la. Porém, são necessários planos, estratégias, motivação, competência, atitudes, muita fome de vencer e uma disciplina fortíssima para que as coisas aconteçam em nossa vida.

Se vivermos apenas na esperança de que algo se realize, vamos quebrar a cara na parede, pois não há janela e, nesse momento, seremos tocados pela desesperança, em virtude da falta de resultados.

À NOITE O SOL NÃO SOME

 ESPERANÇA NÃO É ESPERAR, É AGIR. É PLANTAR AS MAIS LINDAS FLORES MESMO EM TEMPOS DIFÍCEIS E SOMBRIOS.

Vamos entender em separado cada ponto desse quarteto fantástico do sucesso, para que seus projetos possam ir se realizando de maneira consistente.

MOTIVAÇÃO

Só motivação não resolve sua vida. Porém, sem ela, aos poucos, você vai perdendo tudo ou acaba não conquistando nada, permanecendo na sua zona de acomodação, que, com o tempo, se torna bem desconfortável.

 MOTIVAÇÃO, GERALMENTE, SUPERA A FALTA DE HABILIDADES. MAS AS HABILIDADES JAMAIS SUPERAM A FALTA DE MOTIVAÇÃO.

Talvez tudo o que você aprendeu sobre motivação até agora tenha de ser ressignificado. Afinal, quando há motivos, fica mais fácil realizar alguma coisa. O vencedor dá as caras quando os motivos plausíveis não existem, quando a decepção e a frustração já são grandes.

Por isso, o real significado de motivação é você, aparentemente, não ter nenhuma razão externa estimuladora para fazer alguma coisa bem-feita, no entanto, por honra e dignidade, você vai lá e faz.

Ser motivado é ser como o palhaço. Enquanto ele está no palco, mostra-se alegre, feliz, sempre animando a plateia. Recebe aplausos, elogios, sorrisos e mantém-se firme no espetáculo. Ninguém sabe exatamente quais são suas mazelas existenciais e o que se passa nos bastidores da sua trajetória. Nada disso é visível.

O palhaço vai além, porque, após o show, as luzes se apagam, a plateia para com os aplausos e ele sai de cena. A partir daí, ele precisa de muita motivação para descer do palco e ir

PROF. PAULO SÉRGIO

para a velha e destruída barraquinha vender pipoca, cachorro-quente, atender ao público, já sem máscaras ou pinturas.

Por que ele faz isso? Primeiramente, porque é o que deve ser feito. E, depois, porque ele sabe que é nesse momento que o circo mais precisa dele. Que essa sua atitude fará o circo ficar em pé. Apesar de todos os problemas pelos quais possa estar passando, sua motivação é inabalável. Ele simplesmente faz o que precisa ser feito.

Infelizmente, o que mais eu vejo são pessoas motivadas enquanto as luzes permanecem acesas e os aplausos estridentes. Porém, quando a escuridão da solidão da barraquinha de cachorro-quente e pipocas chega, elas deixam a motivação escapar e entregam os "betes", como dizia um amigo meu, se referindo ao jogo de bete-ao-ombro, quando perdíamos os betes para os adversários.

Você precisa encontrar a sua motivação. Ela está dentro de cada um de nós. Não está fora. Palestras, cursos, treinamentos motivacionais são extraordinários. Porém, qualquer palestrante que disser que vai motivar a plateia estará faltando com a verdade. O que podemos fazer é estimular, impulsionar, ajudar as pessoas a compreender o verdadeiro sentido do termo motivação, para que, então, numa busca solitária e profunda, possam encontrar a honra e a dignidade como fontes maiores dessa motivação.

Como você viu na introdução, se estourar a casca de um ovo, onde há um animal lá dentro, a chance de morrer é grande, pois não foi ele quem quis nascer. Há um tempo exato para que aquele animal rompa a casca que o envolve. A motivação para isso tem de partir dele. Se alguém fizer o que só ele deveria fazer, ele morre, ou, no máximo, sobrevive alguns dias.

Com a motivação pessoal é mais ou menos a mesma coisa: ela tem de vir de dentro de você, da sua vontade, do seu desejo de romper a casca.

 SE A MOTIVAÇÃO NÃO VIER DE DENTRO, ELA EVAPORA COMO ÁGUA FERVIDA, ATÉ SUMIR POR COMPLETO.

À NOITE O SOL NÃO SOME

Quem depende a vida toda de estímulos para estar motivado, não encontra, na realidade, motivação. Será uma pessoa que viverá na ilusão motivacional e seus resultados serão efêmeros, pois enquanto for dependente de estímulos alheios, sem encontrar e despertar a própria razão para fazer o que precisa ser feito, ela será como uma criança de colo, que, quando é deixada no chão, mal sai do lugar sem a ajuda de alguém.

Para você não viver dessa maneira, desmotivado, cansado, sem entusiasmo e sem a atitude de romper os próprios limites, tem de encontrar suas motivações aí dentro de si mesmo.

E como você consegue isso?

Você consegue quando tem um código de honra, que é ter a honra e a dignidade de agir como deveria, por saber que é o único jeito que deveria agir, sem desculpas ou culpados. Você produz sua própria motivação, pois reconhece que é somente dessa maneira que terá poder para mudar seu destino. Ainda que muitos digam que você não é capaz de realizar algo, você tampa os ouvidos para esses conselhos, vai lá e faz.

Outra forma extraordinária de despertar a motivação é quando faz algo por alguém muito importante.

Em 1982, uma senhora de 51 anos, pesando pouco mais de 60 quilos, se viu em um momento delicado. Seu filho ficou preso debaixo de um veículo com mais de 1500 quilos. Enquanto fazia a manutenção do carro, o equipamento que o segurava se soltou. Ângela, a mãe, não pensou duas vezes e foi até o para-choque, o agarrou firmemente e, como se fosse possível, começou a fazer força para levantar o veículo. O mais impressionante: ela conseguiu erguer alguns centímetros, liberando o filho debaixo do carro.

Conscientemente, você acha que, mesmo a pessoa mais forte do mundo, seria capaz de levantar um peso desses? Não, isso é impossível para qualquer um, menos para uma mãe com seu filho dependendo disso para continuar vivo.

PROF. PAULO SÉRGIO

Mas você não precisa de uma situação tão calamitosa como essa. Sua motivação pode ser o pão que você leva no fim da tarde para seus filhos ou a balinha que eles estão esperando, juntamente com um abraço e um sorriso. Se não tem filhos, pode ser qualquer coisa que tenha de fazer para uma pessoa especial, como sua capacidade de levar uma singela rosa para sua mãe, seu pai ou cônjuge.

Quando encontramos nossas motivações, notamos que somos muito mais capazes e fortes do que imaginávamos e só precisamos libertar essa força motivacional que já existe dentro de nós.

Eu chamo essa força de energia do vencedor, que é acessada em momentos onde somos exigidos ao máximo, em prol de nós mesmos ou por alguém especial. Quase não a usamos, pois vivemos apenas da nossa força física e mental que acreditamos ter. Qualquer esforço extra é evitado. Desafios maiores paralisam a maioria de nós. No entanto, se temos a energia para levantar um carro de 1,5 tonelada, imagine do que é que somos capazes se acessarmos cada vez mais nossa energia de vencedor?

Quando meu primeiro filho nasceu, o Paulinho, eu estava sem emprego e passei por uma série de situações difíceis. Não tinha dinheiro para pagar o Pré-Natal. Não tinha condições de comprar o leite que o médico indicou quando minha esposa, na época, não pôde amamentar. Isso se arrastou por um bom tempo. Contudo, nada se compara a uma vez em que fui a uma mercearia e levei o Paulinho. Eu tinha 15 reais no bolso. Peguei uma cestinha de compras e nela coloquei arroz, feijão, farinha e produtos básicos. Quando a conta chegou em 14,96, eu parei de comprar. Fui até o caixa da mercearia e, enquanto passava as compras, o Paulinho soltou minha mão, foi a uma prateleira e pegou um pacote de bolachas recheadas. Ele trouxe e me entregou. Eu olhei para o pacote, olhei para o Paulinho, olhei para a moça do caixa, olhei para o pacote, olhei para o Paulinho, para a moça do caixa novamente e... fui devolver o pacote de bolachas na prateleira.

Eu era um pai que não tinha condições de comprar um pacote de bolachas para meu filho. Fiquei arrasado, destruído, me sentindo o ser humano mais inútil do mundo. E talvez, naquele momento, eu realmente fosse.

Naquele momento, ainda de mãos dadas com o Paulinho, criei um código de honra: "Nunca mais eu vou deixar faltar um pacote de bolachas para meu filho".

Não pense que tudo deu certo a partir disso. Ainda enfrentei muitas dificuldades. Mas, em alguns dias, eu podia não tomar café, não levar a marmita com almoço ao trabalho que arranjei, porém mantinha meu código de honra a qualquer custo e deixava sempre uns trocados para o Paulinho comprar bolachas.

Confesso para você que tudo o que faço ainda é para manter meu código de honra. É ele que me faz acessar a energia do vencedor toda vez que ela se faz necessária. E olhe que já são três filhos, então é energia (e bolacha) pra caramba!

Encontre suas motivações, seu código de honra. Eles vão fazer você acessar sua energia de vencedor e realizar feitos dos quais você nunca acreditou ser capaz.

MULTICOMPETÊNCIAS

CLARO QUE CRISES EXISTEM. MAS, GERALMENTE, A MAIOR DELAS É A CRISE QUE ESTÁ SINTONIZADA NA ESTAÇÃO DA INCOMPETÊNCIA.

Como dizia Aristóteles: "Todo ser humano deseja naturalmente o conhecimento...".

Todavia, conhecimento de nada adianta se ele não tiver utilidade para nossa vida. E ele só terá utilidade se tornar-se uma competência, com a qual possamos ter algum proveito.

Em minhas palestras, eu falo algo que, no início, parece se contrapor à competência:

"Queremos aprender a nadar sem pular na água".

PROF. PAULO SÉRGIO

Muita gente entende que eu estou dizendo que temos de fazer as coisas, mesmo que ainda não tenhamos a competência plena para executar. Na realidade, é isso mesmo! No entanto, essa é só uma parte da história. Em sentido mais amplo, na maioria das vezes, eu prefiro fazer, a esperar estar totalmente preparado, para então realizar. Sabe por quê? Porque não há como se sentir preparado, sem fazer.

Logicamente que não é necessário se jogar no mar, na primeira vez que for aprender a nadar. O ideal é que comece num lugar rasinho e com alguém para ensinar. Em todas as profissões, a competência vem do mesmo modo: você vai ter que se jogar, começar fazendo o básico, com alguém ensinando, até que possa realizar tarefas, projetos, trabalhos cada vez maiores, como se fossem mergulhos mais fundos.

É justamente o fato de ir fazendo, ainda que não tão perfeitamente, que vai capacitando a fazer cada vez melhor, concorda? Um dos maiores erros que cometemos é querer aguardar até estarmos completamente "prontos", para então pôr em prática o que sabemos. Na maioria das situações da nossa vida, não funciona desse jeito. Você tem de fazer mesmo que não esteja preparado. Afinal, como estamos em constante mutação, evolução, jamais estaremos, definitivamente, prontos.

Em resumo:

NINGUÉM APRENDE A FAZER CHURRASCO LENDO LIVROS DE COMO ASSAR CARNE.

Tem de queimar muita carne antes disso.

Cirurgiões não aprendem cirurgia lendo. Eles têm de operar alguém na vida real, orientados e acompanhados por médicos mais experientes. O pedreiro não desenvolve sua habilidade lendo sobre como assentar tijolos. Ele tem de assentar tijolos, receber instrução de pessoas mais competentes e, mesmo assim, vai deixar muita parede fora de prumo, até se tornar um ótimo profissional.

Enfim:

À NOITE O SOL NÃO SOME

PARA APRENDER A NADAR, NÃO HÁ OUTRA MANEIRA A NÃO SER PULAR NA ÁGUA, INICIALMENTE NUM LUGAR RASINHO, AO LADO DE PESSOAS EXPERIENTES NISSO.

Portanto, está esclarecido que não é contraposição à competência. Apenas fica claro que é a partir da execução que vamos nos tornando mais e mais competentes.

Poucas coisas na vida geram tantos ganhos, pessoais e profissionais, quanto o conhecimento que transformamos em competências. Onde ele falta, nem todo conhecimento, motivação e otimismo de sobra resolvem as coisas.

Tenho acompanhado muita gente reclamando dos resultados que obtém, culpando os palestrantes e livros motivacionais, pois ouviram, erradamente, que com conhecimento e motivação seriam invencíveis. O problema da pessoa motivada, mas incompetente, é que a motivação dela dura pouco. Ela entra motivada em todos os projetos, tem muita iniciativa, no entanto não consegue dar sequência, pois não tem a base para a manutenção da motivação: as competências.

O PROBLEMA DO MOTIVADO INCOMPETENTE É QUE A MOTIVAÇÃO DELE DURA POUCO.

Só a competência é capaz de sustentar a motivação. Um carpinteiro motivado, por exemplo, mas incompetente, terá motivação até dar algumas marteladas no dedo. Se ele não aprender a martelar certo, vai desistir logo.

Então, uma coisa tem de levar à outra: motivação à competência, e vice-versa, senão corremos o risco de perder as oportunidades certas por falta de uma dessas duas características.

QUERER REALIZAR PROJETOS SEM MOTIVAÇÃO E COMPETÊNCIA É COMO DORMIR COM COBERTOR CURTO E QUERER SE COBRIR POR INTEIRO.

PROF. PAULO SÉRGIO

Muitos de nós ainda vivemos a época do "esperar para ver o que acontece". Esperamos que a empresa pague um curso que já deveríamos ter feito, que o pai aumente a mesada, que o governo baixe os impostos, que os políticos invistam mais na saúde e na educação e sejam menos corruptos.

Contudo, a verdade é que precisamos parar de transferir as responsabilidades pelo nosso sucesso aos outros. Talvez eles nunca façam a parte deles e nós passaremos a vida inteira nessa espera passiva. Agindo assim, vamos nos tornando cada vez mais despreparados.

Só no Brasil, são mais de 500 anos de espera por mudanças. Algumas mudanças até acontecem, mas não na velocidade que cada um de nós precisa. E mais, às vezes, as mudanças que acontecem sem a nossa interferência não nos favorecem em nada, inclusive muitas delas nos prejudicam.

Nós é que precisamos promover as mudanças necessárias para que a nossa vida melhore. Como promover essas mudanças? A melhor maneira é nos tornando multicompetentes.

As pessoas bem-sucedidas são multicompetentes, sempre atentas aos mínimos detalhes. Além disso, elas renovam suas competências, não ficam paradas esperando algo ser solicitado pelo mundo corporativo, para então correrem atrás da preparação. Estão sempre um passo à frente.

Quando um trabalho precisa ser feito, elas vão lá e fazem, sem precisar que o chefe, o gerente deem todos os detalhes. Se ainda não sabem executar, esclarecem suas dúvidas para diminuir a possibilidade de erros, mas correm atrás e dão um jeito de aprender, fazendo cursos, pedindo ajuda para quem é mais experiente. São pessoas que mesmo depois do expediente continuam compromissadas com seu trabalho, lendo, estudando, aprendendo formas de melhorar os resultados da empresa, porque sabem que é isso que vai revolucionar os seus resultados também.

Um vendedor de sucesso, mesmo depois de um dia exaustivo de trabalho, tira um tempo, pelo menos meia hora, para ler novos artigos, revistas e livros sobre vendas, atendimento, para

À NOITE O SOL NÃO SOME

aprender sobre estilos, perfis e comportamento de clientes. Ele não espera as vendas baixarem para então prospectar novos contatos e parcerias.

Aliás, se no Brasil os livros fossem mais consumidos que cigarros e cervejas, teríamos um país de vencedores. Em países como Alemanha, por exemplo, há um enorme consumo de chope e cerveja. A diferença é que lá as pessoas também consomem livros, participam de cursos e treinamentos com a mesma ou maior assiduidade que frequentam bares.

Certa vez, quando vendíamos ingressos para eventos abertos, um vendedor amigo meu me disse que não poderia participar da palestra por falta de dinheiro. Ele deve ter imaginado que eu o deixaria entrar de graça no evento. Mas ficou surpreso quando eu disse:

> "Meu amigo, sabe o quanto gosto de você. Mesmo assim, vou lhe dizer algo que vai soar estranho, porém, é para o seu crescimento. Você consome mais de 500 reais em bebida todos os meses e alega não ter 80 reais para participar de uma palestra? A vida, geralmente, é uma questão de escolhas. Quando as fazemos, não resta alternativas, senão:
>
> 1. Bancá-las e assumir as consequências;
>
> 2. Mudá-las, bancá-las e assumir as consequências."

No fim das contas, ele acabou participando da palestra e habitou-se a trocar alguns vícios por outros, inclusive. Com sua evolução pessoal e profissional, pôde até subir o nível da cervejinha do final de semana!

Profissionais competentes nunca param de aprender, afinal tudo vem mudando muito rápido. Competências que não eram requisitadas há alguns anos tornam-se vitais num piscar de olhos e outras, que faziam a diferença, hoje não servem mais para garantir bons resultados. Quem vive arranjando motivos para não aprender encontrará, como explicação futura, esses mesmos motivos quando não tiver mais espaço no mundo corporativo.

PROF. PAULO SÉRGIO

UM COLABORADOR QUE NÃO GERA LUCRO POR FALTA DE MULTICOMPETÊNCIAS NÃO TEM ARGUMENTOS CONVINCENTES PARA PERMANECER NA EMPRESA.

Sem as competências exigidas, em cada época, o mundo passa por cima da gente como um rolo compressor. Se as tivermos, podemos estar no comando do rolo.

Se esperarmos que os outros construam a ponte do nosso sucesso, não cruzaremos para o lado em que ele está, não atravessaremos o vazio, pois eles já estão ocupados construindo suas próprias pontes.

E a melhor ponte para ligar você àquilo que quer é a sua capacidade de se autodesenvolver, o que o tornará multicompetente. Nada é tão importante quanto essa decisão de investir em si próprio.

Já treinei e atendi milhares de pessoas até agora, e, infelizmente, em torno de 90% de quem eu treino começa me dizendo que a culpa pelo fracasso na carreira, por exemplo, é do chefe atual ou de chefes anteriores, dos pais, parceiros, da empresa, do perfil dos clientes, do preço dos produtos e serviços que vendia.

Por mais que poucas empresas invistam seriamente nos colaboradores, justamente por essa razão, dentre outras, é que a própria pessoa tem de assumir seu autodesenvolvimento.

Todos os dias há treinamentos presenciais, on-line, via e-book, vídeos, apostilas, livros, a custos insignificantes ou, muitas vezes, gratuitos. Treinamentos muito bons a preços acessíveis. Mesmo assim, a alegação é que custa caro treinar.

Veja, se a pessoa trabalha há cinco, dez anos, e não tem alguns trocados para investir em seu autodesenvolvimento, é o melhor sinal que ela precisa de mudanças. Bons cursos, livros, palestras, custam menos, geralmente, que uma cerveja, um cafezinho, um maço de cigarros por dia.

Não espere sua empresa pagar um curso para você. Se seu diretor, gerente, chefe, pagar, ótimo, caso contrário, faça você mesmo, invista. A carreira é sua. Quem sabe daqui a alguns anos não estará sendo você o chefe, não é?

À NOITE O SOL NÃO SOME

Você, líder, empresário, diretor, invista na sua equipe. Muitos líderes me dizem que não treinam porque as pessoas acabam indo embora rapidamente para outras empresas. Eu respondo: "Isso não é um problema. O problema é você não treinar e elas ficarem 15 anos com você, dando prejuízos ou empacando seus negócios".

Quem espera que os outros invistam em si mesmo não vai resolver seus problemas profissionais, como a falta de crescimento, baixas vendas e salários parcos.

O autodesenvolvimento é a ponte que pode tornar você altamente competente, porque sem competência não se conquista nada consistente. Pode até ter pequenos momentos de sucesso, todavia, sua vida será um sobe e desce infernal, até chegar o dia em que você não sobe mais e, pior, vai cada vez mais para baixo. E não é isso que você quer, é?

Alguns profissionais que treino, infelizmente, alegam que não têm nada a aprender, pois já atuam há décadas na profissão e acreditam que não precisam mais investir no autodesenvolvimento.

Quando treino alguém assim, que me diz que não tem nada a aprender, faço uma pergunta que os faz refletir: "Ah, que ótimo, então isso significa que você já está milionário, com dinheiro sobrando e muito feliz?". A maioria ri e começa o treinamento. Outras vão embora.

Pergunto a muitos profissionais: "Quanto você ganhava há dois anos"? A maioria responde que ganhava a mesma coisa que ganha hoje. Alguns dizem que hoje ganham menos. É muito frustrante perceber que não melhoramos nada num tempo tão longo como dois anos. E mais frustrante ainda é notar que a coisa "está cada vez mais feia".

A razão disso é a falta de autodesenvolvimento, que gera rapidamente incompetência.

Lute todos os dias para evoluir, para crescer, para se autodesenvolver, não importando quanto tempo estamos estagnados. A decisão de sairmos desse lugar é o que mais importa neste momento, e essa decisão é um grande passo em direção ao que estamos buscando.

PROF. PAULO SÉRGIO

Esteja antenado com as questões tecnológicas, inovativas, com o mundo digital que tem avançado de uma maneira incrível e, provavelmente, imparável. Se não estudar e aprender isso, é certo que tenderá a frear seu sucesso, talvez até ficando sem espaço para exercer esta ou aquela profissão, pois como veremos, muitas delas simplesmente vão desaparecer em um curto espaço de tempo.

Ser multicompetente é estar ligado às mudanças, que estão ocorrendo numa velocidade frenética, e que são maravilhosas e necessárias.

Se você quer ser bem-sucedido profissionalmente, se desenvolva, trabalhe forte para mudar sua sintonia, tirando-a da estação da incompetência, até que se sintonize nas ondas das competências que o mundo dos negócios exige.

Sua idade não importa. Seja jovem ou mais experiente, a única coisa que permite seu crescimento profissional é a sua condição de profissional multicompetente, capaz de gerar resultados para os negócios e para quem está junto com você na jornada profissional que está trilhando.

FOME DE VENCER

 NA VIDA E NOS NEGÓCIOS, A ÚNICA MANEIRA DE SE MANTER ESTÁVEL É EVOLUINDO.

Algumas pessoas passarão por esta vida com muitos certificados. Serão ótimas em teorias, conceitos e argumentos subjetivos sobre finanças, empreendedorismo, negócios. Todavia, vão conquistar resultados como se fossem aprendizes em início de carreira.

Elas próprias bloquearão sua evolução financeira, porque realizarão o menor esforço possível. Geralmente buscam estabilidade, sem se dar conta de que isso não existe. O único jeito de se manter estável é evoluindo.

À NOITE O SOL NÃO SOME

Elas não têm fome de vencer. Muitas se acomodam com pouco e até mesmo diante daquilo que as incomoda. Se conformam com situações difíceis, que poderiam ser combatidas com certa facilidade, pelo grau de instrução que adquiriram. Falta a elas o desejo ardente de vitórias, de querer mais da vida.

> Na época em que morei com minha avó, nossa casinha era de madeira, sem muitos sarrafos para cobrir as frestas entre uma tábua e outra. O vento era sempre presença confirmada nas noites frias. Eu dormia num quartinho no final do corredor das três peças da casa. Minha cama era feita com alguns pedaços de madeira velha, judiada pelo tempo, com um colchão de palha, que fazia tanto barulho que eu evitava fazer qualquer movimento após me deitar. Em meio às palhas, havia alguns sabugos de milho, que incomodavam muito, pois cutucavam o corpo todo. Naquele tempo, tudo o que eu fazia era tentar encontrar um jeito de deitar sobre a parte em que os sabugos não estavam. O problema é que, ao me mexer enquanto dormia, não tinha jeito: os sabugos pareciam ter vida própria e sempre iam parar onde não deviam. Depois de sofrer por algum tempo, falei para a vovó que dormiria no chão, sobre um pequeno colchonete de espumas que encontrei enquanto catava ferro velho. Em resumo: eu tinha muita fome de me livrar daqueles sabugos que me incomodavam.

É triste, mas vejo muita gente com um sabugo cutucando a vida delas, sem que façam nada, a não ser torcer para encontrar uma posição onde o sabugo não incomode tanto. Não têm ambição em melhorar de vida, e vão se conformando com tudo de ruim que as incomoda.

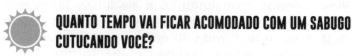
QUANTO TEMPO VAI FICAR ACOMODADO COM UM SABUGO CUTUCANDO VOCÊ?

PROF. PAULO SÉRGIO

Diante de tanta corrupção, falcatruas, que vemos o tempo todo, não só na política, mas em quase todos os segmentos, eu acho um pecado pessoas boas não terem fome de vencer, de ganhar dinheiro, de ficar ricas.

Não há mal algum em ter um belo saldo no extrato bancário, casas, carros e uma cama sem sabugos. É importante que você deseje ardentemente vencer, realizar os seus mais ousados sonhos e desejos. Só assim você encontrará mecanismos internos para suplantar adversidades. Afinal, quando você tem fome de vencer na vida e esse seu vencer inclui ajudar muitas pessoas, o universo fará tudo quanto puder para que você consiga o que quer.

Conheço muita gente que diz: "Ah, mas está bom assim. Para mim, se ficar desse jeito até eu morrer estará ótimo". Não é adequado pensar dessa maneira. Por mais que pareça um discurso desapegado, na realidade ele nos acomoda e nos torna egoístas, por incrível que pareça. Com tanta gente passando necessidades, não tendo sequer condições de fazer duas ou três refeições por dia (às vezes nenhuma), sem poder pagar uma consulta médica para o filho que sucumbe de febre, é uma pena se pensarmos apenas em nós mesmos.

Chamo isso de conformismo negativo, que é se habituar com uma falsa estabilidade e com situações ruins, degradantes, que a cada dia tendem só a piorar.

Eu luto o tempo todo para mostrar às pessoas boas de coração, iguais a você, a importância de também lutarem para ter mais do que o suficiente para si mesmas. Quando temos esse desejo honesto de vencer e ser bem-sucedidos, acompanhado de generosidade, acredito que Deus sente-se no auge da Sua felicidade, pois percebe que muitos dos seus filhos cumprirão Seu desejo: o de amarmos e ajudarmos uns aos outros!

Em 2016, a casa de um amigo de infância incendiou. Há anos que eu não o via, porém algumas pessoas que conviviam conosco naquela época comentaram comigo o que

À NOITE O SOL NÃO SOME

havia ocorrido. Fiquei extremamente triste, sobretudo, por saber da sua precariedade em termos materiais. Suas chances de recuperar a casa, sozinho, eram praticamente nulas.

Imediatamente verifiquei quem estava organizando um mutirão de apoio, para colaborar com a aquisição de materiais para reconstruir a obra, e notei que a ajuda financeira estava muito aquém do necessário. Acabei pedindo a lista e comprando o que faltava.

Imagine-se na mesma situação e digamos que você não teve fome de vencer na vida. O que diria para seu amigo? Algo como "nossa, que coisa né, mas a vida é assim mesmo. Deus o ajude". Esse não é um conselho objetivo, que ajude realmente.

Por outro lado, supondo que você tenha se saído muito bem materialmente, poderia dizer ao seu amigo: "Deixa comigo esta lista de materiais, vou comprar o que falta para você recomeçar sua vida. Deus me mandou ajudá-lo".

Que resposta você preferiria dar ao seu amigo?

Fome de vencer é ambição saudável.

Não é feio ser ambicioso.

Uma pessoa ambiciosa mira sempre em alvos maiores. São as pessoas ambiciosas que ajudam a construir produtos e serviços inovadores, e garantem o sucesso das empresas nas quais trabalham.

Elas sabem aproveitar tudo o que conquistam e são gratas pelo que têm, porém sempre procuram mais, de modo equilibrado.

SE VOCÊ NÃO TEM AMBIÇÃO DE CRESCER NA CARREIRA, POR EXEMPLO, FACILMENTE ENTRA NUMA ZONA DE CONFORTO E CONTENTAMENTO E ACABA ACEITANDO PASSIVAMENTE O QUE ACONTECE, QUANDO O MELHOR DA VIDA PROFISSIONAL ESTÁ EM FAZER AS COISAS ACONTECEREM.

Amo o Brasil, mas vejo que falta muita ambição, fome de vencer para o povo brasileiro. Temos a mania de prejulgar pessoas ambiciosas. Infelizmente, muitas que poderiam brilhar no

palco da vida, que fariam a diferença na profissão que exercem e na sociedade da qual fazem parte, estão deixando a ambição de lado e sendo meros expectadores no teatro social.

Contudo, quero deixar claro que fome de vencer e ambição são bem diferentes de ganância.

A ganância é feia, prejudicial, destrutiva. Ela faz muito mal ao planeta. Como disse, ambição é querer mais da vida e fazer tudo honestamente para conseguir. Já a ganância muda os valores da pessoa. Quem é ganancioso mente, furta, logra, extorque, falsifica, humilha, tira, rouba, puxa o tapete, pisa nos outros, para ter o que deseja.

Tenha uma conduta ambiciosa, uma postura de gente que quer realizar objetivos. Não resta dúvidas de que sua carreira e sua vida melhoram muito quando você mantém um comportamento ambicioso. É com essa fome de vencer na vida que você pode revolucionar seus resultados aí na empresa que trabalha hoje. É com essa fome que você aumenta suas vendas, gera mais lucro, atende melhor aos clientes, sai de eventuais prejuízos que esteja enfrentando e trilha os caminhos do sucesso generoso.

É SÓ MANTER A CONEXÃO ENTRE CORAÇÃO, MENTE E BOLSO PARA QUE A AMBIÇÃO NÃO SE TRANSFORME EM GANÂNCIA, ACOMODAÇÃO EM SOBERBA. É ASSIM QUE AS PESSOAS DE SUCESSO CONSEGUEM CONECTAR SUCESSO E FELICIDADE.

DISCIPLINA

Muitas pessoas são motivadas, multicompetentes e possuem um desejo ardente de realizar seus sonhos, uma fome incrível de vencer na vida. O problema é que elas são indisciplinadas, não fazem o dever de casa, para que o sucesso seja alcançado. Elas esperam que ele venha como um cão quando seu dono estala os dedos ou que os problemas e dificuldades

À NOITE O SOL NÃO SOME

que precisam enfrentar virem soluções e oportunidades, em um passe de mágica, como o sapo que vira príncipe com um simples beijo da princesa.

Motivação é vital, ser competente é básico e fome de vencer é visceral para o sucesso. Porém, nenhuma dessas condições traz grandes resultados sem disciplina para treinar, aprender, evoluir para melhor e manter a energia mesmo com ventos contrários nessa jornada.

E por que algumas pessoas são indisciplinadas? Porque manter a disciplina exige mudanças, esforços extras, entregar aquilo que não estávamos acostumados. Disciplina implica andar, correr, mesmo quando os calos nos pés estão sangrando.

MUITAS VEZES, OS CALOS VALEM MAIS QUE DIPLOMAS. MAS É A JUNÇÃO DOS DOIS QUE ESCANCARA AS PORTAS DO SUCESSO.

Muitas pessoas tentam uma, duas vezes, e desistem dos seus projetos. Elas acreditam que fizeram o seu máximo e que já não vale mais a pena aguentar a dor, o cansaço, o estresse gerado, em comparação aos resultados obtidos.

Na realidade, não deram o máximo. Só podemos dizer que demos o máximo quando conseguimos o que queremos ou chegamos muito, mas muito próximo disso.

Nas demais vezes, só arranjamos desculpas para provar que a culpa não foi nossa. Assim, imaginamos que as cicatrizes vão sumir, o que é um ledo engano. Afinal, sucesso custa caro e realmente pode trazer muitas marcas. Porém, comparado ao preço do fracasso pela falta de disciplina para seguir adiante, ele sai quase de graça.

SE VOCÊ VAI ATÉ ONDE A DOR INCOMODA, SERÁ DIFÍCIL CONQUISTAR ALGO GRANDIOSO. REALIZAÇÕES GRANDIOSAS EXIGEM SUPORTAR DORES INSUPORTÁVEIS.

PROF. PAULO SÉRGIO

Somos indisciplinados, também, pela simples razão de que isso traz tranquilidade e exige menos esforço momentâneo.

Contudo, essa sensação é ilusória. Nada que não gere uma ação que promova melhoria em nossa vida, é algo tranquilo e confortável. Não é novidade, mesmo assim, vale a pena relembrar: a zona de conforto é o lugar que mais vai se tornar desconfortável com o tempo. Quem fica nela, aos poucos, está dando vários passos na direção contrária à do crescimento e ao do progresso, embora pense que, pelo menos, vai ficar no mesmo lugar.

Hoje isso é loucura, porque o mundo é um constante movimento. Não há mais como se acomodar e ficar estagnado. Se acomodar é andar em marcha ré. Por isso a acomodação é um excelente sinal de que nos falta disciplina.

NADA QUE NÃO GERE UMA AÇÃO QUE PROMOVA MELHORIA EM NOSSA VIDA É ALGO QUE MEREÇA SER FEITO.

Alguém que tenha o desejo de passar em um concurso público, por exemplo, pode começar fazendo um cursinho. Frequenta uma, duas semanas, todavia, sente-se um bagaço todo fim de noite. Além disso, teve de abandonar a balada e o chope com a galera. Para atrapalhar, amigos ligam para a pessoa zoando, mandando fotos pelo WhatsApp de uma porção de frango a passarinho, com um copo de chope com colarinho, geladinho, que deve estar delicioso, todos rodeados por pessoas bonitas, enquanto ele ou ela estuda.

Aos poucos, a pessoa deixa de comparecer um dia na semana no cursinho. Passa mais uma ou duas semanas, e ela já inverteu: aparece só uma ou duas vezes no curso e o restante da semana está no boteco com os amigos. No dia da prova do concurso, só restará afogar as frustrações, novamente no boteco.

Disciplina é o que separa os campeões dos frouxos. É duro, mas real.

Várias vezes ouvi entrevistas de atletas acima da média, que romperam todos os limites em suas categorias. A imensa

À NOITE O SOL NÃO SOME

maioria deles dizia que treinava mais do que o habitual, que eram extremamente regrados, disciplinados nos treinamentos, na alimentação, na vida social. Sabiam que qualquer deslize seria fatal para a manutenção de uma condição física, tática e técnica. E isso os levaria a não conquistar o que queriam.

Quando meus filhos foram para Madrid, assistir a um jogo do Real Madrid contra o Atlético de Bilbao, ficaram maravilhados com a cena que presenciaram. Vinte minutos após o término do jogo, que foi desgastante, pegado, onde o empate de 1 x 1 foi o resultado, eles viram dois jogadores retornando a campo, que começaram a fazer treino físico e com a bola. Para o espanto deles, se tratava de Cristiano Ronaldo e Toni Cross, dois dos melhores jogadores do mundo na época. Ou seja, disciplina total para evoluírem e poderem se manter o máximo do tempo possível entre os melhores.

No mundo dos negócios também é assim. O melhor vendedor está sempre estudando, se atualizando. O líder mais competente está em constante evolução, para inspirar a equipe a gerar mais resultados. O dono da empresa de sucesso jamais deixa de buscar novas técnicas de gestão, inovação, para que sua empresa cresça e mantenha-se estável. Para evoluírem sempre, todos eles sabem que precisam manter a disciplina.

Claro que algumas pessoas parecem indisciplinadas, mas cheias de conquistas. Porém, elas sempre mantêm a disciplina naquilo que mais dá resultados. Vários dos bilionários pelo mundo não possuem ensino superior, por exemplo. Isso não quer dizer que sejam indisciplinados. Eles simplesmente focaram em fazer aquilo que mais importava, naquele mundo em que viviam ou queriam construir. Geralmente, além de serem exceção, são exemplos de pessoas altamente disciplinadas em seguir passos, processos, mesmo que seja quebrando regras, paradigmas, para atingir seus objetivos, sem nunca deixar a disciplina de lado.

Se você quer crescer profissionalmente, gerar progresso para sua carreira, seja como colaborador, empresário, profis-

sional liberal, siga uma disciplina, mesmo que seja para quebrar regras e modelos tradicionais que existem na sua área.

Não perca a disciplina dando atenção às distrações. Se você quer passar em um concurso, terá de estudar muito, mesmo vendo seus amigos tomando chope com batata frita no boteco.

Se quer construir uma carreira sólida, terá de se empenhar mais do que as pessoas que ficam contando os minutos antes das 6 da tarde para irem jogar bilhar ou se escarrapachar naquele sofá na sala da casa, que já está com as molas saltando e furado!

Se pretende ter uma empresa lucrativa, precisará se afastar dos prazeres passageiros que o limite do cartão de crédito pode trazer para a vida pessoal e focar em investir nesse negócio, até chegar ao ponto em que possa usufruir o que construiu.

 POR UM LONGO TEMPO, DISCIPLINA COMBINA COM CHOPE E BATATA FRITA SÓ PARA O DONO DO BAR.

Seja para evoluir na sua carreira, se tornar um grande empresário, gerente, para emagrecer, conquistar uma parceira ou parceiro, tenha motivação, multicompetências, fome de vencer e disciplina. Se você quer degustar seus sucessos durante sua caminhada, considere esse quarteto fantástico como característica primordial para que isso aconteça.

E lembre-se que eles estão todos conectados. Se você deixar um deles de lado, os outros vão sentir o impacto. Cuide de todos eles, o tempo todo, pois desejar evoluir profissionalmente, sem o quarteto, é como querer êxito no futebol, jogando de pantufa.

 QUERER FAZER SUCESSO SEM O QUARTETO É COMO QUERER SE SAIR BEM NO FUTEBOL JOGANDO DE PANTUFA.

PROF. PAULO SÉRGIO

TODA PROFISSÃO TEM RIQUEZAS OCULTAS

Pode parecer frustrante fazer aquilo de que não gostamos. Normalmente, a tendência é a de não entregarmos todo nosso potencial nisso e muito menos enxergarmos as oportunidades que o lugar no qual estamos inseridos oferece.

Dizem que a riqueza e a felicidade vêm em razão de fazer o que amamos. Eu discordo em partes: acredito que sucesso, riqueza e felicidade chegam, na maior parte das vezes, quando percebemos que o importante é amar a nós mesmos e as pessoas, a ponto de fazer bem-feito mesmo o que não amamos fazer.

É maravilhoso quando conseguimos pôr em prática, profissionalmente, apenas aquilo que amamos fazer, o nosso propósito. Mas isso pode levar um bom tempo para acontecer.

E, se você está em dúvida em relação à sua paixão profissional, tem um método bem simples. Basta se fazer esta pergunta: O que eu amo tanto fazer que faria até de graça?

Diante da resposta, você tem duas opções:

1. Aprenda a fazer isso tão bem-feito, de uma maneira tão encantadora, que todos vão pagar para que você faça;

2. Aprenda a fazer bem-feito aquilo que não é o grande amor da sua vida profissional, recebendo tanto por isso

À NOITE O SOL NÃO SOME

que poderá fazer o que ama, até de graça, caso não paguem para você fazer.

Eu vendi picolé, ferro-velho, fruta, verdura, trabalhei em funilaria, vendi esfregadeira de roupa, trabalhei como gari, office-boy, enfim, fiz uma porção de coisas. E tenho plena convicção de que o fato de ter me empenhado, mesmo quando criança, em cada uma dessas atividades, foi o que me propiciou enxergar a riqueza oculta em cada profissão dessas. Foi essa visão que, com o tempo, me levou a poder fazer o que mais amo: ajudar as pessoas e as empresas a se darem bem na vida e nos negócios, por meio de palestras, livros, treinamentos.

 É QUASE IMPOSSÍVEL FAZER APENAS O QUE AMAMOS.

O sucesso é sinuoso, íngreme, e você terá que, várias vezes, fazer aquilo que não estaria disposto a fazer. Embora tenha como escolher não fazer, sabe que essa decisão traz inúmeros contratempos, sobretudo financeiros.

Quando eu vendia esfregadeira de roupas, andava quilômetros todos os dias e, na maioria das vezes, não vendia nada. O peso da esfregadeira, de mais ou menos cinco quilos, parecia ter cinquenta no fim do dia. Mesmo assim, no outro dia eu estava lá, pronto para seguir em frente, porque eu precisava do dinheiro no final do mês.

Tenho certeza que você também fez ou faz trabalhos que não ama e continuará fazendo por um bom tempo. Saiba que isso é normal e necessário. Mesmo quem tem muitos empreendimentos, dinheiro, negócios, dentre as múltiplas tarefas que faz, há muitas que a pessoa detesta fazer, mas faz, porque disso depende a continuidade do seu empreendimento.

Em todas as áreas é assim. Um auxiliar de pedreiro, por exemplo, que deseja se tornar o mestre de obras, vai ter que bater muita massa antes disso. O office-boy que quer se tornar gerente da empresa, terá que andar muitos quilômetros, tomar muita chuva nas costas, antes de sentar definitivamente na cadeira da gerência.

PROF. PAULO SÉRGIO

 TÃO OU MAIS IMPORTANTE DO QUE FAZER O QUE SE AMA É SABER O QUANTO SE AMA E AS PESSOAS QUE SÃO IMPORTANTES PARA VOCÊ, PARA REALIZAR BEM-FEITO AQUILO QUE NÃO É A GRANDE PAIXÃO DA SUA VIDA PROFISSIONAL.

Os profissionais bem-sucedidos dão o seu melhor naquilo que estão fazendo no momento, pois a riqueza oculta em cada profissão não é meramente financeira. Antes de as recompensas aparecerem, há aprendizado, experiência e muita sabedoria sendo adquiridos. Mesmo assim:

 COM A VISÃO E AS ATITUDES CERTAS, TODA PROFISSÃO OFERECE OPORTUNIDADES DE CRESCIMENTO.

Na maioria das vezes, o fato de estarmos num ramo há dez, quinze, vinte anos, e sofrendo todo fim de mês para pagar as contas, não significa necessariamente que estamos na direção profissional errada.

Talvez signifique apenas que estejamos sem rumo, esperando, nos movimentando desordenadamente, tomando decisões equivocadas, como alguém que pretende ir para o Rio de Janeiro, mas sai de Curitiba e pega a BR-277, na direção de Foz do Iguaçu.

Toda profissão gera riqueza. No entanto, obviamente, algumas são como o chuchu: geram resultados rápidos e que se espalham até para os vizinhos. Enquanto outras são iguais a uma árvore de grande porte: levam anos para gerar resultados.

O importante é estarmos cientes de que, se descobrirmos a essência que há em cada profissão e expandirmos nosso olhar e atitudes em relação a ela, vai gerar resultados interessantes.

Ao adentrar uma área profissional, você geralmente terá que começar sem grandes resultados financeiros. Isso é normal e necessário na maioria das vezes, para ganhar robustez. Com o tempo, mudando sua forma de encarar o que faz, e como faz isso, acabará encontrando os tesouros escondidos da profissão e local de trabalho em que estiver.

À NOITE O SOL NÃO SOME

Refletindo ainda mais, percebi que o grande problema não é o caminho que as pessoas escolhem, os ramos de negócios em que elas atuam, como colaborador, empresário, autônomo, mas, sim, a maneira e o posicionamento que apresentam e o valor que dão ao que fazem. Afinal, ninguém vai valorizar algo ou alguém que não se valoriza.

 NINGUÉM VAI VALORIZAR ALGO OU ALGUÉM QUE NÃO SE VALORIZA.

Raramente você verá algum cliente dizer: "Nossa, só cem reais você cobra. Que é isso, vou pagar oitocentos".

Essas teses se aplicam a qualquer profissão.

Outro dia, conversando com um amigo meu que é pedreiro, ele me contou que depois que ofereci alguns conselhos, estava ganhando três vezes mais que os outros pedreiros. Disse que se especializou em acabamentos, e no seu cartão de visitas passou a escrever: "O melhor profissional de acabamentos para a construção civil do país". Obviamente que isso o fez ser mais contratado, e a peso de ouro, porém ele só está vivo no mercado porque cumpre o que escreveu no seu cartão.

Outro amigo, vendedor de uma empresa de móveis sob medida que fez treinamentos comigo, aliás o melhor vendedor da empresa, insistia com os donos que precisava ganhar mais, mas nunca deram ouvidos. Ele era ótimo e possuía uma rede de relacionamentos bem atraente para diversos segmentos. Como não teve êxito na empresa em que trabalhava, pediu demissão e montou sua própria empresa, porém no segmento de vestuário, e hoje fatura alguns milhões por ano.

É importante dizer que você não precisa ser empresário para ser vitorioso profissionalmente. Mais importante que isso, é ser um intraempreendedor, empreendendo primeiro, dentro da organização na qual trabalha.

Mas você deve estar se perguntando: "Paulo, mas há profissões em que não existem maneiras mesmo de ganhar muito dinheiro".

PROF. PAULO SÉRGIO

O problema não é a profissão. É o modo como se olha para ela.

Conheço um prestador de serviços na área de desentupimento de pias, ralos, esgotos. Na primeira vez que chamei esse senhor para desentupir o cano da pia de casa, vi que ele colocou um jovem para fazer o serviço e ficou só olhando. O jovem, então, tentou por duas vezes desentupir o encanamento, mas não conseguiu. De repente, o senhor fala: "Filho, você precisa dar mais pressão, senão não vai desentupir".

Ouvindo aquilo, falei: "Ele é seu filho, então?". "Sim", foi sua resposta, que continuou:

> "Eu comecei limpando esgotos, Sr. Paulo, mas eu sabia que enquanto todo mundo reclamava da sujeira com que tinham de lidar eu via um futuro melhor ali. Então, com os anos, virei sócio do meu ex-patrão. E agora preciso mostrar para o meu filho que tudo tem um começo, não é?"

No fim das contas, a grande diferença entre o pedreiro, o palestrante, o limpador de esgotos ou qualquer comparação profissional não é o mercado em que atuam, nem a profissão. É a atitude, a visão, o jeito de pensar e executar a carreira e os negócios. É a frequência em que nos sintonizamos, que nos faz encontrar riquezas ocultas ou pobrezas aparentes.

 ALGUNS VEEM RIQUEZAS OCULTAS NA PROFISSÃO E NO TRABALHO QUE EXERCEM. OUTROS, NO MESMO LUGAR, ENXERGAM POBREZAS APARENTES.

Em qual dessas frequências você está sintonizado?

PROF. PAULO SÉRGIO

NÃO CORTE
SUAS ÁRVORES
NO INVERNO

Lembra da história do pé de figo? Pois é, eu gosto muito de plantas e meu jardim é repleto delas.

Em minhas palestras, frequentemente eu conto sobre meu pé de pêssego.

Todos os anos, há algum tempo, no inverno, um pessegueiro que tenho em casa fica feio de dar pena. Caem as folhas, os galhos ficam quebradiços e perdem a cor. Se você olhar para a feiura aparente dele, nessa estação, dá até vontade de cortá-lo. Quando eu o plantei, o vendedor me disse que em menos de dois anos eu teria pêssegos em abundância. Contudo, após esse tempo, o pessegueiro mal tinha galhos e pensei em arrancá-lo. Mas não fiz isso e, passados quatro anos, em uma bela manhã, como de costume sempre que estou em casa, fui passear pelo jardim e surpreendi-me ao olhar para o pessegueiro e notar que havia um único pêssego nele. Fiquei muito entusiasmado e zelei por aquele único fruto durante dias, até que ele ficou maduro. Extremamente feliz, tirei-o e, suavemente, descasquei o formoso fruto. Ao experimentar, joguei tudo fora. Estava terrivelmente amargo. Pensei em agir como Cristo fez com a

À NOITE O SOL NÃO SOME

> figueira que não tinha figos, mas acabei hesitando, e não maldisse o pessegueiro, até porque não teria qualquer efeito prático. Mas decidi que iria cortá-lo dessa vez, entretanto não o fiz novamente. Dois anos depois, o pessegueiro se encheu de pêssegos, e todos eles muito saborosos. Ainda assim, no outono e inverno, ele perde toda sua beleza e não oferece frutos. Mas quando chega a estação adequada, ele oferece muitos pêssegos, grandes e doces.

Se eu não soubesse esperar o tempo de o pessegueiro oferecer o seu melhor, eu o cortaria na época em que ele não estava me trazendo resultados. Dessa forma, eu digo a você: "Não corte suas árvores no inverno".

O ensinamento para a sua vida é exatamente este:

> Tudo tem um tempo para acontecer. Mesmo você se doando, nem sempre os resultados acontecem quando você quer, e tentar antecipar as coisas, ou cortá-las, só porque ainda não estão gerando os resultados que você espera, apesar da sua dedicação, quase nunca é o melhor caminho.

Seja jovem ou mais experiente no mundo corporativo, e seja lá qual for sua função, cargo, posição e renda atuais, dê tempo à sua juventude... dê tempo à sua experiência. Você pode estar vivendo momentos delicados, mas não será assim o tempo todo.

Com tudo o que você assimilou, e mais ainda a partir de agora, você vai aprender a viver na frequência 361,5°, construindo uma mentalidade vencedora, acabando com ciclos destrutivos que estejam se repetindo em sua vida, empreendendo um novo jeito de ver e agir diante dos acontecimentos, restabelecendo o controle da situação e aprendendo a fazer ótimas parcerias e trocas com as pessoas e com a vida, para construir uma linda história que sempre sonhou e merece viver.

PROF. PAULO SÉRGIO

1ª SINTONIA: CONSTRUA UMA MENTALIDADE 361,5°

Por mais que a mente humana seja um grande labirinto, onde, em diversos momentos, nem o mais capacitado psiquiatra, psicólogo, pedagogo, neurologista, antropólogo, sociólogo ou qualquer outro expert, juntos, conseguem desvendar seus mistérios, de uma coisa estou convicto: não é por isso que devemos simplesmente abandonar nosso canteiro mental, deixando que o acaso, a sorte, os outros dominem esse espaço. Ainda que não tenhamos total controle sobre seu funcionamento, podemos melhorar muito sua performance com o processo que vou explicar a seguir.

NÃO ADIANTA QUASE NADA MUDAR EXTERNAMENTE, SE NO SEU INTERIOR VOCÊ CONTINUA IGUALZINHO COMO ANTES. NÃO RESOLVE TROCAR DE ESPELHO, ROUPAS OU SAPATOS. ELES NÃO SÃO O PROBLEMA. VOCÊ PRECISA TROCAR SUA TELA MENTAL, SUA FREQUÊNCIA, ASSIM NEM DE ESPELHO PRECISARÁ PARA SABER A PESSOA INCRÍVEL QUE É!

A maioria das pessoas vive numa frequência mental enviesada, bem abaixo do nível 361,5°, que permite analisar os cenários da

À NOITE O SOL NÃO SOME

vida pelo melhor ângulo, agindo de modo a solucionar os problemas profissionais e pessoais, para otimizar os recursos que possuem e maximizar seus resultados em ambas as áreas.

Vivendo nessa frequência equivocada, tendem a perceber os eventos da vida, primeiro, pela óptica negativa, catalisando cada vez mais a construção de um jeito errado de ver, pensar e agir.

Quando algo não dá certo, elas amplificam essa frequência errada, o que só as torna cada vez mais debilitadas para resolver seus conflitos e problemas, impedindo-as de atingir o nível 361,5°, que é o nível da frequência mente-corpo vencedora.

Isso ocorre porque, geralmente, pessoas com esse padrão mental começam o dia com a receita da bruxa. A pessoa vai colocando, dentro de uma grande panela mental, todo o mau humor, a raiva do chefe, dos clientes, do ex-marido ou mulher, da sogra, ou de alguém. Adiciona ainda o pessimismo em relação às mudanças, as frustrações e decepções que vive ou viveu, e inclui, também, os problemas alheios, as crises. Para finalizar, coloca uma pitada a mais de desgraça, ouvindo um noticiário sangrento pela manhã, e um pouquinho de desvalorização de si mesma, sem perceber que:

SÓ HÁ UMA COISA PIOR DO QUE QUANDO DESVALORIZAM VOCÊ: É QUANDO VOCÊ MESMO SE DESVALORIZA.

Então, ela ingere tudo isso e sai para o trabalho, para suas relações do dia a dia. Só não vai de vassoura porque as do mundo real não voam!

Veja, ela bebeu a receita da bruxa, que é o maior veneno para a própria vida, que a fez sintonizar-se mentalmente na frequência do fracasso. Como é que essa pessoa pretende se conectar na frequência do sucesso? Não existe a menor chance, até que ela pare de beber esse veneno.

Ela vai levar para todo o seu dia esse padrão de enxergar o mundo, as pessoas, e tudo o que acontecer ao seu redor. Tudo será visto como catastrófico, pois ela se preparou para receber os acontecimentos sob esse ponto de vista.

PROF. PAULO SÉRGIO

Com sua rádio mental ligada na frequência errada, a tendência é que trate mal os colegas, que ignore oportunidades, visto que está focada na desgraceira que ingeriu logo cedinho. Muitas vezes, nem ela mesma entende a razão de tanta irritação, estresse e mal-estar, e fica um pouco perdida, sem saber como parar de agir assim.

Essa pessoa, além de estragar o seu dia, destrói o dos outros, pois se tiver um contratempo qualquer, vai amplificar isso e despejar sua ira por onde passar, em quem encontrar, geralmente pessoas que não mereceriam essa irritabilidade.

Infelizmente, a maioria de nós não sabe mudar a frequência negativa em que vive e acaba descarregando toda ela nos outros também.

Se você mantiver essa sintonia negativa em volume cada vez mais alto, o que era para ser apenas um probleminha acaba se espalhando, criando galhos e mais galhos, repletos de problemas, funcionando como uma árvore, só que, em vez de frutos, gera crises. E aí não seremos bons colaboradores, vendedores, líderes, empresários, pois gradativamente tendemos a piorar nossa situação, criando mais e mais problemas em nossas relações pessoais e profissionais, em vez de soluções.

Portanto, uma das primeiras atitudes que a pessoa deve ter é parar de beber logo cedo a receita da bruxa, parando de pensar e discursar de forma negativa diante das adversidades ou desafios que está enfrentando, ou sabe que esperam por ela. Se não agir para reduzir a dose diária de veneno que ingere, amplifica o volume na frequência errada, que conduz a mais e mais fracassos, decepções e frustrações.

Às vezes, mantemos uma mentalidade perdedora, sem nos dar conta disso, o que não colabora em nada para crescermos. Acredite: quem não tem em mente que pode alcançar seus objetivos está bem mais perto de fracassar do que imagina. A história de que suas crenças moldam seus resultados é tratada há séculos... e é verdadeira.

Treinar a mente é essencial, pois definirmos bem que sementes queremos plantar nesse maravilhoso, mas arenoso e escorregadio, solo da vida, é marchar rumo aos objetivos.

À NOITE O SOL NÃO SOME

 QUEM NÃO TEM EM MENTE QUE PODE ALCANÇAR SEUS OBJETIVOS ESTÁ BEM MAIS PERTO DE FRACASSAR DO QUE IMAGINA.

Somos seres com crenças, sendo que muitas delas já vêm sintonizadas em determinadas frequências. Desde muito cedo recebemos uma enorme carga de crenças dos nossos pais, avós, familiares em geral e pessoas com as quais convivemos. Boa parte de tudo isso não tem exatamente o sentido que aprendemos, tendo em vista que quem nos ensina algo o faz sempre por meio das lentes pelas quais enxerga o mundo e os acontecimentos.

O maior problema em relação a isso é que essas lentes podem estar embaçadas, o que nos fará enxergar o mundo e o espetáculo da nossa vida de um jeito totalmente desfavorável.

E mesmo que as pessoas tenham boas intenções, muitas, com a forma de criação que deram, acabam alimentando nossa mente com informações equivocadas e contraproducentes.

A mãe que amamenta seu bebê toda vez que ele chora, por exemplo, cria ideias erradas na mente dessa criança, porque ela chora por vários motivos, sendo um deles a fome. Se ela chorar porque está com medo, e for amamentada, vai gravar na mente que, para deixar de sentir medo, é preciso comer, ou seja, a mente estará sintonizada na frequência errada. Quanto mais a mãe fizer isso, mais o volume na sintonia errada é aumentado.

Na medida que a criança cresce, tende a fazer essa mesma associação, e esse pode ser um dos fatores que a levará à obesidade ou ter dificuldades em eliminar peso, porque associou que para sentir menos medo é preciso mais comida.

O mesmo sistema ocorre quando a criança recebe uma superproteção dos pais ou responsáveis, impedindo que crie seu próprio mecanismo de defesa. Quando ela crescer, terá grandes dificuldades para solucionar problemas, criar soluções e enfrentar cenários adversos, afinal alguém sempre fez isso por ela.

Nesse mesmo contexto, é possível entender a razão de alguns colaboradores agirem de certa maneira. O colaborador que, na infância, recebia o que queria dos pais quando chorava corre o ris-

PROF. PAULO SÉRGIO

co de agir desse mesmo modo quando quiser uma promoção, um aumento de salário. Em vez de mostrar-se proativo, com atitudes superiores, vai se colocar na condição de vítima. O problema é que, no mundo dos negócios, os chefes são um "pouquinho" menos adoráveis que as "mamães" e "papais".

Líderes que, na infância, conseguiam tudo o que queriam na base do grito, provavelmente repetirão esse comportamento nas empresas, berrando com as pessoas da equipe na busca por resultados maiores. Também não conseguirão êxito, porque ninguém entrega seu potencial máximo recebendo urros enquanto trabalha.

Esses são apenas alguns exemplos de que precisamos remodelar nosso jeito de enxergar os fatos da vida, pois palavras, ideias, pensamentos, imagens, sensações, tudo isso fica registrado em nossa mente, sem possibilidade de apagar, a não ser por algum trauma físico na região do cérebro responsável por essas conexões.

Como nossas atitudes se movem na direção do que vemos, ouvimos, pensamos, falamos, acreditamos, se tudo isso estiver na sintonia errada, não há como ir pelos caminhos certos. Isso só vai acontecer se mudarmos a frequência que aprendemos a sintonizar.

Certa vez, eu estava treinando os vendedores de uma empresa. Depois que os treinei coletivamente, passei a fazer entrevistas individuais e acompanhamentos com cada vendedor. Um deles me chamou muito a atenção. Era dinâmico, comunicativo, sempre argumentava bem nas simulações de vendas. Lia muitos livros sobre o tema e adorava participar de treinamentos na área.

No entanto, ele não conseguia chegar nem próximo das metas estabelecidas pela empresa, ao passo que outros vendedores, menos preparados tecnicamente, atingiam.

O gerente de vendas estava disposto a demiti-lo por falta de resultados, porém pedi autorização para conhecer melhor aquele vendedor.

Conversamos várias vezes durante um mês e ele me contou da sua origem pobre. A mãe foi empregada doméstica a vida

À NOITE O SOL NÃO SOME

inteira e o pai trabalhou como servente de pedreiro. Nunca tiveram regalias. Quando criança, muitas vezes teve que dividir uma única fatia de pão com seus três irmãos.

Perguntei se ele achava que merecia ganhar bastante dinheiro. Ele até tentou me convencer que sim, mas finalmente me disse que nunca se imaginara ganhando um alto salário e que até achava errado ganhar "dinheiro grande". Estava convencido de que detestava as pessoas ricas, porque, na cabeça dele, elas é que o fizeram ter uma infância precária.

Essa ideia era amplificada porque sua mãe comentava que, na casa em que trabalhava, não podia se sentar à mesa junto com os patrões na hora das refeições. Ela também dizia que o casal brigava muito e que um dos filhos havia se envolvido com drogas.

Além disso, seu pai também reclamava dos patrões, dizendo que pagavam mal e que só pensavam em si próprios. Várias vezes o via dando murros na parede, muito bravo, porque o salário que já era pouco estava atrasado várias semanas.

Sua mente, até então, não tinha alternativa, a não ser criar uma proteção contra o dinheiro e contra relacionamentos com pessoas ricas, pois o principal papel do nosso cérebro é nos proteger do que considera perigoso.

A mensagem que prevalecia na sua mente era algo como: "Quem vai querer ficar rico se isso significa ser arrogante, viver brigando com o parceiro, ver os filhos perdidos para as drogas e ainda tratar mal quem não tem dinheiro?".

Com muito cuidado, disse a ele que precisávamos mudar as imagens mentais que tinha sobre as pessoas ricas e, principalmente, sobre dinheiro. Falei sobre a frequência mental que carregava, sintonizada na estação errada, que só o fazia ouvir ruídos, e que esses ruídos atrapalhavam-no de conquistar tudo o que merecia.

Fiz vários exercícios de ressignificação das imagens mentais gravadas em sua mente, sobre dinheiro e pessoas ricas, além de apresentar a ele gente rica com um coração mais rico ainda.

Aos poucos fui convencendo-o de que ter dinheiro era muito bom. Falei que, talvez, ganhando muito dinheiro ele até pudesse ajudar alguma instituição que recuperasse dependentes químicos e que, quando tivesse muita grana, contrataria uma empregada doméstica e a faria se sentar à mesa com sua família. Poderia até servi-la. Disse que com mais dinheiro poderia comprar lindas flores para a pessoa amada e que isso a faria muito feliz. Também mostrei que, com esforço e inteligência, ele ganharia tanto dinheiro que até abriria a própria empresa, e poderia pagar bem e em dia seus colaboradores.

Como sou hipnoterapeuta, usei a hipnose para que as mensagens ficassem registradas na sua mente inconsciente, potencializando os resultados. Isso não significa que você não terá resultados sem hipnose. Ela apenas potencializa e pode agilizar os resultados.

Todos se espantaram com a nova fisionomia do vendedor. Depois de três meses ele batia as metas e já ganhava duas vezes mais que antes. Planejava comprar o primeiro carro da sua vida.

O protagonista de qualquer mudança é a própria pessoa, e não um livro, um coach, psicólogo ou outro profissional qualquer. Porém, tanto os bons livros quanto os profissionais competentes ajudarão você a compreender o que está impedindo realizar suas metas e os gatilhos que ativam atitudes que vão na direção contrária a essa realização.

Eles propiciam a você descobrir como deve agir quando esses gatilhos estiverem prestes a ser ativados, permitindo que possa provocar mudanças de direção ou até mesmo desativá-los. Mesmo sendo os protagonistas das nossas mudanças, geralmente precisamos de orientação, senão ficamos como uma mosca no vidro, debatendo-nos até nos machucar, sem perceber que a porta ou a janela estavam abertas bem ali ao lado.

GERALMENTE PRECISAMOS DE ORIENTAÇÃO, SENÃO FICAMOS COMO UMA MOSCA NO VIDRO, QUE SE DEBATE ATÉ SE MACHUCAR, SEM PERCEBER QUE A PORTA OU A JANELA ESTAVAM ABERTAS BEM ALI AO LADO.

À NOITE O SOL NÃO SOME

Talvez você, hoje, por exemplo, não consiga nem pensar em ganhar um milhão por ano. Quem sabe você não consegue nem imaginar que tem potencial para isso, pois está com os dois pés tão enfiados em um lamaçal de problemas financeiros que fica difícil acreditar. No entanto, eu garanto que o melhor caminho para sair da lama e chegar a esse valor é acreditar que pode, não pelo dinheiro, mas por algum propósito maior que ele.

 MOLDAR SEUS PENSAMENTOS COM A CRENÇA DE QUE NÃO É POSSÍVEL GANHAR DINHEIRO SÓ FAZ VOCÊ ENFIAR MAIS O PÉ NA LAMA.

Por isso, é importante rompermos com algumas falhas mentais que possuímos, sintonizando nossa mente em outra frequência, para que possamos parar de ouvir uma barulheira infernal por estar na sintonia errada.

Nosso cérebro capta tudo o que vê, ouve, sente. À sua maneira, ele registra todos os eventos em nossa memória e acabamos nos comportando igual àquilo em que acreditamos, por meio dos gatilhos que mais são acionados em função desses registros.

A culpa não é do nosso cérebro. Ele apenas nos devolve aquilo que cultivamos nele, assim como o solo devolve aquilo que o agricultor planta e cultiva bem. Ele é como uma rádio, que, na sintonia certa, transmite uma boa música, já na frequência errada só devolve ruídos.

Os gatilhos mentais, ativados por pensamentos, crenças, comportamentos, precisam receber um novo canal, uma nova sintonia, e isso ocorre quando você aprende a mudar a frequência mental.

Você pode mudar essa frequência de várias maneiras, mas uma dica rápida para começar a fazer isso agora mesmo é esta: na próxima vez em que se sentir negativo, percebendo que está numa frequência cheia de ruídos, faça isto, coloque uma música bem agitada, a qual você goste muito, e erga o volume até a altura em que seu vizinho ficar incomodado. Dance, pule, salte, grite, até a música acabar. Depois veja como se sente.

PROF. PAULO SÉRGIO

Aposto que vai se surpreender com o seu estado físico-mental após ter feito isso. Essa é uma técnica rápida e simples. Ela não resolve seus problemas, nem acaba com a frequência negativa que possa estar vivendo há anos. No entanto, alivia a sensação de mal-estar e possibilita que você aplique pensamentos, crenças e comportamentos positivos mais e mais vezes, até isso se cicatrizar na sua mente como uma nova forma de agir.

Ao tomar essa decisão e colocar em prática todas as ações necessárias para vibrar numa frequência mental positiva, o que vai acontecer é que além de você dar um novo significado aos fatos em si, seu cérebro vai criar novas conexões, procurando olhar sempre pelo lado positivo dos acontecimentos, rompendo com as ondas da frequência mental negativa na qual estava sintonizado até então, transformando completamente seu jeito de ver, analisar, acreditar e, claro, se comportar.

Isso não implica em dizer que você deve desconsiderar o lado negativo das coisas. Afinal, para nos manter com um pé no chão, não dá para ignorar o que de ruim pode acontecer diante de cada atitude que tivermos ou acontecimentos que nos acometerem. Como eu repito sempre em minhas palestras: só pensar positivo não faz de você um vencedor. Porém, só pensar negativo pode fazer de você um perdedor. Portanto, é mais produtivo focar no que é positivo, considerando episódios negativos e os obstáculos que podem surgir, apenas como partes integrantes do processo de realização dos objetivos.

Quando você consegue executar suas ações com esse novo foco, esse novo olhar, seu comportamento muda completamente e, obviamente, seus resultados também.

 MUDE SUA FREQUÊNCIA MENTAL PARA A ESTAÇÃO QUE TOCA A MÚSICA DO SEU SUCESSO.

PROF. PAULO SÉRGIO

O PROCESSO DE CRIAÇÃO DA MENTE 361,5°

Embora já tenhamos visto aleatoriamente como você pode estruturar sua mente de vencedor 361,5°, mudando seu status mental, vou explicar para você, de maneira sistemática, como é que isso acontece.

Imagine aquele jogo da amarelinha, que você jogava nos tempos de criança.

Nesse jogo, você jogava a pedrinha e ela ia se situando pelos números, até chegar ao final, onde você poderia ir para o céu ou para o inferno. O problema desse jogo, como, na maioria deles, é que você precisava contar muito com a sorte. Por melhor que você fosse, por mais que treinasse, o ingrediente sorte era um fator decisivo.

A vida é um jogo também, porém, nesse jogo, o fator sorte é o menos importante para você construir um céu ou um inferno. Depende muito mais da sua habilidade e capacidade em aprender a jogar as "pedrinhas" pelo caminho do que qualquer outra coisa.

A primeira pedrinha que jogamos no jogo da vida é a dos pensamentos.

Certa vez levei o Davi, meu filho mais novo, ao pediatra. Ele prescreveu um medicamento ferroso, pois diagnosticou que

À NOITE O SOL NÃO SOME

o Davi estava com início de anemia. Além desse remédio, o médico ponderou: "Administre junto esta Vitamina C, que vai potencializar os resultados do ferro, pois ele será transportado mais rapidamente para o organismo".

É isso que os pensamentos positivos fazem: eles potencializam suas ações. Não resolvem, por si só, seus problemas, mas intensificam, maximizam, dão mais vigor às suas ações que, como consequência, farão o mesmo com seus resultados.

Você tem de aprender urgentemente a ver a vida, e tudo o que acontece, pelo lado positivo. Como já disse, por mais difícil que pareça, é necessário enxergarmos assim, até que se torne algo automático em nossa mente.

Você continua tendo o direito de sofrer, chorar, se lamentar quando algo der errado ou algum episódio ruim acontecer, pois esse processo é necessário inclusive para que sua mente possa fazer análises, por exemplo, se o pensamento positivo não está fazendo você criar metas e sonhos irreais que, em vez de estimularem a busca, causem um efeito contrário, desestimulando, por perceber que o esforço para atingi-los é quase desumano.

Entretanto, a grande diferença de aprender a pensar positivo é como você vai passar pelos momentos difíceis e sair deles. A pessoa com pensamentos positivos tende a sair melhor de cada evento negativo que lhe acontece. Já quem mantém pensamentos negativos geralmente só se enterra ainda mais nos buracos que entra.

 NEM TEUS PIORES INIMIGOS PODEM FAZER TANTO DANO COMO TEUS PRÓPRIOS PENSAMENTOS. (BUDA)

Quem pensa positivo conserva uma visão realista e outra otimista dos acontecimentos. O lado realista propicia o pé no chão para analisar melhor os projetos e trazê-los a algo factível, dentro de uma realidade, e o otimista vai fazer você esticar seus limites, ampliar seus projetos e estimulá-lo a seguir em frente, mesmo quando algo não sair como o planejado, o que frequentemente acontece.

PROF. PAULO SÉRGIO

 PESSOAS COM MENTE 361,5º TÊM OS PÉS NO CHÃO. SALTAM E ERGUEM SUAS MÃOS PARA TOCAR AS NUVENS.

Além disso, quando você coloca sua mente no status mental positivo, no modo mente de vencedor, acaba encontrando meios, jeitos, alternativas para agir mais ordenadamente, com mais estratégias, em vez de arrumar desculpas e se colocar na situação de vítima que pensar negativo o leva.

Pensar positivo não soluciona todos os seus problemas, nem o livra de situações desagradáveis. Apenas o prepara para agir da maneira mais adequada possível, potencializando suas ações, e vai tornando você cada vez mais competente, para se libertar das algemas mentais nas quais quem pensa negativo se aprisiona. É preciso derreter essas algemas, e o primeiro passo para que isso aconteça é esquentar o fogo dos pensamentos positivos, diminuindo gradativamente o dos pensamentos negativos.

 PENSAR POSITIVO FAZ DE VOCÊ AUTOR DA PRÓPRIA HISTÓRIA. PENSAR NEGATIVO TORNA VOCÊ A VÍTIMA.

O foco em pensamentos negativos faz você viver aprisionado num lodo de lamentações, onde a cada movimento ou não-movimento que realiza mais fica atolado.

Imagine o encanamento de uma casa. Digamos que o encanador tenha se esquecido de fazer, entre a pia da churrasqueira e a saída para a rua, aquela caixinha que retém gordura. O que acontece com esse encanamento? Todo ele vai ficar entupido, pois a gordura, aos poucos, vai encrostando no cano, formando um bloqueio, onde, com o tempo, a água que cai na pia da churrasqueira, nem a que vem das demais tubulações, vai passar.

O que isso tem a ver com seu status mental? Tudo. A mente também possui um "encanamento", que distribui energia, motivação, entusiasmo, capacidades, vontades, ou seja, "águas" que devem irrigar sua estrutura mental. Quando você mantém pensamentos negativos, pessimistas, eles são a gordura que, lenta ou rapidamente, conforme a intensidade e quantidade,

À NOITE O SOL NÃO SOME

vão grudando nos "canos" responsáveis pelas conexões mente-corpo, até entupir completamente sua tubulação mental.

Manter a mente entupida por esses pensamentos negativos, sem se concentrar nos positivos, desvirtua nossa inteligência racional, pois ampliamos pequenos episódios do dia a dia, como tropeçar na calçada enquanto vamos para uma entrevista de emprego. Quem mantém a mente negativa, vai concluir: "Nossa, que azar, que desgraça, isso é um sinal, tudo vai dar errado de novo". Observe que, na pessoa com mente 361,5°, uma situação tão comum como essa é vista de maneira bem-humorada, tranquila, e ela pode até pensar: "Puxa, que ótimo sinal, tropecei e fui mais rápido para frente. Hoje essa vaga é minha". O acontecimento é o mesmo, apenas foi visto por ângulos diferentes, com base na estrutura mental de cada um.

 NÃO HÁ COMO VOCÊ SE SENTIR MARAVILHOSAMENTE BEM TENDO PENSAMENTOS DESGRAÇADAMENTE RUINS.

Toda vez que um pensamento provocar uma emoção ruim, está dando um sinal de que tem de ser substituído, reduzida a sua intensidade, e não amplificada, como é feito na mente de quem pensa negativo. Por mais impossível que possa parecer, pela delicadeza do momento pelo qual esteja passando e pelo nível de entupimento do seu encanamento mental, foque em pensamentos positivos, procure localizar em meio a tantos problemas uma solução, como o encanador que, munido de ferramentas, desentope as tubulações enquanto constrói a caixa que irá reter as gorduras.

A diferença é que, no seu encanamento mental, você mesmo precisa ser o encanador.

Um professor do Hospital St. Thomas, em Londres, chamado Tim Spector, em um estudo realizado com gêmeas idênticas, Debbie e Trudi, identificou que a primeira passa por constantes episódios de depressão e a segunda é animada e otimista. Mas qual a razão de isso acontecer?

PROF. PAULO SÉRGIO

Spector identificou alguns genes em funcionamento em uma das gêmeas e não em outra. Basicamente, são quatro genes funcionando em Trudi, que não estão em funcionamento em Debbie, todos eles situados no espaço do cérebro chamado hipocampo.

O otimismo de Trudi, segundo o professor, provocou um ajustamento na própria genética dela, o que, nos proporciona, cientificamente, dizer que ver a vida pelo lado positivo e otimista nos garante uma vida melhor e, como vimos no início do livro em outra pesquisa, mais longeva também. Spector afirma: "Costumávamos dizer que não podíamos mudar nossos genes. Agora sabemos que existem esses pequenos mecanismos para 'ligá-los' ou 'desligá-los'", se referindo ao otimismo e à maneira de ver a vida.

Portanto:

MESMO QUE SEJA DIFÍCIL NO INÍCIO, PENSE POSITIVO LOGO QUE CONSEGUIR. ATÉ HOJE NUNCA VI NINGUÉM RESOLVER SEUS PROBLEMAS NEM MELHORAR DE VIDA PORQUE ALIMENTOU PENSAMENTOS PESSIMISTAS E NEGATIVOS.

É nos pensamentos que se iniciam a construção da sua autoimagem. Há pessoas que quando se olham no espelho sentem-se fracas, feias, dilaceradas. Embora, por fora, estejam brilhando para os outros, por dentro estão sem brilho algum. Quem não tem uma autoimagem robusta, acaba afastando, inclusive, quem poderia ajudá-las nessa construção. Isso acontece porque se a própria pessoa não se aguenta, não se ama, não se suporta, como é que vai exigir que os outros curtam sua companhia?

COMO É QUE VOCÊ QUER QUE AS PESSOAS DESFRUTEM DE SUA COMPANHIA, SE NEM MESMO VOCÊ SE AGUENTA?

Portanto, comece melhorando a qualidade dos seus pensamentos. Assim, alimenta uma autoimagem interessante, sen-

À NOITE O SOL NÃO SOME

tindo-se e tornando-se agradável verdadeiramente, atraindo para você pessoas, coisas, momentos especiais.

Depois de aprender a jogar a pedrinha dos pensamentos positivos, tornando-se mais otimista, suas crenças também começarão a fervilhar na sua mente, mudando seu status mental, para começar a jogar a pedra das crenças estimulantes.

Até agora, talvez, você tivesse um muro de crenças paralisantes, tendo em vista que, provavelmente, desde sua infância, aprendeu muita coisa errada. Quem sabe tenham colocado bloqueios mentais em você, que o impediram de: resolver problemas, acreditar em si mesmo, encontrar alternativas, questionar o que aprendia, se livrar dos medos, buscar pela coragem e tantas outras atitudes necessárias para mudar um destino cruel que foi desenhado para sua vida.

Quando você muda os pensamentos, as velhas crenças começam a se movimentar na sua mente, criando novos circuitos e conexões mentais que, em vez de pegarem o caminho do "inferno", como estavam acostumadas, dão início à uma mudança radical, pois descobriram que sempre existiu um céu e, para chegar até ele, bastava apenas atiçar a faísca dos pensamentos positivos.

Além de seu cérebro fazer um reprocessamento, uma reprogramação mental com essas novas conexões, também passará, nos acontecimentos novos, a caminhar mais vezes na direção positiva, criando esse "céu" mental que vai fazer você criar seu paraíso e viver nele. Sua mente vai começar a girar para o lado certo, como a chave da porta da sua casa, que tanto serve para abri-la ou fechá-la. Depende unicamente do lado para o qual você a gira.

Se você gira a chave para um lado, ela abre a porta. Se você gira para o outro, ela fecha. A chave da frequência mental é assim: se você gira para o lado positivo, ela abre a sua visão, o que propicia expandir o olhar, as atitudes, e as mudanças para melhor começam a acontecer. Se você gira para o lado negativo, ela fecha a visão, retraindo seu olhar, deixando você cego, como na história dos gatos.

PROF. PAULO SÉRGIO

Estudos científicos mostram que pessoas com crenças negativas, o que as leva a ver a vida por esse ângulo, possuem sempre um alto grau de estresse, o que, fisicamente, provoca nelas uma redução das defesas imunológicas, que, por consequência, as deixa mais vulneráveis a diversas doenças, como infarto, derrames e insônia, com muito mau humor, além de estarem, também, mais suscetíveis a toda espécie de infecções. Isso tudo acontece em razão de a pessoa negativa viver mais ansiosa, nervosa, pessimista, liberando uma substância chamada cortisol que, em doses elevadas, gera o estresse crônico.

Já nas pessoas com o otimismo em alta, esses mesmos estudos revelam que várias substâncias que desencadeiam o prazer são liberadas, como dopamina, endorfinas, que circulam no cérebro, aumentando as defesas do organismo contra as mesmas patologias, as quais os pessimistas e negativistas não conseguem enfrentar com a mesma intensidade e brio.

Por essa óptica, fica claro que pessoas com pensamentos e crenças positivas serão mais contratadas, ganharão mais e terão relações profissionais e pessoais muito mais promissoras do que quem alimenta o lado negativo das coisas na mente. Isso porque as primeiras estarão mais saudáveis fisicamente, podendo exercer com mais afinco suas funções.

Mas como é que se muda pensamentos e crenças, se desde a mais tenra idade eles estão incrustrados em nossa forma de ver o mundo e tudo o que acontece? Como um parasita no seu hospedeiro, parece que os pensamentos e crenças nos acompanharão pelo resto da vida, sem nenhuma chance de mudança e soluções. Não é assim que às vezes você se sente? Como se não houvesse saídas para seus problemas?

Aí é que está o maior erro nosso: acreditamos que não podemos mudar muita coisa e que estamos fadados a ter de passar a vida sofrendo para suprir nossas necessidades, pois, para muitos de nós, foi o que ouvimos a vida toda. Até que comecemos a reformular os pensamentos e as crenças, é assim que enxergaremos os acontecimentos, como se tudo fizesse parte do nosso destino, sem notarmos que, o tempo todo, o próprio Criador nos

À NOITE O SOL NÃO SOME

dá a oportunidade de mudar os rumos das coisas, melhorando a nossa vida e a das pessoas.

Como é possível mudar esse padrão de crenças? É aqui que entra a terceira pedrinha do jogo, a da blindagem mental. É esse processo que vai ressignificar seu jeito de pensar e acreditar. Ele está no centro da mente 361,5°, por ser justamente o passo que mudará pensamentos e crenças, bem como, posterior a isso, possibilitará a mudança de comportamentos e resultados.

Lembra do seu "encanamento mental"? Então, a blindagem é a caixinha de gordura. É ela que deve fazer o filtro dos seus pensamentos e crenças. Ela tem de reter aquilo que entupiria a tubulação mental, que são os pensamentos e as crenças negativas, deixando passar apenas aqueles que possibilitarão um comportamento producente na busca dos seus objetivos.

Para usar a blindagem, você tem de começar a realizar perguntas certas toda vez que um pensamento ou crença invadir sua mente, tentando conectar você com o status perdedor, negativo. As perguntas podem ser as mais variadas possíveis, porém, o fundamento e padrão básicos, é que, feitas, elas consigam girar corretamente sua chave mental para o lado certo. A pergunta que eu criei, para que esse processo seja realizado na sua mente, é esta:

Em que esse pensamento, essa crença, e esse comportamento que pretendo utilizar, vão me ajudar a realizar meus sonhos, objetivos e metas, e a ter uma vida melhor para mim e para as pessoas importantes que estão ao meu lado?

Essa é uma das perguntas mais poderosas que eu conheço, porque toda vez que a fazemos a resposta que surge é: "Em nada". É o gatilho que precisávamos para mudar nosso jeito de pensar, acreditar e agir. Sem ela, a tendência é que fiquemos patinando, sem sair do lugar, ou afundando, como um carro atolado que, mesmo acelerando, só piora sua situação.

O processo de blindagem precisa ser iniciado imediatamente por você. Mas precisa ser praticado constantemente, até que se torne um novo hábito, e se cristalize no seu estilo de vida, na sua forma de ver, pensar e acreditar, afinal:

PROF. PAULO SÉRGIO

 ASSIM COMO A MENTE PENSA, SEU CORPO AGE.

No começo, mesmo realizando a pergunta, é provável que sua mente demore um pouco para romper com o hábito antigo, de apenas aceitar os acontecimentos. Porém, com a persistência de um pai ou uma mãe que defende seu filho, com o tempo, automaticamente passará a aplicar o processo de blindagem, mudando completamente seu jeito de pensar, acreditar e se comportar, gerando resultados extraordinários para sua vida como um todo.

Ao dar início à profusão de mudanças nas suas crenças, promovidas pela blindagem mental, a próxima pedrinha jogada será a das ações positivas, também chamada de comportamentos positivos. E é nesse momento que você se aproxima da realização dos seus sonhos, pois quem tem comportamentos positivos e persistência começa a obter resultados positivos.

Com isso, o cérebro percebe que esse novo padrão é bem mais interessante do que o anterior, e libera neurotransmissores que provocam prazer, criam autoestima, o que retroalimenta o processo da mente 361,5°: pensamentos negativos vão sendo substituídos por positivos; crenças paralisantes pelas estimulantes; comportamentos negativos por positivos a partir do processo de blindagem, gerando, assim, cada vez mais resultados positivos também.

Diante disso, como num passe de mágica, sua melhor versão surge, com visões e atitudes em nível 361,5°, vendo e agindo diante do todo, e indo além, o que torna você a pessoa que deveria ser, porém estava escondida por trás da pedra bruta, sem deixar aparecer a verdadeira obra de arte que sempre esteve ali.

Mudando seus comportamentos, você estará a caminho de criar o seu céu eterno. Mesmo sabendo que nem tudo vai sair como planejado, terá a convicção de que é justamente por essas incertezas que a vida vale a pena, e que é pelas coisas difíceis que os vencedores batalham. Afinal, sabem que precisam ter uma casca grossa, aguentando pancadas e mais pancadas, para suplantar tudo o que é difícil, mas que é justamente isso

À NOITE O SOL NÃO SOME

que faz surgir os resultados positivos, criando seu céu e um paraíso repleto de sonhos e objetivos sendo realizados.

Com esse ciclo virtuoso: pensamentos positivos, crenças estimulantes, blindagem mental, comportamentos positivos, casca grossa para superar contratempos, você terá consolidada a base da construção da sua Mentalidade 361,5°.

É essa mentalidade que fará você destravar diante dos problemas que surgirem, assumindo uma postura de agente transformador, diferente de pessoas que diante das dificuldades parecem se esquecer do quanto possuem condições de vasculhar por soluções.

 A MENTE VENCEDORA NÃO TRAVA, ELA AMPLIA O LEQUE DAS POSSIBILIDADES PARA RESOLVER TODA E QUALQUER SITUAÇÃO.

PROF. PAULO SÉRGIO

O PODER DOS SONHOS
PARA A MENTALIDADE 361,5°

Agora que você deu a arrancada inicial para criar uma mente vencedora, que vibra em 361,5°, podemos falar com mais propriedade sobre sonhos e objetivos.

Geralmente nossos sonhos usam disfarces, e aí não os reconhecemos diante dos problemas, dificuldades e desafios, porque é assim que eles se apresentam.

Quando trabalhei como catador de ferro-velho e como gari, percebi isso na prática. A maioria das pessoas que trabalhava comigo não via que os sonhos que tinham estavam escondidos por trás do saco de material reciclável, da vassoura, do carrinho e da sujeira aparente que varriam. E eu também levei um bom tempo para entender isso com clareza.

Somente quem mudasse completamente a maneira de ver e agir diante dessas profissões é que realizaria a travessia do vazio entre o que era e tinha, e aquilo que queria ser e ter.

Mais adiante, com uma nova visão e novas atitudes, ambas conectadas e na mesma intensidade, me dei conta de que meus sonhos começariam a se materializar exatamente ali. Consegui enxergar, com o tempo, que a única coisa pior do que não ter sonhos é ter sonhos pequenos, então

À NOITE O SOL NÃO SOME

por mais adorável que fosse a profissão de gari, ela não é reconhecida financeiramente e não gera grandes resultados para quem a executa por longos anos. Dessa maneira, eu precisava varrer a sujeira das ruas com maestria, pois assim estaria limpando o caminho para realizar grandes sonhos.

Recebo muitas críticas por afirmar e ensinar que não podemos sonhar pouco. Alguém, nos treinamentos ou palestras, sempre me diz: "Mas é melhor sonhar pequeno do que nem sonhar". Respondo que não. Quem não sonha, na maioria das vezes, vai mais longe de quem sonha com pouco.

Sonhos pequenos nos apequenam. Fazemos o mínimo de esforço e acabamos conquistando algo insignificante, e treinamos nosso cérebro para se acomodar com pouco, estabelecendo limites muito aquém do nosso potencial. Quem não sonha, pelo menos, não se impõe limites.

Devemos celebrar, sim, as pequenas conquistas, porém somente quando elas forem apenas uma etapa das grandes realizações que estamos buscando.

 SEJA OUSADO AO SONHAR. O MÁXIMO QUE PODE ACONTECER É VOCÊ IR MUITO ALÉM DO QUE IRIA SONHANDO POUCO.

Você conhece alguém que, quando você conta seus sonhos, essa pessoa trata logo de dizer: "Pare com isso, nascemos pobres e vamos morrer mais pobres ainda. Pare de sonhar tão alto, coloque os pés no chão". Na realidade, o que elas estão dizendo é: "Fique aqui, seu desgraçado, não me deixe sozinho neste buraco, que não tenho determinação para sair". Se não tiver outro jeito, o melhor a fazer é se afastar de pessoas assim ou elas secarão até seu pé-de-arruda.

> Uma amiga empresária teve de enfrentar muitos dilemas e "seca pés-de-arruda". Ela e o marido trabalhavam na lavoura. Depois de anos de trabalho no campo, tudo o que haviam conseguido era uma pequena casa, um carro usa-

do e alguns trocados na poupança. Seu esposo parecia contente com isso, mas ela tinha muitos projetos e sonhos prontos para saírem da gaveta. Um dos seus desejos era o de abrir uma empresa. Era um sonho muito intenso. Por muito tempo ela arquitetava planos para abrir uma lanchonete, disse que mentalmente imaginava o lugar, os tipos de mesas, balcões e todos os móveis que queria. Via os clientes chegando, os colaboradores trabalhando e na sua imaginação ela já tinha uma empresa. Contudo, enquanto ela adubava seu sonho na mente, muita gente tentava convencê-la de que o melhor mesmo era soterrá-lo, inclusive pessoas bem próximas tentavam espalhar joio em meio ao seu trigo. Um belo dia, andando pelas ruas, observou uma placa em um imóvel para locação. Era um lugar bem no centro da cidade, pequeno, mas para ela parecia perfeito para montar o negócio dos seus sonhos. O problema: eles não tinham dinheiro para comprar o que precisavam para estruturar a empresa. Como ela sabia que seu esposo não mantinha a chama acesa do desejo de abrir a empresa, não contou a ele que havia visitado o imóvel. Tinha medo que ele dissesse que era impossível realizar o projeto. Por conta própria foi até a imobiliária e pediu para ver o imóvel. Se apaixonou logo na entrada. Era o lugar ideal, o ambiente que ela imaginava em sua mente. Mas como começar um negócio sem dinheiro? Diferentemente de muitos de nós, ela não matou o sonho só porque não tinha recursos financeiros ou porque estavam dizendo que não daria certo. Ela sabia que os sonhos não morrem por falta de dinheiro. Eles morrem por falta de coragem.

OS SONHOS NÃO MORREM POR FALTA DE DINHEIRO. ELES MORREM POR FALTA DE CORAGEM.

Convenceu o esposo de que era o momento de serem ousados. Tinham que abrir a empresa. Um pouco receoso, ele concordou, mas

À NOITE O SOL NÃO SOME

não sabia bem ao certo como fariam para começar o negócio sem os recursos necessários. Uma de suas irmãs sabia do seu desejo e sempre a apoiou. Como em um passe de mágica, a irmã se ofereceu para ser sócia do negócio, pois tinha algumas economias. Entraram juntas na sociedade e sua parte dos recursos veio da venda do carro velho e das poucas economias da poupança. O medo de que tudo desse errado não superou o sonho de ter um negócio próprio. Abriram a lanchonete, que começou com dois funcionários mais as duas irmãs. Hoje, após quase 20 anos, já são mais de cinquenta colaboradores e um faturamento de alguns milhões por ano.

SE VOCÊ ESTÁ COM MEDO DE DAR O PRIMEIRO PASSO, ENTÃO SALTE, PORQUE O SUCESSO NÃO É PARA QUEM SE AVENTURA, MAS, SIM, PARA QUEM ASSUME RISCOS.

Tudo começou com um grande sonho, um desejo ardente de mudar o rumo das coisas. O sonho não parou nas crenças limitantes, dela ou dos outros. Ele foi maior do que as mensagens pessimistas e negativistas que a empresária recebeu de pessoas sintonizadas em frequências negativas, antes e depois de ter aberto a empresa. Seus sonhos não foram paralisados pelo medo. Ela conhecia os perigos, os riscos. No entanto, sintonizou-se na estação vencedora, porque também estava, apesar dos medos, ciente da sua força e coragem.

Quem sabe tenha muitos medos agora e eles estão impedindo você de conquistar o que dá algum brilho nos seus olhos só de pensar em ter. É hora de se ancorar na sua coragem e não nos seus medos.

É HORA DE SE ANCORAR NA SUA CORAGEM, NÃO NOS SEUS MEDOS.

PROF. PAULO SÉRGIO

A mente de uma pessoa sonhadora enxerga os problemas, os ruídos que aparecem por estar, por um momento, na frequência errada. Todavia, ela sabe que a oportunidade está ali dentro, esperando alguém com coragem para, como um escultor faz com a pedra, retirar o excesso de problema, para que a obra de arte (oportunidade) apareça. Enquanto muitos desistem pelo cansaço, ela persiste até que a pedra bruta vire escultura e a vida sintonize-se na estação do sucesso.

É muito triste ver quem não sonha em crescer na carreira, em melhorar de vida. No fim, por temor da frustração, essas pessoas acabam tendo pesadelos frequentes, tornando a frustração algo real.

 A FRUSTRAÇÃO TEM DE SER UMA MOLA PROPULSORA, NÃO UMA PÁ DE TERRA SOBRE SEUS SONHOS.

Desse modo, elas não conseguem encontrar forças para encarar e superar seus medos. Medos esses tão normais quanto ter coragem. Quem quer construir algo de valor terá de aprender a viver de maneira intensa todos os riscos inerentes a essa jornada exigente que criou.

 VOCÊ SE SUPERA QUANDO SUA CORAGEM FAZ SEUS MEDOS TREMEREM DE MEDO.

Nos meus mais de 20 anos de profissão, nunca vi transcorrer um mês sem que os noticiários falem sobre problemas, dificuldades e crises. Você já viu?

Quanta gente desiste de projetos só de ouvir falar sobre crise. Ficam sabendo que a oferta de empregos está cada vez mais escassa e matam o sonho de mudar de empresa, de pedir um aumento para o chefe. Têm medo de perder o trabalho e não conseguir outro. Isso é um desastre. É viver com o medo constante de que as coisas deem errado, o que só colabora para que esse medo se concretize.

É impressionante quantas crises estão apenas na cabeça

À NOITE O SOL NÃO SOME

da gente. É claro que existem crises, mas não na proporção que geralmente imaginamos. Crises não se negam, elas se combatem, sobretudo, dentre tantas coisas, com muito otimismo e esperança.

Crise, em resumo, é a ausência de otimismo e esperança, que inibe a criação de uma mente vencedora. Toda crise começa mentalmente, principalmente, pelo alarde causado com notícias ruins, que não são analisadas num contexto global. Elas simplesmente vão sendo repetidas, como numa onda negativa que vai destruindo tudo por onde passa.

Pode observar que os jornais, e a mídia como um todo, são os grandes propagadores da desgraça. Embora tenham a oportunidade de espalhar confiança, amor, entusiasmo e esperança, preferem focar naquilo que é ruim. Anunciam, por exemplo, que em determinada cidade duas ou três ruas estão todas esburacadas. Mas raramente há algum comentário de que mais de mil quilômetros foram pavimentados. Obviamente, devem noticiar ambas as coisas. O problema está no destaque em que dão para o que está dando errado. Com uma ênfase maior no que está dando certo, amenizariam e estimulariam a mudar o que está dando errado. Infelizmente, tem ocorrido o contrário.

O mesmo acontece nas nossas casas, empresas, se não impedirmos que se espalhe tudo o que é ruim, negativo, como a fofoca, os comentários distorcidos sobre economia, negócios, vendas.

Eu duvido que você já tenha chegado em sua empresa e algum colega seu tenha dito: "Nossa, vi uma flor tão linda enquanto vinha para o trabalho". Mais ainda, digamos que por um milagre você já tenha ouvido isso, eu aposto quanto for, que você não foi espalhar essa notícia para os demais colegas.

Mas se, durante a vinda para o trabalho, houvesse algum acidente, aposto que contariam a notícia imediatamente e isso tomaria proporções gigantescas na empresa, depois, na sua casa, pela vizinhança.

Se alguém comentasse que a empresa iria quebrar, aposto que isso correria pelos quatro cantos da organização. Porém, se as vendas triplicassem, o melhor comentário que sairia é

PROF. PAULO SÉRGIO

de que o dono estaria cada vez mais rico e tiraria o couro dos funcionários.

Na sua empresa, em casa, na sua família, notícias boas têm mais vez do que as ruins? Quais se espalham mais rapidamente? Esse é um belo termômetro para avaliar de onde nascem as crises que vivemos lamentando terem ocorrido em nossos projetos.

Em uma empresa que assessorei, lembro que, no início dos trabalhos, um gerente veio me dizer: "A notícia aqui é a de que você foi contratado para demitir todos nós. Isso é verdade". Eu sorri a ele e disse que responderia sua pergunta na palestra. No evento, em certo momento, falei: "Hoje fui perguntado por um de vocês se fui contratado para demitir todos nesta empresa. Minha resposta é 'sim', mas apenas para aquelas pessoas que adoram espalhar notícias ruins, fofocas, maldades uns contra os outros, negativismo, ofensas, desrespeito, desonra. Quem não faz parte desse grupo, peço desculpas por terem de ouvir isso que acabei de dizer, pois sei que posso contar com vocês, para que possamos espalhar garra, força, coragem, entusiasmo, harmonia, boas energias e juntos construirmos uma empresa da qual todos nos orgulharemos a partir de agora".

Assim que terminei de falar, o gerente que havia me feito a pergunta esbraveja: "Eu não falei a vocês que ele veio para nos demitir?". Na semana seguinte ele foi demitido, pois espalhou esse e muitos boatos ruins sobre o que estaríamos fazendo na empresa, criando um clima bem desagradável na equipe toda. Foi o único a ser dispensado até que encerramos os trabalhos, e a partir da sua demissão, os resultados praticamente de todos, tiveram uma significativa melhora. É uma pena que boa parte das pessoas seja assim: adoram espalhar o que é ruim, pois crises irreais começam a tomar forma na vida real delas e de quem as circundam.

As crises no mundo real não surgem de uma hora para outra. Além de começar na nossa mente, elas são pequenos problemas não resolvidos. Pequenas ações e decisões erradas que continuamos tomando sem corrigi-las definitivamente e quase sempre estão associadas ao nosso estado mental, fragi-

À NOITE O SOL NÃO SOME

lizado pelas crenças erradas que armazenamos, o que nos faz construir uma mente perdedora em vez de um celeiro mental e natural da vitória.

Crises começam como uma pequena goteira que molha um pouco o chão da sala. Porém, você coloca um balde debaixo da goteira e pensa que resolveu o problema. Aí a chuva aumenta e você aumenta o tamanho do balde. Mas quando vem uma tormenta, acaba alagando toda a sua casa.

Todo mundo sabe que, para sanar o problema, o telhado deve ser consertado, em vez de ficar trocando o balde. Assim, o maior poder que o ser humano possui, o de sonhar, acaba morrendo, pela sucessão de pequenos problemas que, não resolvidos, tornam-se crises.

Quando vamos tapando as goteiras com baldes, só abrimos espaço para que crises maiores aconteçam e, aos poucos, perdemos forças para realizar os consertos e as trocas necessárias, para que possamos superar os temporais da vida e conquistar nossos objetivos.

Não permita que isso aconteça com você, apenas decida viver por este código:

DESTRUA SEUS MEDOS, PARA PODER CONSTRUIR OS SEUS SONHOS.

Portanto, quais são seus sonhos? Quer crescer na carreira e tem obtido êxito? Quer ser CEO de uma grande organização? Diretor ou diretora de uma multinacional? Vender o dobro do que tem vendido atualmente? Lucrar mais com sua empresa? Construir uma relação afetiva de dar inveja aos parentes?

Se tem sonhos, e eles são grandes, já é um excelente começo. Com a sua dedicação em seguir lendo este livro, sua mentalidade 361,5° vai se expandir, para descobrir como fazer para destruir seus medos, para poder construir seus maiores sonhos.

PROF. PAULO SÉRGIO

O FERRO-VELHO

Pode ser que você esteja pensando: "Entendo e respeito tudo o que ensinou Prof. Paulo. É que você não teve de enfrentar o que estou enfrentando. Como vou criar uma mente vencedora, nesse nível 361,5°, com sonhos e objetivos grandes? Na situação que estou vivendo, não vejo alternativas para isso. É mais fácil enfiar a cabeça num buraco e apenas rezar para que as coisas melhorem".

Deixe-me contar um grande segredo.

Eu fui muito pobre, e só não fui mais pobre porque não quis, pois chance eu tive bastante!

Quando tinha por volta de 6 anos de idade, eu vendia ferro-velho, papelão, panelas velhas e até osso de animais e caco de vidro. Naquela época, minha avó dizia algo que só fez sentido depois de muitos anos. Ela falava: "Paulinho, você tem muita atitude. Um dia esse ferro-velho vira ouro".

Naquele tempo, eu pensava que ela estava com algum problema mental. Como pode ferro-velho virar ouro? Se eu catava quilos e quilos de ferro-velho e, quando vendia, o dinheiro que recebia era somente alguns trocados?

O tempo foi passando e fui entendendo o que ela queria dizer com aquela maravilhosa frase. Sua intenção era a de me

À NOITE O SOL NÃO SOME

ensinar que meus sonhos só seriam realizados se eu não os matasse diante das situações difíceis, pois é isso que muitos fazem.

A maioria das pessoas quer trabalhar com o "ouro", ou seja, nos melhores trabalhos, cargos, nas melhores empresas. Ficam esperando chegar a hora certa para entregar o máximo do seu potencial. Infelizmente, vão passar a vida toda esperando, porque não existe essa hora.

O momento certo é agora. É a hora de fazer o seu melhor no que está fazendo neste exato instante, esteja ganhando um supersalário ou contando as moedinhas para poder pagar a conta de luz. Quem fica apenas na esperança do melhor lugar, para então se entregar por completo, corre um sério risco de passar a vida toda contando essas moedas, sem nunca realizar seus sonhos, chegando ao ponto de desistir deles.

EMPREENDA O SEU MELHOR NO LUGAR EM QUE ESTIVER AGORA. É AÍ MESMO QUE PRECISA PLANTAR A SEMENTE DOS SEUS SONHOS, POIS O SUCESSO NÃO DEPENDE TANTO DO SOLO, MAS, PRINCIPALMENTE, DO SEMEADOR.

A maior parte das pessoas vê um abismo repleto de dificuldades, que separa o lugar em que se encontram de onde querem chegar, e então param de sonhar. Com essa visão, começam a deixar de lado seus anseios, desejos, e deixam de entregar o melhor que possuem, pois acreditam que o esforço para chegar aonde um dia sonharam é descomunal.

Permita-me, então, contar uma história, que vai dar algumas razões para você, ainda que em meio a toda bagunça que pode estar passando, continuar lidando com todo esse aparente ferro-velho, para que ele receba o toque de Midas e vire ouro.

Meu pai, um homem trabalhador braçal, serralheiro, que sempre ganhou pouco mais que um

PROF. PAULO SÉRGIO

salário mínimo, vinha para casa, toda tardinha, com seu par de chinelos Havaianas, já sem uma das talas, e com um bonezinho surrado, velho e amarelado, da serraria onde trabalhava. Enquanto o sol se punha por entre as árvores, com um assovio melancólico ele percorria entre 5 e 6 quilômetros até chegar à mercearia do "Seu Jaime". Lá chegando, tomava um singelo copo de cachaça e comprava uma rodela de salame, e "Seu Jaime" anotava em sua caderneta, para cobrar meu pai todo quinto dia útil de cada mês. Meu pai chegava em casa e desenrolava o salame do papel-jornal já todo manchado, provavelmente usado para todos os fins, antes de servir para enrolar o salame, cortava a grande rodela em pequenas rodelas e despejava numa frigideira velha, com óleo guardado num vidro de conservas. Enquanto fritava, o cheiro do salame enchia a casa e, vagarosamente, percorria minhas narinas. Mais que depressa, ao perceber que as pequenas e suculentas rodelas estavam fritas, eu me aproximava para conseguir pegar o máximo possível. Jamais tive sucesso nesse quesito. Meu velho pai se colocava à frente da frigideira, junto à chapa toda enferrujada do fogão a lenha, com as portas do forno (e todas as demais) caindo, impedindo que qualquer um avançasse para usurpar mais rodelas que o permitido. Então, num momento solene, ele retirava duas ou três rodelas de salame para cada membro da família, ficando ele, na maioria das vezes, com uma ou duas rodelas, cortando-as ao meio para parecer que tinha ficado com mais. Sentados num sofá já sem espuma e com as molas saltando, com o prato na palma da mão, pela ausência de mesa, fazíamos as refeições, não sem antes meu pai tirar seu boné e erguer os olhos ao céu, num ritual de agradecimento pelo que tínhamos, por pouco que fosse.

O que essa história tem a ver com sonhos? Para mim, tudo, pois eu, vivendo numa total escassez material, poderia ter assassinado qualquer desejo de mudança e de criar uma vida, materialmente, diferente, como muitas pessoas que viviam situação semelhante à minha fizeram.

À NOITE O SOL NÃO SOME

Mas, com um pensamento diferente, semeei a melhor semente de sonhos que conheço: entregar o nosso melhor, sempre!

NA MAIORIA DAS VEZES, NÃO DÁ PARA ESCOLHER TRABALHO. A COISA CERTA A FAZER É ESCOLHER LEVAR FEIJÃO, ARROZ, PÃO E O LEITE DAS CRIANÇAS PARA CASA.

Meu pai, ao receber seu pagamento, a primeira coisa que fazia era passar pela mercearia e pagar o "Seu Jaime". Ele poderia negar a conta, afinal nunca assinava nada. Jamais o vi fazer isso. Ele poderia comprar o salame, fritar e comer a maior parte das rodelas, pois trabalhava o dia todo, em meio ao sol e à chuva. No entanto, era quem ficava com a menor porção. Supostamente, teria todas as razões para mal agradecer a vida, pelo ferro-velho que ela tinha se transformado, pois sua esposa, minha mãe, havia falecido quando eu tinha 10 meses de idade, ficando ele com cinco filhos. Além disso, provavelmente, por essa situação, ele teve de abortar muitos dos seus sonhos para zelar pelos filhos, o que, talvez, algum psicólogo de hoje diria que ele seria traumatizado, ou que nós seríamos. Observe: ganhando pouco, com cinco filhos para cuidar, sem qualquer estudo formal, meu velho pai teria muitos motivos para ser desonesto e não se doar a fazer bem-feito nada na vida, alegando problemas psicológicos, partindo para o alcoolismo e, quiçá, outros tipos de drogas. Mas não o fez. Tudo o que ele fazia era dar o seu máximo no trabalho, manter sua integridade pagando suas contas, sendo o homem mais generoso da face da Terra ao cortar o salame e ficar com a menor fração, para ver os filhos sorrindo. Assim, ele poderia deitar-se sobre sua cama com colchão sem mola ensacada, e com uma fina espuma marrom, e recostar sua cabeça em um velho travesseiro sem fronha, já todo amarelado pelo decurso do tempo, e dormir tranquilo, um sono reparador, coisa que, atualmente, muita gente não consegue.

PROF. PAULO SÉRGIO

Certamente, meu pai foi uma das pessoas mais felizes que eu conheci. Na sua mais absoluta escassez de recursos e simplicidade, conseguiu extrair disso a dádiva da felicidade. Imagine como seria a vida dele se tivesse vivido, também, na frequência das conquistas materiais?

Mais uma vez, soma-se aos exemplos do papai a frase indestrutível da vovó: "O ferro-velho um dia vira ouro". No caso dele, o ouro não foi de riqueza material, mas, sim, de caráter, integridade, honestidade, dignidade, generosidade.

É por essa história que contei, que peço para que você também acredite na transformação do ferro-velho em ouro e passe a encontrar maneiras de saltar, pular, desviar, enfrentar o abismo que pode existir entre você e seus sonhos!

PROF. PAULO SÉRGIO

SE VOCÊ ESTÁ NA CHUVA, PROCURE PELO ARCO-ÍRIS

Neste exato momento, há muitas pessoas se sabotando. Com medo das tempestades que o mundo competitivo traz, ficam acomodadas, só aguardando que mudanças aconteçam e que as beneficie.

Uma pessoa com a mente ligada no status vencedor sabe que vai ter de enfrentar tempo ruim. No entanto, em vez de focar suas atenções para a força da chuva, ela é capaz de observar no clarão dos raios um caminho a seguir. E, mesmo diante de toda escuridão, ela é capaz de procurar o arco-íris que a atravessa.

Enquanto a maioria está paralisada pelo medo, contando os minutos para as desgraças, ela enxerga a beleza das flores que agradecem pela água que cai. Diante dos temporais da vida, em forma de problemas, dificuldades, crises, desafios, ela enfrenta o que vier e consegue realizar seus objetivos e sonhos.

A ÚNICA COISA QUE DESTRÓI AS DESCULPAS SÃO OS RESULTADOS. E PARA VOCÊ TER RESULTADOS, PRECISA PARAR DE DAR DESCULPAS.

À NOITE O SOL NÃO SOME

Se você está em meio a uma série de dificuldades, enfrentando todo tipo de tempestade na sua vida, o que pode significar uma crise financeira, no relacionamento, na vida profissional, acredite: é nesse momento que você mais cresce. Não espere a chuva passar, ou seja, as coisas se resolverem por conta própria. Você não exerce poder sobre a chuva que cai das nuvens, porém tem praticamente poder absoluto sobre as decisões que irá tomar, as atitudes que terá diante das crises e tempestades que surgirem na sua vida.

É exatamente em meio a esse vendaval, granizo, raios e aguaceiro, nessa tormenta de adversidades que talvez esteja encarando, que tem de mostrar como sua mente é forte, como seu status mental está ligado ao modo de campeão, como sua sintonia mental está focada em encontrar uma estação sem ruídos.

Sou adepto da ideia de que é nas dificuldades, nas crises, que mais crescemos e evoluímos. Infelizmente, em momentos onde tudo vai bem, a tendência é que relaxemos.

Eu percebi mais claramente isso em um dia em que fazia minha corrida matinal.

Com um sol de lascar logo pela manhã, eu corria em velocidade baixa, aproveitando a paisagem, observando o movimento das folhas das árvores e o cantar dos pássaros. Cumprimentava as pessoas que vejo todas as manhãs em que corro. De repente, o tempo virou e começou a escurecer. Apressei um pouco o passo, mas, como era apenas uma garoa que caía, dava para continuar calmamente, além de aproveitar para diminuir o calor e contemplar aquelas gotas vindas do céu na hora certa.

Com aquela garoa, os pássaros estavam polvorosos, deixando ainda mais linda aquela manhã, antes ensolarada, e naquele momento escurecida pelas poucas nuvens que apareceram.

Mas, rapidamente, o tempo escureceu de vez e a chuva se intensificou. Raios brilhavam no céu e faziam grande estrondo. Começou a cair pedriscos. Nessa hora, eu e tantas outras pessoas, que já estavam um pouco cansadas, aceleramos o passo, bem depressa, com receio do perigo que corríamos, sobretudo

PROF. PAULO SÉRGIO

por ser uma via bastante arborizada, aumentando o risco de acidente com raios.

Enquanto eu corria, uma senhora que aparentava ter mais de 60 anos vinha na direção contrária, e notei que ela reduziu seu ritmo. Imaginei que poderia estar com problemas e apertei o passo mais ainda para poder ajudá-la. Para minha surpresa, quando cheguei próximo dela e perguntei se precisava de apoio, me respondeu: "Não, obrigado, só diminuí a velocidade para olhar o arco-íris, mas já retomo a corrida, pois realmente está perigosa essa chuva com granizos". Fiquei fascinado com sua resposta. Mesmo em meio à tempestade que se aproximava, ela conseguiu contemplar a beleza do arco-íris.

Duas lições valiosas diante desse momento que vivi:

1) Quando tudo está bem, tendemos a relaxar. Esse é um problema sério. No momento em que o tempo estava bom, todos os corredores aliviaram a intensidade. Entretanto, bastou surgir uma dificuldade que, mesmo cansados, alguns provavelmente com dores nas pernas, correram como atletas olímpicos. Foi no momento de maior dificuldade que, apesar do cansaço, do medo e da dor, que mais empreenderam força e velocidade. Trazendo isso para o mundo empresarial, por exemplo, quando uma empresa vai bem, com lucro e dinheiro no caixa, a tendência é que seus donos, líderes, relaxem, gastem mais do que o necessário e até esbanjem. Nessas ocasiões, a maioria não está nem aí para os custos. Viajam, compram carros de luxo, investem em imóveis para o lazer. Todavia, quando algo dá errado e os lucros e o caixa diminuem, todos ficam ligados, procurando reduzir gastos, custos, correm atrás de novos clientes, realizam treinamentos para aumentar as vendas, gerenciam com mais austeridade os recursos. Se aprenderem a lição, terão uma empresa mais saudável e bem administrada, não caindo na armadilha de

À NOITE O SOL NÃO SOME

relaxarem quando as contas estiverem em ordem novamente. Na vida pessoal é a mesma coisa. Um casal de namorados, por exemplo, quando tudo está bem, o parceiro ou a parceira não manda mais flores, não elogia, não fica tanto tempo junto, nem passeia de mãos dadas no fim de uma tarde de domingo. Mas, diante de qualquer contratempo ou ameaça externa, um ou outro manda mensagens carinhosas, tece mais elogios, compra e entrega flores e convida para irem debaixo de uma árvore, sentados no banco de uma praça para namorar, enquanto observam o pôr-do-sol. Ambos poderão sair mais atenciosos e amáveis, evoluindo a relação a dois para uma união adorável e uma vida feliz.

2) Procure sempre algo bom. Mesmo diante de toda crise, intempérie, dificuldade, olhe para algo bom, que faça você tirar o foco do sofrimento, do perigo. Isso não quer dizer ignorar os riscos, as adversidades. Significa apenas enxergar esperança, possibilidades e a beleza que geralmente andam juntas com todos os riscos inerentes à nossa marcha do sucesso.

Precisamos compreender que é quase sempre nas crises, nos momentos difíceis, na tempestade nossa de cada dia, que mais ficamos ligados e antenados. É em momentos assim que quem tem uma mente vibrando em 361,5° mais se movimenta, procurando otimizar os recursos, seja na vida pessoal ou profissional.

É quando a crise aperta que o vendedor com mente 361,5° prospecta mais, visita mais, estuda mais. Ele já faz isso o tempo todo, porém, quando é espremido, não espana, e, sim, entrega mais do que já vinha fazendo. É nesse instante que o líder intensifica seu discurso positivo, estimulando a equipe a não baixar a guarda, mas, sim, se empenhar ainda mais para que todos saiam melhor do que entraram na crise. É com esse cenário que o empreendedor, o empresário, fica mais orientado para os resultados do que nunca.

PROF. PAULO SÉRGIO

Aplique o processo que aprendeu até aqui, de criação da sua mente 361,5°, para que ela fique sintonizada na estação positiva, aprendendo que, mesmo diante do temporal, o ideal é manter os olhos e a mente atentos a tudo o que é positivo, pois, assim, terá ações positivas e o privilégio de contemplar a beleza que existe por trás de toda a escuridão.

BOX DA 1ª SINTONIA

Bloqueie a entrada de ideias, imagens e pensamentos ruins que querem entrar na sua mente. Trabalhe o tempo inteiro para criar uma mente poderosa, cheia de energia e entusiasmo. E nunca se permita levar pela mente dos outros. Construa seu próprio caminho e cultive seu próprio canteiro de sonhos, assim, com uma dose de paciência e a frequência mental correta, vai fazer seu "ferro-velho" virar ouro.

PROF. PAULO SÉRGIO

2ª SINTONIA: CORTE OS CICLOS DESTRUTIVOS

Agora que você aprendeu a criar uma mentalidade que vibra no nível do seu sucesso, precisa aprender a cortar os ciclos destrutivos que o impedem de avançar rumo aos seus objetivos. Viver repetindo os mesmos movimentos faz você entrar no que eu chamo de ciclo destrutivo ou estado acomodativo.

Esse ciclo de repetição faz com que ela fique inerte, sem cortá-lo, acostumando-se, mesmo quando os resultados não são atraentes. Acaba não se dando conta de que a única alternativa para mudar seus resultados é romper com essa rotina, pois se a pessoa é capaz de se adaptar a tudo de ruim que o estado acomodativo traz, é sinal de que pode se ajustar, também, às transformações para a nova realidade que é capaz de criar, após cortar os ciclos destrutivos que vem vivendo.

Relacionamentos sem amor, trabalhos sem prazer, negócios que só dão prejuízo e destroem a vida pessoal. Simplesmente vamos nos adaptando a um estilo de vida feliz ou infeliz.

A mulher que tem um marido troglodita, com o tempo, se adapta a esse padrão, criando na sua mente a ideia de que um dia ele vai mudar, e vive essa expectativa a vida toda. Na

À NOITE O SOL NÃO SOME

imensa maioria das vezes, o marido nunca muda ou, se muda, é por pouco espaço de tempo. Dessa forma, a mulher se adapta novamente a uma vida um pouquinho melhor. Sua felicidade está enlatada na sua condição de sentir, pelo menos de vez em quando, algum tipo de prazer com o parceiro.

O mesmo acontece com a pessoa que tem um chefe que destrói sua autoestima, seus talentos. A pessoa fica ali pelo salário, com a crença de que o chefe vai mudar de atitude. Trabalha sem entusiasmo, sem vontade, mas alimenta a ideia de mudança do chefe. Infelizmente, a grande maioria nunca muda de verdade e a pessoa acaba se adaptando a uma carreira sem qualquer prazer por trabalhar. Ganhando pouco ou muito, nem percebe que sua autoestima está se dilacerando, mas decide não mudar de emprego, pois acredita que em todo lugar é assim.

No fim, chefe e colaborador se iludem e não notam que os resultados de ambos estão bem aquém do que seriam caso se libertassem desse ciclo destrutivo.

Isso tudo mostra que somos autoajustáveis, autoadaptáveis, como as peças de um Lego. O problema é que nos adaptamos tanto para ciclos que nos fazem bem, quanto para os que fazem mal, exatamente como as peças, que tanto servem para construírem uma escada ou um muro.

Precisamos ter competência para aprender a gerenciar esses ciclos, dando um basta nos destrutivos, com estratégias para não passar a vida como aqueles carrinhos bate-e--volta, que quando encontram um obstáculo retornam, mas logo batem de novo no mesmo lugar.

Eu conheço centenas de pessoas que saíram do estado acomodativo por impulso ou orientação alheia, no entanto logo retornaram ou foram parar em outro. A que isso se deve? Elas saíram rápido demais, não se prepararam para essa saída, para cortar o ciclo de acomodação que as perseguia. Há cortes que podem ser feitos de maneira rápida, no entanto há outros que, como em uma cirurgia complexa, precisam de mais tempo para surtirem os efeitos desejados.

PROF. PAULO SÉRGIO

 QUANDO VOCÊ SAI DO ESTADO ACOMODATIVO, SEM PREPARAÇÃO E SEM MAIS DESAFIOS, PARA EM OUTRA OU RETORNA PARA A MESMA.

Sem a preparação adequada, não haverá durabilidade em outras áreas, caso a pessoa saia da qual está, seja para uma empresa nova, um cargo ou uma relação diferente.

Muita gente muda de ramo, de profissão, de relacionamento, porque outras pessoas ficam instigando que façam isso. Elas não se preparam, não adquirem habilidades novas para exercer com qualidade os novos relacionamentos, profissionais e pessoais, ocasionando que, em pouco tempo, ou elas regressam para a situação anterior ou vão criar uma nova zona acomodativa no local aonde foram, repetindo os ciclos destrutivos.

Por exemplo: se uma pessoa está há dez anos atuando como vendedor de eletrodomésticos, sem qualquer evolução financeira considerável nesse período, não adianta tentar resolver seu problema trabalhando como vendedor de lingerie. Ela estava em uma zona acomodativa, que custou muito caro. Se for para outro ramo, sem novas habilidades em vendas, vai acabar criando outra zona de acomodação.

Certamente o ramo de eletrodomésticos gera muita riqueza para os vendedores. O seu problema não era, provavelmente, o segmento que escolheu atuar, mas, sim, a falta de atitude, de competências em vendas, para ganhar mais dinheiro. E essa falta de atitude irá com a pessoa para o setor de lingerie. É quase certo que, daqui a dez anos, ela ainda estará vendendo lingerie, com as mesmas reclamações do tempo em que vendia eletrodomésticos, correndo o risco apenas de mudar de ramo novamente. E lá se foram mais dez anos da sua vida!

Em toda carreira é a mesma coisa. Ficar pulando de galho em galho não resolve sua vida profissional. Enquanto você não aprender a gerenciar sua própria autoestima e a cuidar do seu crescimento profissional, sem depender de ninguém para isso, corre o risco de ficar estagnado no insucesso, ainda que troque várias vezes de empresa e cargo.

À NOITE O SOL NÃO SOME

No relacionamento pessoal também funciona assim. O parceiro ou parceira, que padece em uma relação autodestrutível, tem de aprender a se conhecer, a se controlar, para então ir para uma nova relação ou, quem sabe, consertar de verdade a qual vive há anos sofrendo. Se apenas mudar de parceiro, sem eliminar os erros, vícios e falta de controle emocional, não vai adiantar nada. Entrará em mais e mais relações que não duram, cuja falta de alegria e felicidade vai acompanhá-la.

Desse modo, cortar um ciclo para sair de um estado e zona acomodativos não resolve nada, se isso for feito de maneira incorreta, mudando apenas por mudar. O que tira você dessa situação não é o simples fato da mudança, mas a mudança certa, que geralmente é a atitude para adquirir as habilidades necessárias para vender mais, se relacionar melhor e construir o seu sucesso sem terceirizá-lo. Assim poderá romper o ciclo destrutivo, mudando os resultados, conquistando aquilo que deseja.

Para iniciar esse processo, você pode começar trocando a postura de estado acomodativo para estado de confronto. As pessoas que mais se realizam pessoal e profissionalmente são aquelas que vivem confrontando seus conhecimentos, suas habilidades e atitudes, bem como os resultados que obtêm, para avaliar se o caminho e as decisões tomadas estão alinhados com o que planejaram. Elas não deixam tudo ao acaso, para ver o que acontece.

Não dá para ficar imaginando que permanecer igual garante estabilidade. O estado acomodativo faz você retroceder. É preciso confrontar, com bastante assiduidade, resultados esperados com os conquistados e, após isso, promover alterações de comportamento e de rota.

Heráclito, filósofo pré-socrático, dizia: "Não nos banhamos no mesmo rio duas vezes".

Ele quis ensinar que nem a pessoa nem o rio continuam os mesmos. A cada instante tudo está em constante movimento, mudando, se transformando, se renovando.

Por mais que isso seja real, a frase de Heráclito parece não fazer sentido para muitas pessoas. Afinal, elas demonstram lu-

PROF. PAULO SÉRGIO

tar bravamente para manter sempre as mesmas convicções, ainda que essas estejam erradas e gerando enormes prejuízos.

Talvez você nunca tenha parado para pensar, mas provavelmente escove os dentes sempre da mesma maneira, sente-se à mesa no mesmo lugar, durma no mesmo lado da cama, raspe o prato na hora das refeições, porque foi ensinado que era feio deixar comida nele. No trabalho vai e volta sempre pelo mesmo trajeto e, quando chega, cumprimenta seus colegas do mesmo modo, e eles já são capazes de detectar no seu "bom dia" se você está feliz, triste ou nervoso. Esse é o seu ciclo, criado pelos seus hábitos.

E por que somos tão adeptos aos hábitos, nos tornando tão previsíveis em nosso comportamento? Porque isso torna a vida mais fácil em um primeiro momento. Certos ciclos ou rotinas são excelentes para facilitar nosso dia a dia. Porém, a grande maioria deles atrapalha e nos faz perder de vista a chave da porta das mudanças que deveríamos estar promovendo há tempos.

Tome como exemplo uma pessoa bem acima do peso: ela sabe que precisa emagrecer por questões muito além da estética e até faz dietas. No entanto, por incrível que pareça, frequentemente, na madrugada ela assalta a geladeira e, depois de comer o que não devia, se culpa e pensa: "Mas o que é que eu estou fazendo?". Ela se martiriza, sofre, promete não fazer isso novamente. No entanto, a promessa não dura mais que até a próxima madrugada.

Em algum lugar do cérebro está registrado que, naquela hora, naquele lugar, ela deve comer. Automaticamente segue um ciclo de comandos cerebrais e assaltará a geladeira enquanto não promover alguma mudança mental, que a impeça de repetir esse ciclo. Como mudar esses ciclos mentais? A respostas é: destruindo-os!

No caso da pessoa com um peso extra, é quase certo que, quando ela vai dormir na casa de um amigo ou amiga, não se levanta de madrugada para comer. Qual a razão? O ciclo foi quebrado, pois o lugar, as pessoas, as imagens são completamente diferentes do que o cérebro está acostumado. Portanto, ele não aciona o comando "comer de madrugada".

À NOITE O SOL NÃO SOME

Podemos usar esse corte de ciclos para praticamente tudo o que precisamos mudar.

Se, por exemplo, acorda entediado só de pensar em ir para o trabalho e aguentar aquele chefe ou cliente que chama você de chato, faça algumas coisas diferentes do que está acostumado a fazer. Vá por um novo caminho ao trabalho, tome café em um lugar diferente, acorde mais cedo e caminhe pelo pátio da sua casa, ligue para alguém e pergunte como a pessoa está, ouça uma música bem animada, transe, enfim, faça alguma coisa que não faz habitualmente (risos).

A atenção do seu cérebro, que estava focada em seguir o comando mental "dia entediante", vai se perder na nova trajetória, e é bem possível que seu dia não seja mais tão entediante. Na melhor das hipóteses, até sorrir para seu chefe você vai e aquele cliente que era visto por você como reclamão vai fazer uma bela compra e pagar uma excelente comissão.

Em um atendimento que fiz, a cliente disse que não conseguia parar de fumar. Pedi a ela, então, que todos os dias, para cada cigarro que fumasse, deveria depositar outro num pote qualquer. E, no fim do mês, deveria pegar aqueles cigarros do pote, colocá-los num liquidificador e batesse tudo, transformando aquilo em uma espécie de massa. Depois disso, sugeri a ela que tentasse comer essa massa. Ela fez a tarefa e, depois de ter batido os cigarros no liquidificador, me ligou dizendo que nunca havia sentido tanto nojo na sua vida como naquele momento. Falei, então: "Pois é, é isso aí que você conserva no seu corpo todos os meses. Imagine em um, dois, cinco anos?". Ela respondeu que pararia de fumar.

Faça qualquer coisa diferente do que está habituado a fazer. Seja mudar o lado que dorme na cama, a roupa que você sempre veste, os lugares que frequenta, com quem se relaciona, a comida que come, a mão com a qual escova os dentes, o horário em que se deita e acorda.

 UMA PEQUENA MUDANÇA QUE VOCÊ FAÇA VAI CRIAR, AUTOMATICAMENTE, UMA SÉRIE DE OUTRAS MUDANÇAS NA SUA VIDA.

PROF. PAULO SÉRGIO

O insucesso até agora na carreira talvez só mude quando a pessoa trocar a atitude de ficar sentado no sofá da sala de casa por uma cadeira no curso que há tempos precisa começar ou terminar. Pode ser que seja necessário quebrar o ciclo de sair todos os dias exatamente cinco minutos antes do horário e esticar um pouco mais seu comprometimento com a empresa, ficando disponível quando seu chefe e clientes precisam.

Talvez tenha de tomar para si aquela encrenca de que todos estão fugindo na empresa, atender àquele cliente estressado que parece cuspir fogo quando fala. É assumir de uma vez por todas um comprometimento muito maior do que o seu salário, pois quanto mais você faz isso, mais sua renda melhora.

A maioria dos colaboradores não percebe que cada vez que assume uma bronca, um problema, mesmo que não fizesse parte, diretamente, da sua atividade, ganha a oportunidade de se destacar no setor, no departamento, na empresa como um todo.

Em uma empresa que prestei consultoria, o setor de compras foi avisado na última hora que deveria adquirir três mil cestas de Natal para presentear os colaboradores. Ligar para alguém e encomendar cinco, dez cestas, é fácil. Contudo, faltando menos de cinco dias para o Natal, você conseguir montar uma logística para compra, entrega, distribuição, é um baita de um problema. Tanto é, que a pessoa responsável abdicou da tarefa e pediu para ser dispensada, tamanho foi o impacto do pedido. Como ela já não estava satisfeita com a empresa, aproveitou para sair, o que só tornou ainda pior a situação, o problema, visto que ninguém queria assumir a encrenca.

Contudo, uma pessoa que não tinha nenhuma relação direta com o setor disse ao gerente de compras: "Olha, desculpe me intrometer no seu setor, mas estou vendo o quanto está sendo difícil encontrar um fornecedor neste momento, que consiga montar toda a logística para essa aquisição. Se me permitir, eu tenho contato com o gerente de um supermercado e imagino que ele adoraria nos atender, pois fará uma grande venda e girará a economia também dos seus fornecedores".

À NOITE O SOL NÃO SOME

O gerente de compra autorizou na hora que ela mantivesse contato, o que foi feito imediatamente. "Para um pequeno mercado, uma venda superior a 300 mil reais, de uma só vez, com pagamento à vista, é um problema que teremos o maior prazer em resolver", disse o gerente do mercado.

No dia 24 de dezembro, três caminhões com as cestas estavam no portão de saída da empresa, distribuindo as cestas.

No retorno ao trabalho, a pessoa que conseguiu realizar a compra foi chamada pelo gerente de compras, que solicitou sua promoção para aquele setor, com um salário duas vezes maior do que recebia.

 UM PROBLEMA QUE VOCÊ ENCARA E RESOLVE É A MELHOR OPORTUNIDADE PARA SE DESTACAR.

Infelizmente, boa parte dos colaboradores quer ficar longe de problemas. Acreditam que eles só geram transtornos. À medida que vamos agindo assim, criamos um ciclo de fuga dos problemas e não de enfrentamento. Esse ciclo cria outro ciclo: o de estagnação na função em que estivermos e do salário que ganharmos.

 SE O SEU COMPROMETIMENTO É DO TAMANHO DO SEU SALÁRIO, SEU SALÁRIO SERÁ SEMPRE DO TAMANHO DO SEU COMPROMETIMENTO.

Se quisermos sair desse ciclo, preciso de mudanças.

PROF. PAULO SÉRGIO

MUDANÇAS LIGHTS

Eu sei que é difícil mudar, como já falamos. Afinal, as mudanças causam dor e sofrimento, ainda que temporários. O problema é que as pessoas não percebem que não mudar provoca dor e sofrimento permanentes.

 MUDAR GERALMENTE CAUSA DOR E SOFRIMENTO TEMPORÁRIOS. NÃO MUDAR TORNA ISSO ETERNO.

Mas há um fabuloso segredo para você se tornar adepto das mudanças que são tão importantes na sua vida.

Quando passamos às pessoas que elas precisam deixar de fazer tudo o que sempre fizeram e, além disso, passar a fazer uma série de coisas novas, a maioria não tem resultados, porque a mente e o corpo não estão preparados para tantas mudanças. Algumas começam, porém, logo no início, desistem. Outras nem iniciam, por acharem difícil demais.

Muitas não mudam e acabam seguindo os mesmos ciclos, porque acham complicado fazer coisas novas, ter novas atitudes. Na realidade, isso não é difícil. Difícil é deixar de fazer o que sempre fizeram.

 FAZER COISAS NOVAS NÃO É DIFÍCIL. DIFÍCIL É DEIXAR DE FAZER AS ANTIGAS.

À NOITE O SOL NÃO SOME

O problema é que, como não deixam de fazer as antigas, também não fazem as novas.

O segredo é que, para começar uma mudança, e obter resultados diferentes, você pode simplesmente ir deixando de fazer o que sempre fez, sem precisar adotar grandes mudanças inicialmente. Como assim?

Se você está acostumado a chegar, por exemplo, às 18h15 em casa, tomar uma ducha e se atirar no sofá, tamanha é a exaustão no fim do dia, não faça mais isso. Não precisa tomar uma atitude muito radical. Só não se atire no sofá quando chegar. Chegue em casa, tome sua ducha e saia para observar os pássaros no jardim, visite seu vizinho do lado, pegue seu filho no colo ou vá no quarto conversar com ele. Troque diálogo com seu parceiro ou parceira sobre como foi o dia.

Essa simples atitude vai provocar mudanças no seu cérebro, no seu jeito de pensar, o que irá mudar seu jeito de ver e, também, a maneira como as outras pessoas veem você. Quando fazemos coisas novas, por mais simples que pareçam, a mente precisa se realinhar, e isso cria novas conexões, abrindo espaço para que novas atitudes também sejam colocadas em prática.

Digamos que você chega ao seu trabalho reclamando, fecha a porta da sala e não fala com ninguém pela manhã. Não precisa mudar muita coisa no início, apenas não reclame e não feche a porta da sala.

Se você vive dizendo ao seu chefe que não tem tempo para novas tarefas, não precisa correr atrás dele para dizer que vai ser diferente. Apenas deixe de falar isso, até que ele próprio perceba sua mudança.

Qual é a ideia com essa atitude? Simplesmente abandonar velhos hábitos, deixando de praticá-los, sem tomar nenhuma grande atitude inicialmente. Assim treina seu cérebro para reconhecer os benefícios das mudanças.

Em um coaching, um cliente me procurou porque queria emagrecer. Perguntei se ele era adepto às mudanças, e me disse que não gostava de mudar, e que estava vindo mais em razão de a esposa reclamar da sua falta de apetite sexual, que

PROF. PAULO SÉRGIO

ele atribuia ao excesso de peso, o que realmente deveria ser, pois seu médico endocrinologista havia dito isso a ele.

Anotei sua rotina, que, para variar, era de chegar tarde em casa, se enterrar no sofá em frente à TV, com um pacote de batatas fritas e umas cervejas. Em vez de mandá-lo caminhar, correr, fazer exercícios físicos, disse que nos primeiros trinta dias ele não precisaria fazer nada além de, ao chegar em casa, reduzir pela metade a quantidade de batatas fritas (ou qualquer outra alimentação que fosse ter) e, também, fazer o mesmo com as cervejas. Descrente, me perguntou se isso seria suficiente. Falei que, para iniciar, seria.

Passados trinta dias, ele já havia eliminado 6 quilos, sem ter feito um único exercício. Apenas cortou pela metade o seu estilo de comer e beber à tarde. Nos trinta dias seguintes, ele mesmo criou uma lista de exercícios e novas atividades que adotaria. Seu cérebro e seu corpo haviam aprendido a mudar e adoraram os novos resultados.

Isso vale para toda mudança que quisermos promover. Se não estamos felizes no relacionamento a dois, não precisamos mudar tudo em nós para que o outro volte a sentir a admiração que sentia. Quem sabe só precisemos parar de agir como se a outra pessoa não tivesse valor algum.

Se as pessoas da família estão sobrecarregando você, que cuida de tudo e de todos, e isso está sufocando, é preciso mudar levemente essa situação, antes que você estoure e brigue com todo mundo. Nas famílias, é comum alguém assumir mais responsabilidades do que deveria. No começo parece que a pessoa vai dar conta, e ela até sente-se bem por estar ajudando. Porém, com o passar dos anos, a carga vai ficando muito pesada e ela praticamente se anula para cuidar de alguém ou de várias pessoas.

Assumir responsabilidades em excesso, no seio familiar, é um caminho farto para frustrações, anulações, decepções, estresse elevado, ansiedade, gastrite e até depressão. Ou seja, se isso não for modificado, em breve a pessoa não poderá cuidar de mais ninguém, pois não cuidou de si mesma.

À NOITE O SOL NÃO SOME

Pode ser doloroso fazer essas mudanças mas, se feitas gradativamente, é melhor para todos os envolvidos.

É preciso promover mudanças nesse sentido, para que cada um vá assumindo de algum modo responsabilidades. Quem diz que não ajuda porque não tem tempo então que ajude com dinheiro, pois pode aliviar o julgo de quem está sobrecarregado, contratando e pagando alguém para ajudar. Quem diz não ter dinheiro, pode doar seu tempo, permitindo que a pessoa sobrecarregada tenha uma vida mais leve e possa desfrutá-la.

Entretanto, quem diz não ter dinheiro nem tempo precisará estabelecer mudanças na própria vida, pois algo está saindo muito errado.

Na profissão é a mesma coisa. É importante, sim, fazer muito mais do que o combinado, doar-se mais à empresa e aos negócios, contudo, desde que todos à sua volta façam o mesmo, porque quem se doa e percebe os demais entregando o mínimo, não se comprometendo, vai se frustrar e acabar arrumando confusão. A liderança tem de ser capaz de observar esses comportamentos, para evitar conflitos e sobrecarga. Às vezes, as melhores pessoas saem da empresa porque não aguentaram ver que, enquanto suavam a camisa, outros riam e ofereciam o mínimo em prol da organização, sem ser punidos por isso.

Pequenas mudanças profissionais são necessárias para que seus resultados melhorem. Talvez não precise tentar ser o melhor colaborador do mundo. Só precisa, ao iniciar as mudanças, parar de reclamar e culpar os outros pelos erros. Só isso já fará diferença. Em vez de chegar com a cara amarrada, sem cumprimentar ninguém, pode ser que tudo comece a mudar se, pelo menos, olhar para seus colegas na primeira semana de mudanças, até que se sinta tão bem que não vai resistir a dizer "bom dia" e sorrir.

Se vive chegando atrasado e recebe broncas, no início, não vai precisar se dedicar ao extremo e ficar depois do expediente. Comece apenas chegando no horário, que seus líderes vão notar uma singela diferença.

PROF. PAULO SÉRGIO

Se você é vendedor e não está vendendo tanto quanto gostaria, não precisa sair prospectando clientes e mais clientes. O fato de parar de falar em crise e desgraça já vai criar uma aura nova a seu redor, tão boa que os clientes talvez comecem a procurá-lo, sem você ir atrás deles, pois terá um semblante mais agradável, a ponto de os clientes atuais indicarem novos para você. Em pouco tempo, se sentirá tão bem que fará mais prospecções e parcerias.

Talvez você há anos não leia um livro sobre vendas, negócios, carreira, e vive prometendo que, quando começar a ler, terminará um livro por semana. Sabemos que isso não vai acontecer, pois é uma mudança muito drástica e sua mente precisa começar com algo mais light, como, por exemplo, assimilar que deve ler 3, 4, 5 páginas por dia apenas ou dedicar dez minutos diários à leitura.

Essas pequenas mudanças vão criar novos hábitos. Com o tempo, você lerá um livro por semana, ou mais, nunca mais com foco em crises e problemas, mas, sim, em quebrar ciclos destrutivos que se arrastam há anos na sua vida.

O que você tem feito do mesmo jeito há muito tempo e os resultados não agradam, porém você não teve coragem de mudar?

- Está acima do peso e não quer fazer exercícios? Comece comendo menos;
- Ninguém enxerga seu valor na empresa? Não lamente. Siga com sua postura profissional e deixe que os resultados falem por você;
- Não aguenta mais orientar seus liderados e observar sempre os mesmos erros? Não grite com eles, não exija uma mudança radical. Chame-os, em particular, e diga que acredita no potencial de cada um;
- Vive estressado porque seus filhos se trancam no quarto, com o videogame, e não sabem até hoje o que é lavar uma louça? Não exija nada e vá gastar dez minutos do dia jogando videogame com a garotada, e mesmo que estejam no mesmo cômodo, mande uns "nudes" pelo celular, que a relação de vocês ficará mais agradável e leve;

À NOITE O SOL NÃO SOME

• Você se irrita porque seus pais querem que você use menos o celular? Gaste meia hora conversando com eles, sente-se à mesa para o jantar, que todos ficarão mais felizes. Depois ainda terá 23,5 horas para ficar no smartphone;

• Não aguenta mais ver seu parceiro usando aquela cueca furada e sem elástico? Não brigue, compre uma nova e jogue a outra no lixo. Se ele perguntar onde ela foi parar, diga que o gato comeu;

• Não acha mais tão sexy como antes a sua parceira? Que tal mandar flores para ela, e comprar um lindo vestido, e irem juntos a um lugar especial que seja um belo significado na vida de vocês? Que tal olhar para ela, e ver muito além da beleza física, mas sim, olhar tudo o que enfrentaram juntos?

Às vezes só precisamos fazer pequenos ajustes e singelas mudanças, e levar a vida com mais bom humor, e não sair esbravejando e cortando tudo de uma vez, ou seja, não é necessário adotar nenhuma medida muito radical, pois virão depois, automaticamente, após o cérebro e o organismo compreenderem que esse é o melhor caminho para as mudanças de longo prazo, e não aquelas loucuras que cometemos na esperança de chegar a resultados rápidos, mas que não são duradouros.

PROF. PAULO SÉRGIO

MUDANÇAS 361,5°

Após realizar as mudanças light, você terá condições de fazer mudanças mais radicais, que eu chamo de mudanças 361,5°. Contudo, nem sempre é possível começar paulatinamente, mas, sim, radicalmente.

E o que são essas mudanças? Mudanças 361,5° é você mudar diretamente aquilo que dá mais medo e preguiça de fazer. Afinal, não mudar isso faz tanto mal que você não tem mais para onde correr, e a única saída é enfrentar.

Muitas vezes, se vê tão sufocado, espremido, com as costas na parede, que a única coisa a fazer é dar um passo para frente, atacando aquilo que espreme você. Essa situação acontece porque você adiou pequenas mudanças que deveriam ter sido feitas, mas não foram.

É possível que você já tenha desistido de alguns projetos que exigiam grandes mudanças da sua parte. Já se pegou em meio a tantas dificuldades e tentativas frustradas de fazer algo dar certo que nem pensa mais em mudar. Acredite: quase sempre, é nesse momento que a mudança 361,5° se torna inevitável, e você percebe que tem de fazê-la acontecer.

À NOITE O SOL NÃO SOME

AS MUDANÇAS 361,5º GERALMENTE OCORREM QUANDO ADIAMOS PEQUENAS MUDANÇAS E AGORA ESTAMOS ESPREMIDOS CONTRA A PAREDE.

Trocar de emprego, abrir um negócio próprio ou fechar um que vive dando prejuízos, terminar um relacionamento doentio que só devasta sua autoestima, se livrar de alguma coisa que tem sugado suas energias, mudar completamente a direção da vida, após perceber que o caminho até então seguido não representa seu verdadeiro eu, vão exigir um esforço extra seu, e a tendência é que seja um momento bem doloroso. A questão é: mudar dói, mas passa, e você pode recomeçar. Não mudar destrói e nem sempre dá para reconstruir.

MUDAR DÓI, MAS PASSA. NÃO MUDAR DESTRÓI E NEM SEMPRE DÁ PARA RECONSTRUIR.

Quando não mudamos lentamente, de maneira light, chegará a hora em que precisaremos mudar radicalmente.

É como alguém que há anos deixou de ir ao médico e, quando vai, esse diz: "Vou prescrever um medicamento fortíssimo para essa doença, e se você beber mais um copo com whisky e fumar mais um cigarro, vai morrer". Não dá para parar de beber e fumar na semana que vem. O médico está dizendo que tem de mudar agora, senão a pessoa morre.

> Eu atendi a um senhor que dizia sentir vergonha por não guardar dinheiro suficiente para que seu filho estudasse numa escola particular. Na época, a mensalidade custava uns quatrocentos reais. Falei a ele: "Sabe, vejo que você não ama seu filho tanto quanto está dizendo". E ele, exaltado, respondeu: "Você me conhece a menos de uma hora, como pode dizer uma coisa dessas?". Respondi: "Sim, estou dizendo isso porque você fuma e provavelmente bebe sua cervejinha. Sintetizando, você deve fumar, pela ansiedade com que conversa comigo, pelo menos, um maço de cigar-

PROF. PAULO SÉRGIO

ros por dia, e aposto que, na média, bebe duas ou três cervejas por dia. Se somar uma cerveja e um maço de cigarros, dá uns quinze reais por dia. Em um mês, você gasta com isso mais que quatrocentos reais, que custaria a mensalidade do colégio particular do seu filho. Então, categoricamente, você ama mais o cigarro e a cerveja do que ele. Ou você promove uma mudança 361,5° e para de fumar e beber ou seu filho vai estudar na escola pública sempre". Ele saiu da sala, ao final da nossa conversa, decidido a parar de fumar e beber.

Outro dia, conversando com uma amiga famosa sobre as mudanças 361,5°, ela dizia que tinha vontade de apagar seu passado, pois só assim conseguiria mudar seu presente e futuro. Expliquei que isso não é possível. Como nada na nossa história vem por acaso, se ela queria realmente mudar, teria de se apoiar no seu passado, por mais doloroso que ele fosse.

Ela, que sempre viveu da fama, com atividades profissionais e uma vida de aparências que, hoje, a envergonham, tentava a todo custo livrar-se do passado. Quando conversamos, entendeu então que seu passado era valioso no seu novo projeto de inspirar pessoas a mudar, com sua história.

Depois de algumas conversas que tivemos, reconheceu que as pessoas gostam de gente de verdade, que sofre, erra e aprende a não sentir vergonha do que fez e, sim, usa isso para mostrar que é possível fazer diferente, de um jeito novo e todo especial.

Ela aprendeu a contar sua história de uma forma inspiradora, afirmando que fez o que fez em momentos que não se conhecia e estava iludida com algo que não era de fato o que a representava. Entendeu que as pessoas não gostam de quem não tem dores nem histórias tristes, que passou para contar.

Sua mensagem central, com as mudanças 361,5° que promoveu, passou a ser:

"Nosso passado, se for ruim, não deve nos envergonhar, mas, sim, servir de lição, para que as pessoas vejam o que ÉRAMOS e em que nos TRANSFORMAMOS. Só consegui essa metamorfose por usar

À NOITE O SOL NÃO SOME

> tudo o que aconteceu e fiz acontecer comigo, e esse é o ponto central da minha mudança, e é isso que quero que inspire você a fazer a sua metamorfose. Não negue tudo o que fez ou ainda faz. Se apoie nisso para mudar radicalmente sua trajetória."

Realmente, é uma linda mensagem de mudança!

Há mudanças que precisam ser feitas de maneira radical, porque lentamente não tivemos êxito ou fomos adiando tanto tempo mudar que agora não tem outro jeito.

Se você está numa empresa, por exemplo, como gerente, há cinco anos, e os diretores chegam e dizem que a partir do mês seguinte só poderá ser gerente quem tiver pós-graduação em gestão de empresas, e você só terminou a faculdade, terá de promover uma mudança radical no seu estilo de vida, mudando horários, rotinas, relações, para cursar sua pós. Ou, claro, optar pela demissão, o que pode ser ainda mais radical do que a primeira decisão.

Muita gente que não muda alega que tem receio do futuro, do que vai acontecer se mudarem. "Mas e se eu pedir a conta dessa empresa e não arranjar um emprego novo". A pergunta está feita de maneira errada. No jeito 361,5°, que é o correto, a pergunta seria: "E se eu ficar nesse lugar onde não valorizam minha competência e atitude por mais dez anos, o que vai ser de mim?"

A pergunta não é: "Mas quem vai me sustentar se eu me separar?", mas, sim: "Que vida eu terei se ficar aqui sendo mantida por esse traste que não me deixa crescer como mulher, nem exercer minha profissão que batalhei tanto para me formar?"

A questão não é: "Mas não temos mão de obra qualificada disponível. Mesmo o Fulano sendo de pavio curto e de criar intrigas na equipe, quanto vamos perder com a saída dele?". O jeito certo de perguntar deve ser: "Quanto um brutamontes desse custa para nossa empresa ficando aqui?".

Outra questão muito utilizada de maneira errada é: "Mas estou velho para voltar a estudar, é muita dificuldade reaprender tudo, estou enferrujado já. E o que os mais novos vão dizer comigo em sala de aula? Vou sentir muita vergonha?" A per-

PROF. PAULO SÉRGIO

gunta certa deveria ser: "Quanta vergonha vou passar minha vida toda por não retomar os estudos? Quanta dificuldade financeira vou ter de enfrentar por ficar nessa situação atual?".

Atendi a outro jovem senhor de 40 anos, gratuitamente, que me dizia que sua vida tinha passado por entre seus dedos, enquanto ele ficava na escada de madeira podre que dava acesso à sua singela casa, também de madeira, já surrada pelo tempo. Eu podia sentir a angústia e o medo daquele pai, que não via como manter sequer as refeições diárias dos seus dois filhos e nem mesmo um mínimo de tratamento para sua esposa doente. Enquanto fumava sentado na escada, não percebia que suas chances de mudar de vida se esvaíam e sumiam juntamente com a fumaça do cigarro. A cada tragada e gole de cerveja morna que tomava, não se dava conta de que, se ficasse alguns meses sem beber e fumar, poderia não só consertar a geladeira estragada há anos, como dar início a grandes consertos na sua vida como um todo.

Um dia, em minha sala, aos prantos, me disse: "Paulo, joguei minha vida no lixo. Não estudei, não me especializei em nada e mal consigo fazer o básico da profissão que exerço há mais de quinze anos. Pulei de galho em galho, sempre ganhando um salário baixo, me preocupei mais com a maldita bebida e o cigarro do que em melhorar minha vida. Sou um fracassado mesmo. Enfim, depois de alguns encontros com você, percebo que a culpa é toda minha, de mais ninguém, e cada vez que alguém me ajuda, me torno pior".

QUANDO RECEBEMOS MUITA AJUDA, GERALMENTE NÃO FAZEMOS NADA RELEVANTE, E DIANTE DE PEQUENOS CONTRATEMPOS, MESMO ADULTOS, FICAMOS PROCURANDO A BARRA DA SAIA DA MÃE. QUER FAZER ALGO GRANDIOSO? APRENDA A AGUENTAR PANCADA SOZINHO.

Então, eu respondi: "Ufa, agora, sim, podemos conversar sobre mudanças 361,5°. Você começou a entender e a assumir

À NOITE O SOL NÃO SOME

sua responsabilidade pelo que está dando errado na sua vida, em vez de, mesmo adulto, agir como uma criança que procura a barra da saia da mãe diante de pequenos contratempos. Não se culpe, pois culpa nos leva ao desânimo. Sinta-se responsável, não culpado, pois responsabilidade abre espaço para mudanças. Sentado na sua escada podre, você não vai resolver nada e ainda corre o risco de cair dela, derrubando sua cerveja e seu cigarro. Portanto, o que acha de aproveitar essas lágrimas para lavar sua alma e retomar seus estudos? Que tal chegar amanhã para seu chefe atual e dizer que quer aprender coisas novas, que irá mudar drasticamente, abandonando tudo o que faz mal a você? Por que não falar a ele que quer crescer na empresa e que não aguenta mais passar dificuldades, e que precisa apenas que ele mostre como você pode ajudá-lo a ter mais resultados na empresa? Já se imaginou pedindo desculpas à sua esposa e aos seus filhos, por todo esse mal que vem causando na vida de vocês, assegurando que as coisas irão mudar e, para começar, vai jogar fora os cigarros e as bebidas? Tem coragem de prometer que nunca mais vai faltar, pelo menos, três refeições por dia a eles?"

Percebi que ele hesitou, então, falei: "Meu amigo, para mudar de modo 361,5°, ou seja, dar uma guinada radical na vida, muitas vezes você tem que ter coragem de enfiar o pé na jaca, de se jogar na frente do trem, de pular de ponta-cabeça na mudança. O medo de continuar tudo igual precisa ser maior do que o medo de algo dar errado no processo de mudança. Vai escrever outra história ou deixar seus filhos e esposa perecerem?"

"Sim, vou mudar minha história", foi o que ele respondeu, depois de titubear por várias vezes em realizar tantas mudanças radicais na sua vida.

Bem, isso já faz algum tempo. Hoje, frequentemente o encontro com sua família, todos se divertindo nas praças públicas da cidade. Ele aprendeu que empurrar os filhos na balança do parque é muito mais divertido que jogar sua vida ladeira abaixo. Compreendeu que vale a pena investir o dinheiro gasto com cervejas e cigarros em vale-transporte e cadernos, para frequentar novamente os bancos escolares e ter a chance de olhar nos olhos dos seus familiares e sentir orgulho da nova história.

As pessoas têm medo do futuro, e alegam que, por essa razão, não vão mudar. Isso é um erro. Elas devem ter medo do presente. Se elas estão sofrendo agora, seja numa empresa, com clientes complicados que não dão lucro, no campo pessoal ou em relações destrutivas, é o medo de passar a vida toda assim que têm de fazê-las mudar. Afinal, se não mudarem, o futuro será uma cópia do presente.

Sabe o que acontece com quem não muda o que é imperativo mudar? Essa pessoa vive de dores e arrependimentos e cada vez mais ela intensifica seu sofrimento. Com o passar dos anos, ela passa a se sentir bem quando sofre um pouco menos. Ela vai atravessar a vida, ano após ano, sentada numa escada de madeira pobre, com uma cerveja morna na mão e um cigarro na outra, dizendo: "Nossa, o que teria acontecido se eu tivesse...", sem jamais saber a resposta.

QUEM SE ACOSTUMA A SOFRER, NÃO VAI REALIZAR AS MUDANÇAS QUE PRECISA, POIS CADA VEZ MAIS VAI PETRIFICANDO A DOR, O SOFRIMENTO E O MEDO DE MUDAR E ACABA SE CONFORMANDO APENAS EM SOFRER UM POUCO MENOS.

Veja quais mudanças você tem de promover na sua vida. Se as lights, que basta o fato de deixar de fazer o que sempre fez, que os resultados vão começar a aparecer, até que consiga dar início a mudanças mais radicais, ou, se, imediatamente, tem de iniciar pelas mudanças 361,5º, enfiando o pé na jaca, mudando completamente a sintonia e rasgando a cortina do passado e do presente, para que a luz das soluções e a frequência de novos sons do sucesso brilhem na sala da sua história.

Para destruir os ciclos destrutivos, todos esses truques que aprendeu ajudam. Somando a isso, nada é mais valioso do

À NOITE O SOL NÃO SOME

que, depois disso, você assumir a responsabilidade pelas mudanças e dizer:

> "Chega! Não vou mais viver dessa maneira. A partir de agora vou começar a agir diferente, para ter a vida que sempre sonhei".

Pare de adiar mudanças que sabe que, se mudar, vai conquistar os resultados que deseja, seja o emprego, uma promoção, um negócio, o peso ideal, a pessoa certa. A cada dia que você procrastina as mudanças, sejam elas ligths ou 361,5°, fica cada vez mais longe daquilo que quer se aproximar. Afinal, você sempre vai encontrar razões para deixar para amanhã. E serão justamente essas mesmas razões que farão você lamentar, no futuro, essa escolha que fez hoje.

 PARA MUDAR, ÀS VEZES, É PRECISO COMEÇAR POR AQUILO QUE DÁ MAIS MEDO OU PREGUIÇA.

BOX DA 2ª SINTONIA

Aprenda a encerrar seus ciclos da vida e a promover as mudanças de maneira frequente e contínua, sendo que algumas delas podem ser realizadas de maneira mais *light*, enquanto outras, de uma forma mais intensa e rápida.

PROF. PAULO SÉRGIO

3ª SINTONIA: EMPREENDA VISÃO E ATITUDE 361,5°

Como você aprendeu a construir uma mentalidade de sucesso e a cortar ciclos que viviam atrapalhando sua maneira de ver e agir diante de momentos delicados pelos quais passou, está em plenas condições de ampliar sua visão, para ter a capacidade de colocá-la em prática também.

Nosso maior problema não é falta de visão ou atitude, mas, sim, a ausência de conexão entre ambas, vibrando praticamente na mesma intensidade. Há pessoas que possuem uma visão espetacular para criar soluções, projetos, negócios e visualizar oportunidades. Contudo, possuem pouca atitude. Outras são extraordinárias em atitudes, porém a visão delas é baixa, lenta e embaçada.

Lembra da história dos gatinhos recém-nascidos, que por um período tinham os olhos tapados, e acabavam ficando cegos para sempre? Nela, comparamos com o ser humano que, muitas vezes, têm sua visão tapada por outras pessoas, e acaba não conseguindo mudar sua maneira de ver o mundo sob uma óptica negativa, por exemplo.

Porém, mesmo aqueles que tomam a decisão de tirar a venda que receberam por um tempo, não conseguem resultados muito diferentes. Por quê? A razão é que eles mudam

À NOITE O SOL NÃO SOME

apenas a visão, o jeito de enxergar a vida, no entanto não aplicam nada disso.

A pessoa que tem uma infância simples, sem muitas regalias, mas que a todo o momento recebe estímulos de quem está à sua volta, para mudar esse cenário nem sempre obtém êxito. Qual o motivo? A partir de dado momento, mesmo com uma visão de mundo excelente, ela não coloca em prática, ou seja, não tem atitudes. Por outro lado, às vezes, a criança não recebe qualquer estímulo e ainda é ensinada que seu mundo é aquele mundinho ali, pequeno, sem oportunidades. Contudo, por sua única e exclusiva decisão, ela se torna alguém com muita atitude, mas, de maneira revoltada, age erradamente, perpetuando resultados cada vez piores. Faltou a ela a visão adequada.

Quando essa mesma criança consegue desembaçar essa visão, por meio do processo de criação da mente vencedora, ela empreende uma postura que revoluciona sua vida por completo.

O mesmo vale para quem nasce em um berço de ouro. Às vezes, os pais mimam demais essa criança, que nunca teve qualquer esforço ou sacrifício, e quando ela assume algum negócio da família, acaba indo à falência. Embora tenha estudado nas melhores faculdades, o que proporcionou a ela uma ótima visão dos negócios, na prática ela não foi treinada para enfrentar os contratempos do mundo corporativo.

Por essas e tantas outras razões é que precisamos manter a sintonia entre visão e atitudes no nível 361,5º, pois, tê-las nesse nível, revela que:

VISÃO E ATITUDE 361,5º É VOCÊ ESTAR NO FUNDO DO POÇO, MAS AO MESMO TEMPO ENXERGAR FORMAS DE SUBIR E, AINDA POR CIMA, EXECUTAR ISSO LEVANDO ÁGUA PARA IRRIGAR SEUS SONHOS, SUFICIENTE PARA AJUDAR QUEM TAMBÉM ESTIVER COM SEDE.

Eu sou uma pessoa com muita atitude. Sou bastante observador, e toda vez que posso ajudar, seja pessoal ou

PROF. PAULO SÉRGIO

profissionalmente, eu procuro intervir nas situações que presencio. Certa vez, em frente à minha casa, um motociclista foi fechado na via, por um ônibus, e acabou caindo, e a moto ficou sobre ele. Eu estava na varanda, e ao ver a cena, saí em disparada para ajudá-lo, pois ele gritava por socorro. Ao chegar próximo, levantei a moto de uma só vez, tirando-a de cima dele, pois era uma pequena motoneta.

O que há de errado nisso? Bem, ao agir daquela maneira, eu fui parar no pronto-socorro médico, visto que ergui a moto pelo escapamento, que estava tinindo de quente. Eu percebi isso logo que ergui a moto, mas se eu a soltasse cairia sobre o pescoço do motoqueiro, então só larguei após ter a certeza de que a jogaria para longe dele.

Por ter muita atitude, acabei deixando de lado a visão. Obviamente que o escapamento estaria quente, ou seja, eu poderia ter erguido a moto pelo banco, pelo guidão ou por qualquer outra área.

Isso se aplica à sua carreira, aos negócios, no atendimento aos clientes. Quantas vezes as pessoas tomam decisões rápidas porque possuem muita atitude. No entanto, dias ou horas depois, veem que cometeram equívocos, por não terem considerados o todo, ou seja, deixaram a visão de lado.

Vejo isso acontecer o tempo todo. Vendedores que saem afoitos para atender assim que o cliente põe os pés na porta e são surpreendidos com o famoso "não preciso de ajuda, estou só olhando". Isso acontece porque o vendedor deveria ter a visão, a percepção, de que a maioria das pessoas precisam de alguns segundos para se ambientar ao local, para, então, serem atendidas.

Quantos gerentes, diretores, baixam o preço de seus produtos para alavancarem o faturamento. Imaginam que a perda de 10%, 20%, 30% com descontos será superada pelo aumento nas vendas, que realmente acontece. O problema é que esses percentuais de desconto impactam, geralmente, em 50%, 60%, até 90% do lucro. As vendas aumentam, mas o lucro cai astronomicamente. Falta a eles a visão do todo, enxergar além, para depois ter a atitude correta.

À NOITE O SOL NÃO SOME

Colaboradores com atitude é o que o mundo corporativo mais precisa, todavia ela precisa vir aliada com a visão correta, evitando que muitas besteiras sejam cometidas.

Uma empresa de consultoria andou à beira de perder um dos seus melhores clientes. A razão é que a secretária, uma pessoa com muita atitude, enviou por e-mail à outra empresa uma planilha contendo o inadimplemento dos últimos doze meses, bem como os dados dos clientes inadimplentes. A secretária que, cheia de atitude, não consultou ninguém, imaginando que faria rapidamente seu trabalho e seria parabenizada pelos superiores, por pouco não foi demitida.

O motivo é que a empresa não tinha autorizado o envio desses dados, e quem havia solicitado foi um concorrente, se passando por uma prestadora de serviços na área de recuperação de créditos.

ATITUDE E VISÃO PRECISAM ANDAR DE MÃOS DADAS, CONECTADAS. MUITO DE UMA, MAS POUCO DE OUTRA, É SINAL MAIS DE PROBLEMAS DO QUE DE SOLUÇÕES.

Quantos vendedores perdem vendas porque não têm visão e atitude 361,5º. Eles entendem do produto, dos serviços, benefícios, mas não entendem de algo muito mais complexo e importante nos negócios: gente!

Certo dia, eu estava numa loja comprando um paletó e observei o diálogo entre a vendedora e sua cliente, que foi comprar um vestido. Quando ela foi experimentar, ao tirar seu sapato de salto alto, reclamou de um pequeno calo. A vendedora pediu licença, dizendo que logo retornava. Vi que a cliente achou estranho, mas aguardou. De repente, a vendedora retorna com uma xícara de chá e, pasme, um band-aid, e disse: "Olha só, café eu sei que em todas as lojas já ofereceram a você, Marli, mas deixa eu grudar esse band-aid em seu calcanhar, pois daí vai conseguir experimentar melhor o vestido. Se preferir, pode experimentar também este lindo sapato que eu trouxe e que combina tão bem com ele".

PROF. PAULO SÉRGIO

Quem resistiria a comprar o vestido, o sapato e ainda dar um presente para uma vendedora dessas? Um exemplo espetacular de visão e atitude 361,5°.

Qualquer outro vendedor menos preparado atuaria como eu digo sempre nas palestras: um pedinte.

Alguns vendedores realmente parecem pedintes: "Ah, mas compre esse vestido e sapato, me ajude a bater a meta". Em vez de conquistar o cliente com atitudes, forçam a barra, quase que como uma chantagem emocional. Muitos chegam ao cúmulo de dizer: "Me ajude, tenho que levar o leite das crianças para casa". Não parece um pedinte?

Pessoas bem-sucedidas, inegavelmente, têm visão e atitude 361,5°, pois é isso que as levará à excelência profissional e pessoal, à realização dos seus projetos de vida. É a soma dessas duas características que liga à Frequência 361,5°.

Como vimos, atitude é bem diferente de visão 361,5°. Visão é você expandir sua capacidade de enxergar o problema, o desafio, a dificuldade, a oportunidade. É criar soluções mentais, elaborando, por exemplo, uma lista com estratégias, alternativas, do que pode ser feito, procurando por mais e mais maneiras criativas, inteligentes, diferentes de solucionar e aproveitar qual for a situação.

No entanto, o que definitivamente nos deixa sintonizados na Frequência 361,5° é quando somamos à Visão a Atitude 361,5°.

Como eu já treinei milhares de pessoas, posso garantir que muitas pessoas conseguem, com o tempo, expandir a visão que possuem diante do que está acontecendo na vida delas.

Mas o que é essa Atitude 361,5°?

VER QUASE TODOS VEEM. VER COM VISÃO 361,5º POUCOS CONSEGUEM. SOMAR A ESSA NOVA VISÃO A ATITUDE 361,5º É SÓ PARA VENCEDORES.

O mundo corporativo perde muito quando não é composto por pessoas que tenham atitudes diferenciadas. A falta de gente motivada, competente, com fome de vencer na vida e disciplinada nessa busca tem repelido o sucesso de muitos empreendimentos e, claro, das pessoas que os compõem.

 INFELIZMENTE, O MUNDO É UMA SUCESSÃO DE TALENTOS JOGADOS FORA.

Bilhões de reais são jogados pelo ralo, por empresas que mantêm, em seu quadro de colaboradores, pessoas com atitudes pequenas, pessimistas, focadas em crises e não em oportunidades, em problemas e não em soluções, que arranjam desculpas para explicar a falta de resultados, alegando, geralmente, que não ganham o suficiente para entregar mais do que o combinado, que faltam recursos e ferramentas.

Mesmo que observem que há um grupo menor criando alternativas para produzir, vender e gerar mais lucros, elas não conseguem enxergar que isso é mérito do grupo e atribuem ao acaso, à sorte.

Poucas coisas são tão complexas de mudar quanto nossas atitudes. Contudo, nada transforma tanto nossa vida e nossos resultados, para melhor, em todas as áreas, quanto essa mudança. Mudar a visão, por meio de novas formas de pensar e acreditar, é essencial. Mas só mudando nosso comportamento, nossas atitudes, é que os resultados diferentes acontecem.

Como líderes, diretores, empresários, nossa missão é inspirar e sensibilizar essas pessoas a promover mudanças, pois elas são, também, amplamente afetadas pela maneira como veem e agem diante dos acontecimentos.

Nossa missão, como colaboradores, é incentivar nossos colegas a ampliar suas visões e atitudes, revelando a eles que seus resultados darão um salto gigantesco com esse novo padrão de ver e atuar no mercado empresarial.

Há muitos conceitos sobre atitude. A maioria deles difíceis de aplicar. Então, criei o nível 361,5º de Atitude, que é:

> Você se autorresponsabilizar pelo todo, e mais um pouco, focado muito além das suas necessidades,

PROF. PAULO SÉRGIO

mas atento a ajudar os outros, sejam colegas de trabalho, chefes, clientes, parceiros de negócios e da vida. A Atitude 361,5° é aplicar a visão expandida. É uma forma de agir para ajudar não só a si mesmo, mas aos outros, sem se importar imediatamente com o quanto vai ganhar agindo assim.

Como você tem aprendido em todo o livro a deixar aparecer a sua melhor versão, isso ocorre justamente porque é somente com ela à flor da pele que temos condições de aplicar os conceitos de Visão e Atitude 361,5°.

Eles levam você a fazer o que tem de ser feito, mesmo que, até então, você não visse como sua responsabilidade. É essa atitude que o faz ver antes e enxergar o que quase ninguém vê. Quando você age assim, mesmo de olho no furacão profissional, ou pessoal, que possa estar inserido, vai conseguir ter uma visão que o fará enxergar o arco-íris.

Mesmo que nuvens negras estejam sobre sua cabeça, não focará na escuridão, mas, sim, na água que há nessas nuvens e que farão brotar as sementes dos seus projetos. Vendo dessa forma, você se reorganiza mental e fisicamente para colocar em prática tudo o que visualizou de maneira expandida.

 PESSOAS NORMAIS VEEM O TODO. TODAVIA, SÓ OS "LOUCOS" EXPANDEM PARA VISÃO E ATITUDE 361,5º.

Essa atitude nos faz avançar, enquanto o concorrente retrocede por não a aplicar. Nos faz concretizar vendas, negócios, parcerias, enquanto os outros fecham as portas. Nos faz evoluir na carreira, enquanto a maioria assina o termo de rescisão de contrato de trabalho. Nos faz construir relações felizes, adoráveis, intensas, enquanto os outros brigam para ver quem manda mais.

"Falta de dinheiro não é problema. Mas de atitude, sim", foi o que me disse a Val, uma grande amiga, microempresária. A Val é daquelas pessoas que você quer ter sempre por perto, tamanho é a sua dedicação, amor e atitude no trabalho que executa. Formada em massoterapia, ela batalha diariamente

À NOITE O SOL NÃO SOME

para manter sua família bem, cuidando das suas filhas, depois que teve sua relação conjugal interrompida.

Ela adora meus livros e palestras, e nos conhecemos virtualmente. Desde então, nos tornamos amigos, e em um belo dia, a surpreendi indo conhecê-la pessoalmente, e passei a admirar ainda mais sua postura, suas atitudes.

Em uma de suas publicações na internet, ela conta sua história de vida e o desejo de rever seus pais, que há mais de quinze anos distante dela. Nesse texto, em vez de pedir dinheiro para poder bancar sua viagem, como seria habitual de boa parte das pessoas que precisa de algo, ela pediu para que as pessoas indicassem seu trabalho, para então juntar o suficiente para a viagem e demais gastos.

Imediatamente mantive contato com ela e ofereci meus livros para que vendesse e ficasse com 50% das vendas. Ela, como era de se esperar, ficou extremamente feliz e aceitou na hora a ideia. Em pouco tempo, ela já havia vendido vários livros, somando ao seu faturamento habitural essa renda extra, para que pudesse realizar o seu sonho de ir visitar a família.

Val deu concretude à sua frase:

"Falta de dinheiro não é problema, mas de atitude, sim".

Estamos carentes de pessoas com atitude.

Se você quer se sintonizar na frequência do sucesso, comece a ter Atitude 361,5°, pois ela vai garantir resultados extraordinários, criando cada vez mais uma nova visão, um novo olhar para o seu mundo de fora, compreendendo que para que isso aconteça é preciso olhar de um novo jeito para o seu mundo de dentro. Dessa maneira, o processo se retroalimenta, ou seja, quanto mais Atitudes 361,5° tivermos, mais nossa Visão 361,5° se expande, e vice-versa. Vamos ver melhor como isso se processa.

> Certa vez eu estava indo ao banco e, no semáforo, parei para aguardar os carros passarem. Observei, então, que um senhor, de cabeça baixa e vidrado no celular, continuou andando na faixa de pedestres. Ao notar isso, o puxei pela camisa e um veículo passou há centímetros dele.

PROF. PAULO SÉRGIO

Esse é um exemplo prático e fácil de entender a Atitude 361,5°.

Aquele homem não me pediu para ajudá-lo. Teoricamente, não era minha responsabilidade cuidar dele. No entanto, ao ter conhecimento da situação, e não fazer nada, eu passaria a vida toda com remorso. Eu não tenho como saber se depois disso ele se tornou uma pessoa mais focada em cuidar de si mesmo. Mas eu tenho plena convicção de que fiz o que precisava ser feito naquela hora.

Aí na empresa em que trabalha, ou no negócio que montou, que atitudes têm salvado sua carreira, sua empresa, equipe, para não ser atropelado, não por um carro, mas por alguma tecnologia, produtos e serviços concorrentes, ou por uma crise?

Você tem olhado o todo e ido além? Observando os cenários, tem aplicado ações que possam corrigir o rumo caótico que, sem sua visão e atitude, os negócios tomariam?

 EMPREENDER NOVAS ATITUDES, A PARTIR DO OLHAR DO TODO, E INDO ALÉM, SALVA MUITAS CARREIRAS, NEGÓCIOS... E VIDAS!

Todas às vezes, ao chegar aos auditórios para realizar palestras, eu verifico se a organização e o som estão perfeitos, além de agradecer a todos que estão ali doando seu tempo para que tudo saia bem.

Em um primeiro momento, parece não ser minha obrigação, mas essa atitude garante a qualidade do encontro. E dou um belo exemplo não só para a minha equipe, mas para a equipe que está cuidando do evento, que geralmente faz parte da empresa que me contratou. Se eu vou falar sobre atitude na palestra, eu tenho de ser o primeiro a praticá-la.

Infelizmente, vejo o tempo todo gente se remoendo porque não deu seu máximo justamente quando a empresa mais precisava. Gestores e empresários roendo as unhas porque não tiveram Atitude 361,5° com seus melhores colaboradores, não

À NOITE O SOL NÃO SOME

acompanharam de perto, dando o apoio necessário, e viram os resultados despencarem.

Fique ligado no seu trabalho, nas coisas que estão acontecendo ao seu redor, e veja além, para agir também dessa forma. Pequenas ações diárias valem mais do que ficar esperando para mostrar uma grande atitude. As pessoas valorizam pequenos gestos, que demonstram que você está antenado e preocupado 361,5°, e não apenas com a sua parte.

 PEQUENAS AÇÕES DIÁRIAS VALEM MAIS DO QUE FICAR ESPERANDO PARA MOSTRAR UMA GRANDE ATITUDE.

Vamos ver mais um belo exemplo de Atitude 361,5° que vivi na prática.

Num projeto recente, eu estava precisando trocar parte do piso da minha piscina. Fui até uma loja de materiais de construção e mostrei a foto do piso que precisava, informando que era uma reposição.

O vendedor simplesmente me disse: "Não temos esse modelo". Insisti um pouco, mas ele foi incisivo: "Não temos, é difícil de achar pisos para reposição e acho que esse modelo nem é fabricado mais". Eu entrei na loja com um problema e o vendedor me fez sair com dois.

Fui a outras duas lojas, onde também tive respostas muito semelhantes.

Estava decidido a comprar algum piso parecido, porém, resolvi ir a mais uma loja. Fui recepcionado por um jovem simpático que, antes de deixar eu mostrar a foto do piso, levou-me à sala de café. Ao sair da sala, perguntou como poderia me ajudar. Mostrei a foto, e ele disse: "Paulo, passe para meu WhatsApp, que vou mandar para nosso grupo das três lojas, e tenho certeza que vamos encontrar".

Em menos de dez minutos recebeu uma mensagem de um vendedor da sua segunda filial, dizendo que tinha um piso igual. Então, comprei o piso, a argamassa, rejunte e decidi comprar um chuveiro novo e uma torneira elétrica que eu estava precisando.

PROF. PAULO SÉRGIO

Qual a diferença entre esse vendedor e os outros? Conhecimento, experiência, informação, cursos, diplomas? Não. A diferença está na Atitude 361,5°.

Ele estava focado em resolver o meu problema, não o dele. Ele queria atender às minhas necessidades, não às dele. Como eu sei disso? Porque era só uma troca de piso, que não renderia uma grande comissão. Ao passo que, ao ver entrar outros clientes, com uma lista enorme de materiais para comprar, ele poderia ter me descartado e dito que não tinha o piso, para poder atender quem desse uma comissão maior.

É importante você fazer vários cursos, colecionar certificações e ser experiente na sua área. Entretanto, isso não garante muita coisa. Essas coisas podem abrir muitas portas profissionais. Mas só com a Atitude 361,5° você não será jogado pela janela ou pela mesma porta que entrou.

SOMENTE COM A ATITUDE 361,5º VOCÊ NÃO SERÁ RETIRADO PELA MESMA PORTA QUE ABRIU COM CONHECIMENTO E EXPERIÊNCIA.

A maioria das pessoas não tem esse modelo de atitude. Elas veem erros, e muitas vezes até sabem como resolvê-los, todavia ficam inertes, como se não fosse responsabilidade delas. Algumas até dizem: "Isso não é minha parte".

No mundo corporativo, tudo é responsabilidade de todos e, nesse cenário, quem tem atitudes diferenciadas tem sempre mais resultados.

Praticamente em todas as palestras, no briefing que eu ou minha equipe realizamos com os contratantes, eles dizem: "Precisamos que as pessoas tenham mais atitude".

E realmente estamos com carência atitudinal. Esse é um problema endêmico. Muitos profissionais precisam levar um choque diário de atitude, senão não reagem e mal fazem o que foram contratados para fazer.

À NOITE O SOL NÃO SOME

Se não levarem esse choque, vão continuar vivendo numa frequência vibratória em que a atitude não é aplicada, sintonizando-as em comportamentos cada vez mais inativos, porque geralmente convivem com pessoas com o mesmo perfil.

Você acredita que está tendo Atitude 361,5° na empresa na qual trabalha? Tem convicção de que está focado no todo e mais um pouco? Olha para o negócio como se fosse o dono, pensando em como ajudar as pessoas e não só a si próprio, e até o presidente da empresa respeita sua opinião, tamanho é o seu comprometimento?

Sem essa nova visão e atitude, vamos deixando passar dezenas de oportunidades todos os dias. Por outro lado, se você é um profissional que vibra na frequência da Atitude 361,5°, há vagas de trabalho sobrando, clientes se aproximando de você, negócios com cada vez mais lucro, parcerias excelentes e construção de equipes de alto desempenho.

> Certa vez, um vendedor foi falar com seu chefe e reclamou que um colega foi promovido e ganhou uma região mais favorável, mesmo tendo entrado depois dele na empresa. O chefe disse: "Ele foi promovido porque em uma região fraca, e em um cenário econômico terrível, ele vendeu quatro vezes mais do que você. A virtude dele é que todos os dias contatava alguns clientes, ligava parabenizando pelo aniversário, enviava lembrancinhas, pagando do próprio bolso, e prospectava, diariamente, cerca de 30 clientes adicionais pelo telefone, os quais, depois, visitava pessoalmente. E você, o que fez nesse tempo? Alegou crise, dizia que não tinha nada a ser feito, pois os clientes não estavam comprando. Você tem muito mais experiência e até conhecimento técnico, porém não tem atitude".

CRISE É O MOMENTO EM QUE O AMADORISMO FICA DE FORA E OS EMPREENDEDORES GLOBAIS ENTRAM MAIS FORTE AINDA EM CAMPO.

PROF. PAULO SÉRGIO

Sem atitude, o fracasso e a pobreza grudam na gente, e passamos a explicar nossos problemas financeiros com desculpas, sempre na posição de vítima, atribuindo responsabilidades a tudo e a todos, menos assumindo que as coisas mudarão quando nós mudamos. E essa atitude é de pessoas amadoras, não de empreendedoras globais como você.

E não falo só de pobreza material, porque essa é superada quando nos tornamos ricos em atitudes positivas e inspiradoras, que nos fazem ver além. Refiro-me à pobreza de visão, de enxergar além, para aplicar novas ações.

Já treinei pessoas que alegavam falta de sucesso pelo fato de terem nascido em um ambiente hostil, com baixo estímulo ao progresso e a uma visão positiva da vida. Sabe qual o maior erro delas? Contarem isso para mim. Afinal, eu fui elas ontem, e só saí do caos por ter mudado a maneira de ver e, também, de atuar.

Consegui essa mudança, também, por ter dado muito valor à frase mais importante da minha vida, dita pela minha avó, e que você já conhece: "Paulinho, você tem muita atitude. Se continuar assim, um dia o ferro-velho que você vende vai virar ouro".

Sem Atitude 361,5°, talvez nunca nos daremos conta de que na mesma rua onde morávamos, ou moramos, alguém progrediu e construiu grandes coisas, justamente porque usou esse modelo atitudinal.

 É SEMPRE MAIS FÁCIL TERCEIRIZAR A CULPA PELO FRACASSO DO QUE ENCONTRAR MANEIRAS DE FAZER SUCESSO.

Lembra-se do vendedor de pisos? Pois é, quando fui pagar, ele foi ao caixa, alegando que a responsável estava doente. "O senhor mora lá na avenida... não é?", foi o que ouvi dele. Perguntei, um pouco surpreso, como ele sabia: "É que à noite trabalho entregando pizzas e sempre entrego uma de Mignon 4 Queijos em sua residência. Estou querendo comprar minha casinha, e aí a gente tem de ser virar não é, 'Seu' Paulo?"

É uma linda demonstração de Atitude 361,5°, porque ao passo que vejo as pessoas reclamando por não terem a casa

À NOITE O SOL NÃO SOME

própria, enquanto jogam bilhar ou assistem TV, ele estava trabalhando cerca de 15 horas diárias para não participar do grupo de quem lamenta. A diferença dele está na atitude e não no conhecimento. Ele sabe que, no tempo certo, poderá usufruir os resultados dessa sua atitude, ao lado das pessoas especiais da sua vida.

Eu pergunto:

> 1. Que mudanças precisa começar para mostrar seu comprometimento com a empresa na qual está, seja qual for a sua função e renda atualmente, mostrando que pode gerar mais produtividade, vendas e lucro para os negócios?

> 2. Como vai deixar seus superiores e clientes malucos só de pensarem em perder a oportunidade de fazer negócios com você?

Sem a Atitude 361,5°, ficaremos estagnados, sem saber responder a essas perguntas, nos tornando, com o tempo, tão úteis como um poste sem luz em uma praça pública. Você não merece isso!

SEM ATITUDE 361,5º NOS TORNAMOS TÃO ÚTEIS QUANTO UM POSTE DE LUZ EM UMA PRAÇA PÚBLICA.

Adquira conhecimento, seja motivado, competente, disciplinado, ambicioso. Isso tudo tem de fazer você aplicar Atitude 361,5°, pois é ela que possibilitará a você se sintonizar na frequência do seu sucesso, para poder destruir a tela feia da sua vida e construir seus sonhos, pois isso é o mesmo que não viver.

PROF. PAULO SÉRGIO

DEPOIS DE ATINGIR, COMO MANTER O NÍVEL 361,5º?

Eu criei cinco formas de você manter seu nível no topo. Vamos ver cada uma delas separadamente.

NÃO CULTUE A MORNANÇA

É triste, mas muitos vivem a cultura da mornança e isso achata nossos resultados profissionais e, consequentemente, pessoais também.

O mercado corporativo, globalmente, tem implorado por pessoas proativas, que se mexem por conta própria, que encontram, sim, problemas, contudo, quando os trazem, porque não puderam ser evitados, vêm com diversas soluções, quando já não trazem o problema resolvido, e apenas contam para o chefe, cliente, o que ocorreu.

Contudo, como diria minha avó, "tem muita gente morna no mundo". Ela queria dizer que as pessoas costumam gritar, esbravejar que o mundo precisa mudar, melhorar, mas, à sua volta, são mornos e fazem tudo mais ou menos.

À NOITE O SOL NÃO SOME

 O SUCESSO NÃO RESPEITA GENTE MAIS OU MENOS, GENTE MORNA.

As empresas querem gente que dê suco e não que espanem quando são pressionadas. O mundo corporativo é fantástico, porque em quase todos os segmentos ele permite uma competição cooperativa. E essa forma de competir, saudável, exige de nós uma visão mais ampla dos negócios em que atuamos, oferecer mais do que imaginávamos ser capazes e, principalmente, entregar nosso melhor debaixo de toda a pressão por resultados.

Para quem se posiciona assim no mercado e entrega o seu melhor quando é espremido, como uma laranja que, espremida, oferece suco, o sucesso se torna algo concreto, pois visão e atitudes mantêm-se no nível 361,5º.

O problema é que, a menor parte dos colaboradores, empresários, profissionais liberais, entrega o melhor em momentos de pressão. A maioria das pessoas, infelizmente, acaba espanando, igual à rosca de um parafuso quando é apertada demais.

 SE VOCÊ QUISER FAZER SUCESSO PROFISSIONAL, TERÁ DE SER COMO A LARANJA E NÃO IGUAL À ROSCA DO PARAFUSO.

Uma vez chamei um profissional para trocar o chuveiro de casa. Quando viu o trabalho que outra pessoa havia feito, ele disse: "Nossa, quem colocou esse chuveiro? Está solto, espanou a rosca e está vazando água por todos os lados. Que 'servicinho' malfeito".

Mesmo não sendo o meu trabalho, fiquei envergonhado, pois havia sido eu quem trocou o chuveiro!

O profissional não trocou o chuveiro. Disse que apenas estava posto de maneira incorreta, fez os ajustes, cobrou-me e foi embora.

Na semana seguinte, começou a vazar de novo. Liguei para o mesmo profissional, mas ele disse que estava impossibilitado de me atender naquele dia e que só teria tempo na outra semana, e antes que eu pudesse dizer algo a mais, disse para que eu ligasse novamente na semana seguinte, e desligou.

PROF. PAULO SÉRGIO

Fiz contato com outro profissional, que foi até minha casa por volta das sete da noite. Quando ele viu o trabalho do profissional anterior, disse: "Quem colocou esse chuveiro aí? Está muito mal colocado e é isso que está fazendo vazar água por todos os lados".

Ele me deu uma aula de como colocar corretamente um simples chuveiro. Falou do risco de um grave acidente, principalmente se alguma criança decidisse mexer no interruptor da temperatura. Colocou muito veda-rosca, isolou bem a fiação, ligou várias vezes o chuveiro e disse: "Agora ficou excelente, eu garanto".

Quando fui pagá-lo, ouvi algo extraordinário: "Não, amanhã o senhor me paga, logo depois que eu me certificar que tudo está certo". O serviço ficou excelente. Não tive mais problemas com o chuveiro e sempre que preciso de algum serviço ou alguém pede uma indicação é dele que lembro.

 EXCELÊNCIA É GARANTIR OS RESULTADOS.

Não podemos ser mornos. Cultuar a mornança é criar uma vida medíocre e, neste mundo, você vai se deparar com muitos profissionais assim. Sugiro que não seja mais um. Afinal, imagine quem se conforma em ser mais ou menos naquilo que faz e, em um belo dia, se depara com uma mesa de cirurgia e pergunta ao médico: "Doutor, você sabe bem o que está fazendo?". E ele responde: "É, mais ou menos".

Pessoas mornas usam o argumento mais aterrorizante que eu conheço. Qual é ele? É o argumento do "é assim mesmo".

Os funcionários não produzem "é assim mesmo"; as empresas não investem nos colaboradores "é assim mesmo"; o cônjuge trai "é assim mesmo"; o filho não respeita os pais "é assim mesmo"; uma parte dos políticos é corrupta: "é assim mesmo".

As vendas estão baixas? "Ah, é a sazonalidade, essa época é assim mesmo". O produto não foi entregue ao cliente na data combinada? "É assim mesmo, o caminhão atrasou". A empresa está sem dinheiro em caixa? "É assim mesmo. Todo ano o chefe viaja de férias com o dinheiro que era para pagar as contas".

À NOITE O SOL NÃO SOME

Na verdade, não é assim mesmo. Se você tem uma sorveteria e chegou o inverno, não precisa deixar as vendas caírem. Provavelmente as vendas de sorvetes caiam, mas que tal fazer chocolate quente? Sorvete em caldas quentes? Quem sabe incrementar sobremesas quentes à base de sorvete? Talvez seja a hora de inventar uma sopa quente de sorvetes, o que acha? Ou, ainda, que tal ampliar o mix da sua sorveteria e começar a vender casacos nos tempos de inverno, com um vale-sorvete de brinde?

No ramo de contabilidade, por exemplo, sou sócio de um escritório, e procuramos o tempo todo a excelência, e é proibido dizer, diante de qualquer situação, "é assim mesmo", e só conseguimos isso porque a atitude da equipe é a de realizar tudo com muito carinho, de maneira competente, rápida, buscando saídas, e com o feedback dos clientes, para atingir a excelência nos serviços. Isso tem feito com que os resultados cresçam mesmo em momentos de crise macroeconômica.

Nosso diferencial é a coesão da equipe, em que todos cuidam uns dos outros, focados em gerar os melhores resultados, gerenciando custos, investimentos e, claro, cuidando sob todos os ângulos do nosso maior patrimônio: nossos clientes. Cada indivíduo pensa na microeconomia que tem de gerenciar. Assim, mesmo que em momentos delicados macroeconomicamente não somos ou somos pouco afetados.

 QUEM CUIDA DA SUA MICROECONOMIA TENDE A NÃO SER AFETADO RELEVANTEMENTE PELA MACROECONOMIA.

Se você quer brilhar profissionalmente, vai ter que aposentar o argumento morno do "é assim mesmo". Questione os acontecimentos, antecipe-se a eles. Busque alternativas, abra sua mente para que ela trabalhe para encontrar soluções diferentes para problemas corriqueiros.

Como você pode fazer mais pela sua empresa, se preocupando com a excelência? Como você pode ajudar seu chefe a ter mais resultados? Seus clientes a ganharem mais fazendo negócios com você? Se não fizesse seu trabalho do jeito que

PROF. PAULO SÉRGIO

faz hoje, como faria para realizá-lo com mais resultados e em menor tempo? Quem tem essas respostas, geralmente está bem à frente dos demais.

Faça sempre mais do que o combinado, esteja você fazendo seja lá o que for. Afinal, não somos promovidos ou recebemos mais por fazer aquilo que fomos contratados para fazer. Crescemos profissionalmente quando entregamos mais do que o esperado.

O colaborador que terá êxito é aquele que é contratado para ser auxiliar de escritório, porém seu comprometimento o faz se preocupar com cada folha impressa, com a conta de luz da empresa, com o desperdício de água. Ele é tão responsável que, educadamente, chama atenção do dono da empresa por ter deixado a luz ligada no dia anterior.

O líder excelente é aquela pessoa que inspira, estimula, serve de apoio aos liderados sempre que eles precisam. Ele é o exemplo, por isso, na sua ausência, as pessoas são iguais ou até melhores do que quando está presente na empresa.

A empresa excelente é aquela que promete menos e cumpre mais. Se o prazo era na terça, ela entrega na segunda (da mesma semana).

Não se atinge a excelência na faculdade, na pós-graduação. Também não se consegue em cursos, treinamentos, lendo livros, tampouco conversando com pessoas mais experientes e sábias. A excelência é conquistada, abandonando-se a mornança, juntando tudo isso, com muita vontade de realmente fazer a diferença na nossa e na vida das pessoas.

Quando você passa a pensar dessa maneira, sua visão se amplia, e suas atitudes também, atingindo, então, o nível 361,5°.

Ser um sucesso significa quebrar rotinas, regras e, para isso, terá de destruir a sintonia morna na qual talvez esteja conectado, pois ela leva você a deixar tudo assim mesmo.

Se você quer expandir sua carreira, seus negócios, vendas, produtividade e lucro, faça suas atitudes ferverem, porque morno só chá para gripe!

À NOITE O SOL NÃO SOME

APRENDA COM OS ERROS ALHEIOS

Aprender com os próprios erros é a melhor maneira de aprendizado. A pedagogia afetiva tem demonstrado que isso funciona muito bem com as crianças. Em vez de castigo, elas entendem que todo erro tem uma consequência, e são essas que vão preparar melhor os filhos. Obviamente que os pais não vão deixar a criança cometer todo tipo de erro, até porque alguns deles podem trazer consequências desastrosas.

É importante errar. Pode doer, porém serão esses erros que fortalecerão quem consegue tirar lições deles.

 SUCESSO ACONTECE COM MAIS FREQUÊNCIA NA VIDA DE QUEM ERRA BASTANTE.

Contudo, mesmo que nossos erros sejam a melhor forma de aprender, precisamos descobrir como aprender com os erros alheios, pois a vida da gente é curta demais para aprender apenas com os nossos erros. A sabedoria humana está, além de não repetir os erros, em aprender com os erros dos outros, transformando isso tudo em grandes lições. Juntando essas duas formas, a dor será menor, enquanto os resultados serão maiores.

 A VIDA É CURTA DEMAIS PARA APRENDER APENAS COM OS NOSSOS ERROS.

Há pequenas empresas, por exemplo, que tentam competir com as grandes em preço. É quase impossível, pois as grandes compram megalotes de mercadorias, cujo custo unitário cai astronomicamente. Além disso, elas investem muito em mídia e entram na mente dos clientes de maneira avassaladora.

Em vez de focar no preço, a pequena empresa precisa observar o que a grande não está fazendo bem, como, por exemplo, um atendimento personalizado, uma ligação ou visita pessoal ao cliente, o contato mais próximo, a rapidez na entrega, a criatividade em oferecer produtos e serviços aos clientes.

PROF. PAULO SÉRGIO

Um time de futebol que vence é aquele que ataca os pontos fracos do outro e não o que apenas se defende dos seus pontos fortes. O máximo que um time que se defende dos pontos fortes vai conseguir é não levar o gol. E todo mundo sabe que para ganhar o jogo não basta não levar o gol, você tem que fazer mais gols que o adversário.

Onde, e em que, as pessoas à sua volta estão errando? O que seus colegas de trabalho estão fazendo errado e, em vez de corrigirem os erros, apenas reclamam de não serem reconhecidos e promovidos? Você tem aproveitado para observar os erros alheios, melhorando a sua própria performance com isso?

QUANTO MAIS VOCÊ APRENDER COM AS FALHAS ALHEIAS, MAIS FÁCIL E BARATO FICA O SEU SUCESSO.

Quando eu assumi uma empresa em meados de 2004, tínhamos um prejuízo de aproximadamente 3 mil reais mensais. Isso me deixou apreensivo, porém eu trabalhava nela há vários anos e sabia exatamente onde os antigos administradores erravam. Embora não tivesse autonomia para mudar o cenário na época, fui aprendendo com os erros deles e assim que me tornei responsável pelo negócio corrigi com a equipe tudo o que era feito de maneira errada. Em alguns meses o prejuízo virou lucro.

Para aprender com os erros alheios, é preciso ficar atento, como um predador à espreita de sua presa. É necessário se tornar um observador de atitudes e comportamentos alheios, para aprender, analisar, pensar em formas diferentes de fazer aquilo que as pessoas estão fazendo e que não está gerando os resultados que elas querem. Ou, mesmo que os resultados delas sejam atraentes, você observa, aprende, analisa e pensa em como fazer de uma maneira mais otimizada, ampliando ainda mais os resultados.

A maioria dos vendedores, por exemplo, vive reclamando das objeções dos clientes. Se você analisar, os clientes mudam, porém as objeções são muito semelhantes ou praticamente as mesmas: preço, prazo, não percebem valor no produto ou serviço, etc.

À NOITE O SOL NÃO SOME

Eu treino vendedores o tempo todo. E percebo que o problema das objeções não são os clientes: são os vendedores. Eles, inclusive, conversam entre si sobre todas as objeções que os clientes fazem. Contudo, não discutem sobre os erros que eles mesmos cometem no processo de superação de objeções, para um aprender com o outro.

Repetidas vezes, ouço de vendedores que estão em treinamento comigo: "Paulo, mas nosso cliente só fala em preço e não temos como chegar no preço que o cliente quer". Quando pergunto: "Mas quantos argumentos vocês, juntos, já criaram para superar essa objeção? Quanto aprenderam com os clientes que não compraram? Vocês estão prospectando clientes com potencial de compra, que se adequam ao perfil do produto/serviço que oferecem? O que aprenderam com os vendedores que não estão vendendo?". A resposta deles, quase sempre, é o silêncio.

Se eles prestassem atenção, veriam que a objeção deve ser superada antes mesmo que o cliente a faça. Ou seja, se observassem os erros uns dos outros, veriam que, antes de o cliente esboçar a objeção, eles já deveriam ter listado no orçamento, na conversa, todos os argumentos e benefícios do produto, que responderiam e já amenizariam as objeções.

Lembro-me de uma consultoria que eu fiz para um cliente, onde a maior reclamação dos vendedores, para variar, era que os clientes só queriam preço baixo. Quando fomos mais à fundo, descobrimos que o concorrente que vendia um produto mais barato, com o passar dos meses, o produto dele amarelava e enferrujava.

Desde então, começamos a colocar nos orçamentos, dentre os benefícios, uma frase assim: "É mais caro agora, porém, com o tempo, vai se tornar bem mais barato, pois não amarela nem enferruja! Assim você não corre o risco de estragar toda a estética e beleza da sua obra daqui a alguns meses. Já imaginou você na sua cozinha, em família, em uma refeição de Natal e, de repente, alguém diz 'nossa, o que são aquelas manchas amarelas na janela e na parede'?".

As reclamações por preço, sob a alegação de que o do concorrente era mais barato, agora tinham um argumento muito forte, pois nenhum dos concorrentes que vendiam produtos com valor agregado, igual ao dele, expunha isso nos orçamentos. A partir do momento em que colocamos essa mensagem, os clientes ficavam com uma pulga atrás da orelha e passaram a valorizar o produto e o serviço prestado.

FALAR MAL DOS ERROS DOS OUTROS NÃO TORNA VOCÊ MELHOR. O QUE NOS TORNA MELHORES E ELEVA NOSSO NÍVEL PARA 361,5º É APRENDER COM AS FALHAS ALHEIAS, PARA NÃO REPETI-LAS.

Torne-se um grande observador dos erros que as pessoas estão cometendo, aprenda e evolua com isso, e vai evitar muita dor e sofrimento desnecessários, além de ampliar seus resultados.

FIQUE ATENTO AOS SEUS MENTORES

Quando você fica muito tempo em um ambiente ao lado das pessoas, a tendência é que você passe a se comportar de acordo com quem for mais dominante. Ou seja, se não for a pessoa dominante, talvez deixe de ser você e passe a agir como a outra.

Se essa pessoa for alguém com um comportamento positivo, inteligente, de caráter, assim você tende a se tornar. O complicado é se ela for o contrário disso, pois, nesse caso, como você segue os padrões dela, tende a se comportar igualmente.

Quando você nota, por exemplo, um excelente atendimento, equipe em harmonia e feliz, uns ajudando os outros, pode concluir que essa é a postura do líder.

Nas famílias tende a ser a mesma coisa. Filhos e cônjuge tendem a seguir a liderança da parte dominante.

Embora possa haver equilíbrio entre as decisões, compartilhamento de ideias e projetos, quando você adentra o seio

À NOITE O SOL NÃO SOME

dessa organização, seja a empresa ou a família, alguém está dominando, e os demais seguem a maioria das regras criadas por essa pessoa, mantendo padrões de comportamento.

Devemos tomar cuidado com nossos mentores, ou seja, com aquelas pessoas que mais convivemos e que nos influenciam. Na fase inicial, é com elas que temos que compartilhar aquilo que atrapalha nossa evolução, para depois partir para mentores externos.

Boa parte de nós é altamente influenciável. Seguimos padrões de comportamento, seja por admiração, inveja ou, simplesmente, para fazer parte de algum grupo. Se quiser comprovar isso, entre em uma livraria. Se você observar, os livros mais vendidos são aqueles que estão expostos em um espaço que informa: "LIVROS MAIS VENDIDOS".

Nem sempre estão os livros mais vendidos, porém, se você colocar qualquer livro ali, a tendência é que, em pouco tempo, se a exposição for maciça, o livro se torne um dos mais vendidos.

Podemos comprovar isso de outro modo: se você entrar em um elevador e todos estiverem de costas para a porta, existe uma grande probabilidade de você, sem saber por que, também fazer o mesmo.

Dessa maneira, é fundamental avaliar quem serão nossos mentores. Afinal, se somos influenciados por um simples anúncio na livraria e por pessoas em um elevador, as quais nunca vimos na vida, imagine o que as pessoas com quem convivemos mais tempo, ou aquelas que vamos pedir orientações, podem fazer conosco.

Em diversas consultorias que realizo, fico boquiaberto em ver o quanto as pessoas da mesma empresa não dividem suas dúvidas e problemas com os colegas de trabalho mais experientes, capacitados, e que já passaram por situações semelhantes. Geralmente isso acontece por inveja, vergonha, receio. No entanto, na maior parte das vezes, é porque não existe uma equipe bem estruturada, com o pensamento de que um pode ajudar o outro a evoluir.

Agir assim é pagar um preço alto, pois, geralmente, um problema, um dilema e uma dúvida são mais facilmente resolvidos quando os compartilhamos com pessoas mais ca-

PROF. PAULO SÉRGIO

pacitadas, com mais experiência, e que já tenham conquistado o que queremos.

Muitos empresários, infelizmente, que buscam realizar-se como tal, adotam como mentores empresários falidos. Boa parte dos profissionais que almejam crescimento na carreira vai pedir conselho a quem não construiu uma carreira bem-sucedida. É até importante essa atitude, mas você precisa estar muito bem preparado para não se deixar influenciar pela negatividade que provavelmente transmitirão.

Como faliram ou não construíram uma carreira que admiram, é possível que estejam bem desanimados e pessimistas. E na maioria das vezes não assumem a responsabilidade. Dizem que as coisas deram erradas porque a concorrência foi desleal, os impostos eram altíssimos ou o chefe nunca reconheceu seus esforços.

Se quisermos ter sucesso nos negócios e, também, como colaboradores, o melhor a fazer é pedir conselhos a quem já escalou os degraus que pretendemos subir.

E não custa caro pedir a opinião deles, como a maioria de nós imagina. Afinal, podemos nos aconselhar com pessoas mais sábias por meio de livros, cursos, treinamentos. Dificilmente, nas escolas tradicionais, você vai cruzar com os maiores empresários do país, com os mais bem-sucedidos profissionais ministrando aulas. Todavia, boa parte deles publica livros, dá palestras, realiza treinamentos e cursos.

Procure empresários e profissionais que construíram empresas e carreiras lucrativas, que estão há anos no mercado, sempre em evolução, crescendo, e se aconselhe com eles.

Procure também especialistas na área em que pretende crescimento. Há muitos brilhantes profissionais que atuam como coach, consultores, mentores. Mesmo que não possuam aquilo que você esteja buscando (uma Ferrari, por exemplo), eles possuem técnicas, metodologias, procedimentos que irão auxiliá-lo nessa conquista.

Só não tenha como mentor, por exemplo, seu pai ou sua mãe. Não é questão de depreciá-los. Tente justamente evitar que eles "passem a mão na sua cabeça" ou, ao contrário, que apontem defeitos que você não tem.

À NOITE O SOL NÃO SOME

A tendência é que os pais não falem toda a verdade aos filhos ou a distorçam. O amor, nesses casos, os impede de dar os melhores conselhos, sobretudo profissionais.

Uma amiga empresária pediu-me ajuda para aconselhar o filho dela. Na primeira conversa que iríamos ter, ela veio junto. Quando eu disse: "Preciso que você saia. Quero conversar apenas com ele". Ela, rapidamente, me disse: "Não vou sair. Vou ficar aqui com meu bebê".

Bem, o bebê tinha 21 anos. Nesse caso, mandei ele sair da sala e falei a ela que, caso não saísse, seu filho continuaria sendo alguém com atitudes passivas como ela descrevia, e que a influência dela nisso seria enorme. Ela entendeu e, então, atendi seu filho, que teve uma grande evolução em pouco tempo, pois passou a construir a própria história, em vez de ficar debaixo da saia da mamãe.

Com isso, não estou dizendo para você recusar os conselhos dos seus pais, sobretudo porque eu também vivo aconselhando meus filhos. Quero apenas que, profissionalmente, procure ouvir principalmente a opinião de especialistas, pessoas que não tenham obrigação alguma de serem boazinhas com você e nem de apontar ou aumentar suas falhas.

Seus mentores precisam ser pessoas otimistas, gente que estimule você, mesmo que com correções mais austeras. Há muita gente que se aconselha com pessoas pessimistas, negativas e com quem seca pimenteira e quer sair entusiasmado depois de um encontro desses.

 VOCÊ NÃO CRESCE QUANDO VIVE AO LADO DE PESSOAS PESSIMISTAS E DE QUEM SECA ATÉ PIMENTEIRA.

Ao passo que diversos profissionais e pessoas são muito boas em estimular e despertar a motivação, outros parecem ter doutorado em desmotivação. Com um discurso pesado, que beira ao mórbido, procuram desqualificar nossos projetos, nossos sonhos. Eu os chamo de mentores do caos!

PROF. PAULO SÉRGIO

Os mentores do caos são facilmente reconhecíveis. Aposto que você conhece alguém que, por exemplo, quando você diz: "Lembra do Pedrinho?", a pessoa, antes que você possa dizer qualquer coisa, fala: "Sim, morreu? Sofreu um acidente? Está doente? Tem câncer? Matou alguém? Meu Deus do céu, me conte o que houve com ele". E aí você responde: "Não aconteceu nada disso, ele está de carro novo, montou uma empresa e vive muito bem". E o mentor do caos retruca: "Ah, achei que era alguma coisa séria".

Você precisa estar blindado ao revelar seus sonhos aos mentores do caos, porque eles vão fazer de tudo para tirar o brilho dos seus olhos, o sorriso do seu rosto e o seu desejo de crescer profissionalmente. Até suas férias essas pessoas podem estragar. Se você diz que está saindo em férias para a praia, falam que a previsão do tempo naquela região é de chuva e frio e ainda o alertam sobre acidentes e perigos da estrada. Não é realmente para você tomar mais cuidado, é para ver se você desiste das férias.

 HÁ PESSOAS QUE VEEM O MUNDO PELA LENTE DAS PRÓPRIAS FRUSTRAÇÕES, INVEJAS, MEDOS E INSEGURANÇAS.

Quando lancei meu primeiro livro, eu estava cursando o primeiro ano da faculdade de ciências contábeis. Como nenhuma editora se interessou por um livro que tinha vinte páginas, publiquei por conta própria e saí às vendas. Ao mostrar para um professor do departamento, ele disse: "Paulo, tem certeza que quer vender essa porcaria por 10 reais? Ninguém vai comprar, meu rapaz".

Eu fiquei muito chateado com ele, afinal, era uma pessoa que eu gostava. Pensei por algum tempo em jogar todos os exemplares no lixo e desistir de escrever qualquer outro livro. Contudo, não fiz.

Fui mostrá-lo a outro professor, chamado Jamil, o qual me disse: "Paulo, sabe como sou exigente. Seu livro está muito bom, tem um conteúdo bem legal e sua atitude é muito nobre. Porém, corrija algumas coisas nele. Há erros de ortografia, as

À NOITE O SOL NÃO SOME

imagens poderiam ser melhores e também deveria ter mais páginas. No próximo, capriche mais. Mesmo assim, parabéns, siga em frente, você será um grande escritor".

Qual deles foi o melhor mentor? Claro que é mais saboroso ouvir os conselhos no estilo do professor Jamil. Com sua sabedoria e delicadeza, ele elevou minha autoestima, corrigindo meus erros sem destruir meus sonhos. Para mostrar a importância dos mentores, já vendi milhares de livros pelo Brasil à fora. Se tivesse dado ouvidos ao negativismo, inveja ou sei lá o que do primeiro professor/mentor, possivelmente teria desistido.

Entretanto, é bem mais provável que encontre mentores que deem conselhos como meu primeiro professor. Caberá a você saber evitá-los ou, quando isso não for possível, compreender que, por mais doloroso que seja, terá de tirar bons aprendizados do jeito azedo deles ensinarem. E sempre há o que tirar de bom disso.

Muitas das pessoas de maior sucesso no mundo foram desacreditados por gente bem próxima a elas ou por alguém que admiravam. Gênios como Bethoven e Einstein foram considerados abaixo da média por vários dos seus professores.

NÃO SE APEGUE ÀS CRÍTICAS NEGATIVAS QUE RECEBE. GERALMENTE ELAS VÊM DE QUEM ADORARIA ESTAR NO SEU LUGAR, MAS NÃO TEM CORAGEM OU COMPETÊNCIA PARA TAL.

Portanto, se você tem ouvido muita crítica com a intenção de destruir ou desestimular seus sonhos, tire algum proveito delas, mesmo que seja simplesmente ignorando-as. Quando realizar aquilo que queria, vai notar que essas críticas deveriam mesmo ter feito parte da sua trajetória.

Nem sempre nossos mentores têm uma intenção negativa ao nos aconselhar. Às vezes, não é por inveja, por querer nosso mal. De algum modo, sentem que vão nos proteger com seus conselhos.

O cônjuge, por exemplo, no desejo de ficar mais próximo, tenta evitar que o parceiro ou a parceria retome os estudos ou se empenhe mais nos negócios. Quem sabe não incentive tanto ou até desestimule apenas por ciúmes ou porque quer proteger o outro de eventuais frustrações que possa sofrer. Nesses casos, um diálogo precisa acontecer com mais frequência, um revelando ao outro o que pensa. As rupturas só devem ser concretizadas quando torna-se insuportável o desinteresse pelos sonhos, de um e do outro.

O tempo todo você será bombardeado, de maneira positiva ou negativa, por mentores, que você mesmo escolhe, ou que aparecem do nada na sua vida. Portanto:

FIQUE ATENTO A QUEM ACONSELHA VOCÊ. ESSAS PESSOAS PODEM TANTO ABRIR SUA MENTE PARA QUE REALIZE SEUS SONHOS, COMO PODEM JOGAR AREIA NOS SEUS OLHOS PARA QUE VOCÊ NÃO ENXERGUE COMO REALIZÁ-LOS. EMBORA POSSAM TER AS MELHORES INTENÇÕES DO MUNDO, NEM SEMPRE OS CONSELHOS MOSTRAM ISSO.

Certa vez, conversando com meu professor de Contabilidade Gerencial, o Fernando, perguntei a ele o que deveria fazer para ser o melhor contador da minha cidade. Sua resposta foi impecável: "Paulo, se comporte, a partir de agora, como se já fosse. E, para garantir que será o melhor, acredite sempre que os outros são melhores que você".

Em um parágrafo, o professor Fernando contribuiu de forma incrível para o resto da minha vida, pois, com esses pensamentos, eu sabia que jamais poderia parar de evoluir.

Frequentemente, empresários e colaboradores, que estão há anos em um ramo de negócio, ficam pasmados com soluções que uma consultoria externa apresenta, para problemas que eles julgavam ser insolúveis. Não percebiam que o maior problema é que eles estavam dentro do problema e isso tampava a visão para as soluções. Quando alguém de fora observa, descobre que, na maioria das vezes, os problemas são simples de resolver.

À NOITE O SOL NÃO SOME

 SE VOCÊ ESTÁ RODEADO POR PROBLEMAS, PEÇA PARA ALGUÉM COMPETENTE OLHAR POR FORA. GERALMENTE, DENTRO DO PROBLEMA É MAIS DIFÍCIL VER SOLUÇÕES.

Quais são seus mentores atualmente? Com quem você anda se aconselhando? Qual a frequência em que essas pessoas vibram? Positiva ou negativa?

Essa frequência fará toda a diferença para que você, por conta própria, eleve e mantenha seu nível de visão e atitude em 361,5°, e decida o melhor caminho para conquistar o seu sucesso.

TENHA AUTORRESPONSABILIDADE 361,5°

 NÃO NEGLIGENCIE AQUILO QUE VOCÊ CONTROLA E É RESPONSÁVEL POR FAZER.

A falta de autorresponsabilidade geralmente surge quando, ao longo da vida, as pessoas foram fazendo algo por nós que deveríamos ter feito.

Uma criança que ajuda os pais a lavar a louça, a roupa, limpar a casa, está formando muito mais do que seu aprendizado nessa tarefa. É nesse momento que ela aprende o valor da responsabilidade, e que precisa ajudar, colaborar, pois é parte integrante daquela organização familiar.

Quando é negado a ela evoluir esse espírito colaborativo, que a faria se autorresponsabilizar por algumas singelas tarefas no seio familiar, a tendência é que, quando crescer, tenha grande dificuldade em aplicar comportamentos diferentes dos quais aprendeu no mundo corporativo. Embora possa aprender a mudar sua postura, essa mudança certamente será mais morosa e dolorida do que se tivesse aprendido desde cedo.

O problema é que, atualmente, não queremos que nossos filhos façam muita coisa, sobretudo na infância. Contudo, com toda a moderação do mundo, deveríamos agir de maneira contrária, permitindo e até atribuindo como obrigação o fato de ajudarem nas tarefas de casa, de auxiliarem os amigos ou um vizinho que precisa de ajuda, pois é nesses momentos que estarão adquirindo noções de participação, cooperação, trabalho em equipe e, principalmente, de autorresponsabilidade, para que apliquem esse mesmo comportamento quando entrarem no mercado de trabalho e em todas as suas relações futuras.

SÓ ISSO JÁ EVITARIA DIVERSOS TRANSTORNOS NAS CONTRATAÇÕES, EM QUE SE CONTRATA POR CURRÍCULO E SE DEMITE POR FALTA DE ATITUDE!

Claro que, como mencionei, se você não teve essas experiências enquanto criança, sempre há tempo para aprender e, como viu no capítulo Corte os Ciclos Destrutivos, talvez apenas tenha de promover uma Mudança 361,5° para começar a se autorresponsabilizar por aquilo que precisa, para conquistar aquilo que quer.

É importante saber que existem diversos fatores que não controlamos: a macroeconomia, a natureza, os acidentes, entre outros. E isso não é um problema. Afinal, se não os controlamos, não há muita coisa a ser feita além de como iremos reagir depois que acontecem.

A pessoa que quer vender mais, por exemplo, não pode controlar a crise nacional pela qual um país possa estar passando. No entanto, se antes da crise ela visitava dez clientes por dia, agora, com crise, ela deveria visitar 20, 30, 50 clientes. Mas o que geralmente ela faz? "Ah, com essa crise, quem vai comprar?", e aí, em vez de dobrar, triplicar suas visitas, ela passa a visitar cinco clientes, pois transferiu a responsabilidade por tudo à crise.

O colaborador que pretende ganhar mais certamente não pode controlar o fato de pessoas mais íntimas dos diretores serem promovidas antes dele. Contudo, isso não deve impedir que dê o seu máximo, se tornando cada vez menos substituível no trabalho, a ponto de seus chefes notarem seu esforço, comprometimento e competências, e que está gerando resultados para a empresa, tomando a decisão de promovê-lo.

À NOITE O SOL NÃO SOME

Os empresários não podem controlar as decisões dos seus clientes, entretanto podem criar uma empresa, produto e serviço tão especiais que torne seus negócios interessantes, proporcionando uma experiência tão inesquecível que os clientes não vão pensar em fechar negócio com outras empresas.

A liderança que pretende extrair o máximo da equipe olha e age 361,5°, se autorresponsabilizando pelos resultados, em vez de culpar a equipe, e nota que para conseguir seu intento precisa inspirar, gerenciar e chefiar as pessoas, ou seja, tem de ser capaz de, por meio de histórias, exemplos, discursos, levantar a moral delas, além de saber gerenciar as tarefas, cargos, funções e recursos. E, mais que isso, também precisa ter sabedoria para usar o poder que conferido a ele, para dispensar quem não responder à altura depois de ser inspirado e conduzido a dar o seu melhor para a organização.

O grande problema do ser humano é que, naquilo que ele pode controlar e assumir a responsabilidade por fazer dar certo, por mudar, redirecionar, mesmo que tenha de expandir visão e atitudes ao nível 361,5°, ele não faz, e acaba procurando culpados e desculpas, em vez de se autorresponsabilizar.

Quando somos negligentes, em vez de perceber as mudanças e assumir a responsabilidade por remodelar, por exemplo, um relacionamento, empreendimento ou a carreira, tendemos a culpar alguém ou algum acontecimento, por não ter obtido os resultados que imaginávamos. Esse comportamento faz com que muitas pessoas, setores, ramificações de negócios tendam a desaparecer ou entrar em queda livre em relação aos seus resultados.

Veja o caso do UBER e dos TAXISTAS. A maioria dos taxistas culpa o UBER pelo decréscimo dos negócios de táxi. A culpa não é do UBER. A razão é que os taxistas não perceberam que os clientes já estavam insatisfeitos, pois uma grande parcela dos taxistas oferecia um serviço caro e de baixa qualidade.

Além de não acompanharem as mudanças, não criaram novidades, não foram a mudança que seus clientes queriam ver acontecer. Se tivessem se dado conta do movimento que

PROF. PAULO SÉRGIO

os clientes faziam, das reclamações que apresentavam, e se autorresponsabilizado de maneira 361,5°, provavelmente os próprios taxistas teriam criado o UBER.

Muitos dos taxistas que viram o reboliço de novos modelos de negócios como o UBER, embora não tenham antevisto, assumiram a responsabilidade e mudaram radicalmente seus serviços, em vez de ficar reclamando e apenas torcendo para que o mercado regulasse o novo modelo de negócio. Passaram a oferecer mais comodidades, diferenciais, personalizando seus veículos de maneira mais atrativa, mudando para atender apenas um segmento, como, por exemplo, o de pessoas idosas, crianças, noivas etc.

Muitas profissões desaparecerão em um curto espaço de tempo. Tudo o que puder ser feito por um aplicativo ou diretamente por site da internet tende a evaporar do modelo tradicional que ainda temos. E isso não é novidade. O tempo todo vive acontecendo, desde as antigas carroças, máquinas de escrever, disquete de computador (que talvez você nem saiba o que é).

Se estamos identificando rápidas mudanças em nosso segmento, não adianta esperar que alguém tenha piedade de nós e pare com as mudanças. Um problema só existe para quem não está ao lado da solução.

UM PROBLEMA SÓ EXISTE PARA QUEM NÃO ESTÁ AO LADO DA SOLUÇÃO.

Isso quer dizer que, ao mesmo tempo em que os taxistas, a Kodak enxergaram um problema e não se movimentaram, o UBER e as câmeras digitais (agora os celulares) viram oportunidades e revolucionaram o mundo. Isso vai acontecer, logo, com praticamente todos os modelos atuais de negócios que temos.

Talvez as grandes perguntas a fazer sejam:

- Quando minha profissão vai desaparecer?
- Estou mudando, me autorresponsabilizando, para não desaparecer junto com ela?

À NOITE O SOL NÃO SOME

 AS COISAS QUE PODEM DAR CERTO SÃO AQUELAS QUE VOCÊ FAZ TUDO O QUE PODE PARA DAR CERTO, SEM ESPERAR NADA DOS OUTROS. ESSA É A AUTORRESPONSABILIDADE 361,5º.

O profissional que não cresce pode culpar os pais, os parentes, amigos, as empresas, os chefes, colegas de trabalho etc. Porém, quero dizer algo especial e que vai ajudar você a não entrar nessa onda de culpabilidade: a falta de progresso na vida e na carreira só tem um responsável: a própria pessoa. Essa nossa capacidade de assumir a responsabilidade é celestial, pois abre espaço para aplicar todo tipo de mudança necessária.

Parece inacreditável, mas eu tenho colegas que dizem que não se deram bem na vida porque os pais não deixaram que estudassem. Há décadas, até poderia ter um fundo de verdade, e isso realmente deve ter acontecido com muitos de nós. Porém, hoje, essas pessoas estão com 30, 40 anos de idade. Será que após os 18 anos os pais ainda continuaram tomando decisões por elas? Claro que não. A partir do momento em que poderiam assumir o controle da própria vida, preferiram continuar culpando os pais. Isso faz e fará essas pessoas sofrerem sem necessidade.

Aceitar uma situação não significa conformar-se com ela. É aceitar para encontrar meios de enfrentar. O maior problema do conformismo é que o tempo passa, mas as desculpas continuam sendo o carro-chefe, mas com outra roupagem, como, por exemplo, no caso acima, a pessoa inventa: "Ah, agora já estou velho demais para estudar", e isso ela faz diante de qualquer situação que demande um esforço extra seu, uma mudança urgente.

Só há um jeito de acabar com isso: destruindo.

Assim como um vaso de porcelana que cai no chão e se espatifa, forçando você a juntar caco por caco e depois jogar no lixo, para não se machucar nem ferir os outros, o mesmo tem de fazer com as desculpas, caso contrário vai passar a vida toda se cortando com os caquinhos do conformismo, sem se autorresponsabilizar pelo que precisa realizar.

PROF. PAULO SÉRGIO

Quando terceirizamos o nosso sucesso, é como querer assistir a um canal de TV, mas entregar o controle remoto ao filho de dois anos. Ele vai apertar todos botões do controle e não vamos assistir absolutamente nada. É triste, mas muita gente faz isso: entrega o controle nas mãos dos outros e fica frustrado quando o filme que está passando não agrada.

SEM AUTORRESPONSABILIDADE 361,5º, SOMOS COMO MARIONETES: NÃO TEMOS VIDA PRÓPRIA. VIVEMOS NAS MÃOS ALHEIAS, E ISSO É EXTREMAMENTE PREJUDICIAL E PERIGOSO.

Como disse no início, há coisas que não podemos controlar, porém, sem autorresponsabilidade, nem até aquilo que está sob nosso controle deixamos passar batido.

NO FIM DAS CONTAS, NÃO PODEMOS DEIXAR QUE AQUILO QUE NÃO PODEMOS CONTROLAR IMPEÇA DE CONTROLAR O QUE PODEMOS.

Faça a si mesmo estas perguntas:

• O que eu sei, que só depende que eu faça, para crescer profissionalmente, mas não estou fazendo?

• Quem ou o que eu venho culpando pelos meus fracassos?

• Quais as cinco atitudes, pelo menos, que preciso tomar ou mudar em relação a algum sonho, objetivo, que venho adiando há anos?

• O que eu posso assumir completamente aqui na empresa na qual trabalho para melhorar os resultados do negócio?

À NOITE O SOL NÃO SOME

• Por que não aumento meu nível de comprometimento e autorresponsabilidade para 361,5°, para ter a oportunidade de aumentar meus rendimentos, em vez de ficar esperando ganhar mais para fazer isso, sabendo que não é assim que funciona?

• Até quando vou ficar responsabilizando meus pais por não terem me ensinado a lavar a louça ou por não ter aprendido o valor disso até agora?

Em nosso escritório, temos uma colaboradora espetacular. Ela tem muita autorresponsabilidade. Toda vez que algo dá errado, ela me diz: "Paulo, temos um problema". E ao mesmo tempo em que ela diz que temos um problema, ela vem com uma lista de várias soluções, tanto para sanar o problema como para evitá-lo futuramente.

Parece uma atitude simples, mas não é. Ela está cheia de autorresponsabilidade 361,5°. Como a empresa não é dela, poderia dizer: "Paulo, algo saiu errado. Você está com um sério problema".

Como você reage quando algo dá errado? Você diz "temos um problema" ou transfere imediatamente a culpa e a solução aos outros?

O posicionamento de mostrar que fazemos parte do problema e que podem contar conosco fará com que façamos parte da solução e, obviamente, dos resultados positivos que a nossa autorresponsabilidade trará.

Se você está a fim de realizar seus projetos, vender mais, progredir na empresa, se tornar um líder, empresário, assuma a responsabilidade por aquilo que depende unicamente de você fazer.

As pessoas podem ajudar, porém isso você não pode controlar. Se elas ajudarem, excelente, se não colaborarem, siga fazendo sozinho aquilo que sabe que deve e pode fazer, entregando o seu melhor sempre. Isso certamente estimula seus colegas de trabalho, que também querem crescer, e espanta aqueles que não estão dispostos a assumir uma responsabilidade e comprometimento maiores.

PROF. PAULO SÉRGIO

 DÊ O SEU MELHOR SEMPRE. AFINAL, VISÕES E ATITUDES EXTERNAS NÃO PODEM IMPEDIR VOCÊ DE SE AUTORRESPONSABILIZAR EM APLICAR SUA VISÃO E ATITUDES 361,5º.

TENHA FOCO 361,5°

Antes de explicar o que é Foco 361,5°, me permita tirar uma dúvida que se passa na cabeça de muitas pessoas: você deve focar na sua carreira ou na sua vida pessoal?

Eu respondo o que a maioria dos gurus do sucesso não responde e fica em cima do muro: sempre que possível, foque na sua carreira.

Talvez eu seja a pessoa mais família que exista. Adoro estar com meus filhos, esposa, passar momentos agradáveis com eles, com muita intensidade. Passeamos, viajamos, brincamos, nos divertimos sem limites. É uma delícia colocar a família nesse alto nível, pois ela é a base, o alicerce, é aquilo que dá sustentação para a felicidade e o sucesso que almejamos.

Porém, é preciso entender que todo o seu sustento e de quem, por um tempo, depende de você, virá da sua profissão. Não temos como manter nossas necessidades, das mais básicas às mais supérfluas, se nosso foco está em nossos relacionamentos pessoais e afetivos. Não há como ajudar alguém, nem como realizar sonhos, focando o lado pessoal.

Quem está, por exemplo, com alguém importante doente, não é decidindo ficar ao lado da pessoa, o tempo todo, que vai conseguir curá-la. Mas é saindo para fazer o que precisa ser feito que terá condições de cuidar melhor de quem ama, para ganhar o suficiente, inclusive, para conseguir comprar os remédios e pagar a conta do hospital. Esse é o pensamento mais humano que podemos ter em relação a quem amamos. Contudo, o que mais vejo são pessoas abandonando todos os seus projetos profissionais, com a alegação de que vão cuidar de quem amam. Parece uma atitude solidária, generosa, porém, conforme a situação, pode ser a decisão mais calamitosa na vida de ambas, pois a pessoa pode perder seu trabalho, seus

À NOITE O SOL NÃO SOME

rendimentos e até sua dignidade para manter as necessidades mínimas de quem adora tanto.

O problema é que a maioria de nós não aproveita as pessoas quando elas estão bem, e aí queremos demonstrar todo nosso amor nos momentos em que elas estão debilitadas. Quando vivemos um caso de amor com quem nos é especial, nas situações adversas, ambas se apoiam, se cuidam e se incentivam ao melhor, sabendo que a vida precisa continuar e que cuidar, de verdade, não significa estar presencialmente ao lado, mas estar cuidando para que tudo fique bem, mesmo longe.

Como pai, eu detestaria saber que meus filhos jogaram fora oportunidades profissionais, em razão de eu ter ficado adoecido. Para mim, seria suficiente eles me ligarem, preocupados, e encontrarem, se necessário, alguém para cuidar de mim. Claro que a presença deles seria contagiante, empolgante. Contudo, eu vivo cada segundo para que a alegria e a felicidade transbordem em nossos encontros, sejam eles diários, semanais ou o prazo que for, em vez de ficar esperando para ter esse comportamento em um leito de hospital.

Isso vale para os sonhos. Se eu quero realizar os meus sonhos e ajudar as pessoas que amo a também realizarem, é cada um doando o seu máximo, na carreira ou no negócio que tenhamos, que teremos êxito nisso. Não é decidindo ficar juntinhos, sem um tostão furado no bolso, que atingiremos nossos objetivos.

Com isso, como verá no capítulo Conexão em vez de equilíbrio, não estou dizendo para deixar de lado suas relações pessoais e se dedicar unicamente ao lado profissional, porque isso não funciona, não faz ninguém bem-sucedido e feliz.

Se a empresa está solicitando sua presença fora do horário, mas ao mesmo tempo alguém importante também quer você em casa, escolha a empresa, pois o problema não está em sua carreira, mas, sim, em não saber aproveitar adequadamente quando está na companhia dessa pessoa, que está exigindo mais atenção.

Se você optar pela companhia dela, justamente quando a empresa, a equipe, os clientes e os negócios mais precisam, vai estragar seu progresso profissional e, logo em seguida, jogará

PROF. PAULO SÉRGIO

na cara da pessoa com quem ficou que ela é a culpada, arruinando sua vida pessoal também.

Quando estiver em dúvida para qual lado pender e a situação ficar insustentável, foque na sua carreira, pois é dela que virão todos os seus resultados, e quem estiver ao seu lado, de verdade, nunca colocará você contra a parede, desde que você aprenda a gerenciar adequadamente não o tempo, mas a vida que têm juntos.

Vamos agora ao significado de Foco 361,5°.

Minha avó já dizia: "Devagar Paulinho, olhe bem por onde anda, senão você cai e se machuca". Uma das frases mais poderosas sobre foco, velocidade, direção e resultados que aprendi na minha vida.

Quantas coisas amarelas existem no local em que você está agora? E quantas azuis? E pretas?

Eu poderia dizer que foco é isso. Quando você entrou nesse local em que está neste momento, lendo este livro, mesmo que seja um lugar frequente, você não prestou atenção nas cores que mencionei, ou seja, como disse vovó, você não "olhou" por onde estava andando.

Contudo, depois que você foi solicitado a focar nelas, seu cérebro parou de se distrair com todo o resto, e vasculhou o ambiente para encontrar a meta que eu lhe pedi. Isso é foco. E foco é um ingrediente fundamental para quem quer elevar seu nível e manter-se em 361,5°.

Mas o que é o Foco 361,5°?

Muita gente acredita que estar focado é se desligar do que se passa ao seu redor. Isso não é foco, é visão embaçada, pois no modelo tradicional de foco, geralmente, você só fica antenado naquilo que esteja ligado diretamente com seu objetivo.

Ter foco 361,5° é estar ligado com muita atenção naquilo que mais precisa, porém ativando seu mecanismo 361,5°, para ver e agir além.

Se você vai a um cabeleireiro, por exemplo, o foco dele está em arrumar seu cabelo. Ele tem de fazer isso com maestria. Todavia, o cabeleireiro com Foco 361,5° está focado também

À NOITE O SOL NÃO SOME

em moda, fazer combinações entre o penteado e o vestido, a saia, a calça e até com o colar e os brincos que a cliente vai usar. Além disso, é capaz de servir como confidente das clientes, em falar sobre esporte, novelas, livros, filmes.

Isso vale para todas as profissões. O vendedor com Foco 361,5° conhece o produto e está focado em oferecer o que há de melhor aos clientes. Porém, também procura conhecer a pessoa do cliente, para criar um relacionamento mais amistoso, que propicie a vender sempre e ser indicado a outros clientes. Sabe seu aniversário, se tem filhos, muitos conhecem a história de vida dos clientes.

Lembro da história que um corretor que treinei contou. Ele disse que conhecia muito bem seu cliente, e sabendo que esse era evangélico, e que queria comprar um sobrado no centro da cidade, porém estava em dúvida em relação ao valor, o corretor mandou fazer uma abertura em um dos pilares da garagem do imóvel, introduziu uma Bíblia e fechou com um belo vidro, onde a Bíblia ficava aparente. Na visita seguinte, o cliente, ao ver aquela cena, chorou e comprou o sobrado de quase um milhão de reais.

O corretor com foco tradicional teria apresentado corretamente o imóvel, ouvido seu cliente e procurado atender as suas necessidades. Mas apenas quem tem o Foco 361,5° é capaz de enxergar muito além do tradicional.

O líder tem como foco maximizar os resultados da empresa, contudo, necessariamente, também precisa estar antenado em estudar o comportamento das pessoas, entender como funciona a motivação de cada membro da equipe.

Enfim, foco não é olhar para frente, em uma direção única. Foco é ter esse olhar do todo e ainda ser capaz de enxergar além do que está vendo.

Para manter o foco, é preciso atenção, observação, análises, e sintonizá-lo na mesma frequência dos objetivos que pretendemos atingir. Sem isso, corremos o risco de viver dando murro em ponta de faca, talvez executando muito, porém sem resultados satisfatórios.

PROF. PAULO SÉRGIO

Trabalho duro é sinônimo de sucesso financeiro? Nem sempre. Muitas pessoas dão um duro danado no trabalho, porém ganham pouco. O que fizeram de errado? Entre muitas coisas, a falta de foco é uma das principais falhas.

Trabalhar pesado, mas sem foco, é como investir na subida de uma montanha, entretanto, quando você está lá em cima, percebe que a montanha que deveria ter subido está logo ao lado.

Drucker, um dos maiores pensadores da administração, dizia: "Não há nada mais inútil do que fazer de maneira eficiente e rápida uma coisa que não deveria ser feita".

Para nutrir seu nível de visão e atitude em 361,5°, você precisa de muito foco vibrando na sintonia dos seus projetos, pois isso evita que você desperdice tempo, dinheiro e potencial na direção errada. Além disso, torna possível muitas coisas que até então não aparentavam ser.

Nas palavras de Abraham Lincoln, também fica claro seu posicionamento sobre foco: "Se eu tivesse oito horas para cortar uma árvore, gastaria seis afiando meu machado".

A frase é maravilhosa, pois mostra o quanto é importante ver e agir além. A maioria das pessoas, diante da mesma situação, bateria mais forte com o machado para cortar a árvore. Ou seja, em pouco tempo, não teriam mais forças e acabariam desistindo.

O foco correto deveria ser o de olhar para a ferramenta que estava sendo usada, caso contrário o objetivo não seria atingido, por mais comprometimento e dedicação que a pessoa tivesse.

E isso vai além, porque nem sempre o problema é com o fio do machado, mas com a "árvore".

Quem perde o foco vai tomar direções e estratégias erradas, ou seja, não tem clareza do que deve fazer, da carreira que irá seguir, das ações mais eficazes a adotar para vender mais, liderar melhor e, lá na frente, quando já tiver gastado muito tempo, dinheiro e potencial, perceberá que subiu a montanha errada, que as ferramentas estavam sem fio ou estava cortando a "árvore" errada.

À NOITE O SOL NÃO SOME

 QUEM PERDE O FOCO VAI ADOTAR CAMINHOS E ESTRATÉGIAS ERRADAS.

Certa vez, ao treinar uma equipe de vendas, um vendedor veio até mim depois da terceira aula. Ele abriu a conversa para falar de futebol e sabia, exatamente, a classificação dos dez primeiros times do campeonato brasileiro, além de escalar vários times sem sequer olhar em qualquer lista. Sabia quais times tinham chances de cair para a série B, bem como os que estavam nessa série e poderiam subir para a série A. Todavia, quando perguntei a ele se tinha feito o exercício da aula dois, disse que não teve tempo.

Uma das maiores falhas que as pessoas cometem em relação às suas metas e objetivos é a falta de foco. Elas se distraem com qualquer coisa e não conseguem manter as atenções na frequência certa.

Quando você mantém o foco, é como ter um cano no encanamento da sua casa sem nenhum furo. Ao cair a água em uma ponta do cano, sai toda a água para o outro lado, sem nada se perder pelo caminho. Porém, quando você não tem foco, é como se esse cano tivesse vários furos entre uma ponta e outra. Ou seja, se você joga 1 litro de água, vai sair na outra ponta, talvez, só 0,5 litro.

Profissionais sem foco são assim: eles podem começar com 100% de vontade, garra, motivação, disciplina. Porém, vão se distraindo pelo caminho com outros assuntos que não estão ligados ao objetivo e, lá pela metade da meta, eles já estão dando 50% do que poderiam, fazendo 50% do quanto deveriam.

São colaboradores que querem progresso na carreira, todavia estão preocupados em cumprir horário, exercer apenas a função para a qual foram contratados, ir até aonde acreditam que ganham para fazer.

Às vezes, até criam grandes objetivos, como ser gerente, diretor, presidente da empresa, mas se comportam apequenados. Não estão focados realmente em realizar seus objetivos.

PROF. PAULO SÉRGIO

Apenas torcem para que algo dê certo e se distraem com qualquer coisa que pareça ser mais atraente e não exija tanto.

Você consegue criar uma lista com pelo menos dez distrações que estão impedindo atingir o alvo que deseja, que roubam a sintonia para manter o seu foco? Vou ajudá-lo com as quatro primeiras:

1. Fechar a mente para as mudanças inovativas;
2. Reclamar da falta de apoio;
3. Mau uso do Facebook e WhatsApp;
4. Pensar apenas na minha função;
5. _____
6. _____
7. _____
8. _____
9. _____
10. _____

Essa lista vai ser uma ótima bússola, permitindo que você se aproxime cada vez mais dos seus objetivos, mantendo o foco, alinhando seu nível de visão e atitudes. Para isso:

- Não cultue a mornança;
- Aprenda com os erros alheios;
- Fique atento aos seus mentores;
- Tenha autorresponsabilidade;
- Tenha foco.

À NOITE O SOL NÃO SOME

BOX DA 3ª SINTONIA

Atitude 361,5° sempre! Cumpra seus papéis com excelência. Seja como colaborador, pai, mãe, filho, empresário, líder, gerente, realize tudo de forma excelente. Não aceite que o "mais ou menos" se instale nas suas atitudes. Só se sinta bem quando estiver com visão e atitude no nível 361,5°. Para isso, estude, observe, consulte pessoas mais sábias e faça dos erros alheios lições. Além disso, dê o seu melhor naquilo que estiver fazendo agora. Essa é a semente que pode fazer brotar os frutos dos seus sonhos. Essa é a frequência na qual você deve se manter conectado o tempo todo.

PROF. PAULO SÉRGIO

4ª SINTONIA: CONTROLE SUAS EMOÇÕES

Quando ampliamos visão e atitudes ao nível 361,5°, como acabou de aprender, muitas vezes imaginamos que o ciclo do sucesso terminou e que agora é colher os frutos.

Mas não é o fim, porque não há final quando o tema é sucesso e felicidade pessoal e profissional. Conheço dezenas, talvez centenas de pessoas com uma visão excepcional de tudo que acontece ao seu redor. Elas criam soluções rapidamente, enxergam os pontos positivos e agem na direção que deveriam. Entretanto, mesmo assim, não atingem resultados consistentes.

Qual a razão?

Elas não sabem gerenciar suas emoções. Possuem um elevado QVA (Quociente de Visão e Atitudes), contudo são recém-nascidas no QGE (Quociente da Gestão Emocional). E isso significa que elas têm o que eu chamo de reações desproporcionais.

Basicamente, toda dor e sofrimento emocional que temos, os problemas que não conseguimos resolver, as desavenças que criamos, em nossas relações, pessoais e profissionais, deve-se às reações desproporcionais que aplicamos.

À NOITE O SOL NÃO SOME

Por exemplo, a mãe berra com o filho porque ele derramou leite no chão que havia sido limpo há pouco. O filho grita com o pai porque ele abriu a porta do quarto sem bater. O chefe urra com o colaborador porque este chegou cinco minutos atrasado. O colega de trabalho xinga o outro porque seu time perdeu, são situações que não mereciam tanto destaque.

Veja, são todas circunstâncias banais, no entanto as reações que cada pessoa teve é completamente desproporcional, e é isso que causa mal-estar, brigas e gera uma infinidade de problemas, inclusive psicossomáticos. Afinal, quem reage desproporcionalmente demonstra grande estresse, raivas reprimidas ou não, ansiedade, depressão, trazendo também patologias físicas, como dores de cabeça, musculares, gastrite etc.

Por outro lado, mais um modelo de reação desproporcional está em quando deveríamos empreender mais esforço, comprometimento, determinação, austeridade e não o fazemos.

O vendedor que não está atingindo a meta estabelecida pela empresa, em vez de estudar mais, buscar novas parcerias, se preparar para ir além das metas, prefere ir ao boteco no fim da noite. Se ao menos fosse até lá captar clientes!

O líder que está perdendo toda a equipe, por não saber como extrair o melhor das pessoas, em vez de se aperfeiçoar, lendo livros, fazendo cursos e chamando todos para um diálogo aberto, prefere trancar a porta da sala e não atender ninguém, mandando apenas uma mensagem desmotivadora ao grupo de WhatsApp da empresa.

A mãe, o pai, que não conseguem educar, que fazem os filhos de gato e sapato, em vez de uma conversa franca, de colocar limites e parar de brigar entre si, para não dar péssimo exemplo, preferem ficar de cara amarrada um com o outro e tudo o que fazem para educar as crianças é ameaçar tirar algo que as agrada.

Como podemos ver, as reações desproporcionais são inversas às quais deveríamos ter, para mais ou para menos, e afetam diretamente nossos resultados na empresa, nas vendas, nos negócios, na família.

PROF. PAULO SÉRGIO

Nenhuma relação, seja ela afetiva ou profissional, merece um furacão de palavrões, gritaria, porque alguém não lavou a louça, não passou a roupa, deixou a cama desarrumada, como nenhum profissional merece ter sua atenção chamada na frente de todos, porque se esqueceu de desligar o computador no fim da tarde.

Devemos monitorar nossas reações como pais, filhos, amigos e em nossas posições profissionais. Quando deveríamos ser calmos, tranquilos, serenos, e não somos, vamos criar atritos, conflitos e problemas desnecessários. Quando deveríamos ser mais incisivos, austeros, determinados, comprometidos, e não agimos assim, também os criaremos.

Se você quer ter qualidade de vida emocional, comece a gerenciar suas reações. Se elas estiverem sendo inversamente proporcionais às quais deveriam ser, é certo que isso vão atrapalhar todas as áreas da sua vida, pois quem não consegue ter uma boa gestão reacional na vida pessoal acaba levando isso para o trabalho, e vice-versa. Ou seja, uma área prejudica a outra.

Gerenciando suas emoções, evitará conflitos, brigas, desavenças e problemas, pessoais e profissionais, ajustando, aos poucos, suas reações, para que sejam proporcionais ao que é necessário para cada momento e situação que estiver passando.

Veja um exemplo de reação desproporcional:

> A funcionária era bastante competente. Sabia fazer muito bem seu trabalho. Mas todos os dias ela tinha atrito com algum colega. Não sabia se controlar e descia o verbo diante de qualquer brincadeira ou pedido das pessoas que trabalhavam com ela. Numa segunda-feira pela manhã, o gerente adentra, sorrateiramente, a sala em que ela e outro funcionário ficavam e ouve o diálogo: "Quem você pensa que é para falar assim comigo. Eu não dei liberdade para você fazer esse tipo de brincadeira, seu imbecil", era o que a funcionária dizia ao colega, que, simplesmente, havia brincado com ela a respeito de uma suposta dor de cabeça, sugerindo que ela estaria de ressaca. Como já era a terceira vez que o gerente via a falta de educação da funcionária, a demitiu.

À NOITE O SOL NÃO SOME

Perdemos mais tempo, energia e dinheiro por agir impensadamente, mais por estar ligados boa parte do tempo a uma sintonia de raiva e nervos à flor da pele do que por falta de competência. Eu já vi muito empresário quebrar, não por falta de dinheiro, mas por falta de controle emocional (o que levou à falta de dinheiro).

Certo dia, conversando com o gerente de uma rede de distribuidoras de medicamentos, ele contou que tinham quebrado a empresa. Perguntei se sabia qual a razão, e ouvi a seguinte história: "Sim, todos sabem. Um dos diretores mais velhos na empresa, por um desentendimento com seu sócio, dispensou 60 representantes comerciais que, segundo o outro sócio, ganhavam muito dinheiro, e, imaginaram que demitindo-os e contratando novos representantes teriam mais lucro para a empresa. Realmente reduziram os custos em torno de 600 mil ao mês. O problema é que, por essa decisão impensada, em um momento de tensão, o faturamento caiu de 16 milhões para menos de 9 milhões, e aí quebraram".

Tomar decisões em momentos sob o foco de muita tensão, irritação, nervosismo, causa estragos. O diretor que queria reduzir custos não teve a capacidade de analisar que seu faturamento só existia em razão da capacidade de venda dos representantes atuais. O descontrole emocional obscureceu sua inteligência administrativa e gerencial, fazendo a empresa entrar em colapso.

As pessoas andam estressadas demais, tensas, muitas à beira de um esgotamento emocional. Parece que há uma necessidade maluca de estar sempre certo ou de medir quem é capaz de ofender e humilhar mais. Em vez de pensarem nos resultados, nas consequências das decisões, geralmente elas querem apenas inflar o ego, se livrar de algo ou alguém, sem saberem por qual razão. Acabam se esquecendo dos prejuízos que podem ter por agirem dessa maneira.

NA VIDA, O "ESTOU SEMPRE CERTO" CUSTA MUITO MAIS DO QUE O "EU ESTOU ERRADO".

PROF. PAULO SÉRGIO

Muitos de nós ganham competência técnica, mas perdem competência emocional. Esse desejo insano de estar "por cima", de mostrar quem manda, gera muito estresse e ansiedade, que, como consequência, provocam sintomas como dores de cabeça, irritação sem motivo, gastrite, dores musculares, depressão, e todos esses sintomas passam a ser nossas companhias indesejáveis, embora nós mesmos as convidemos para adentrar a nossa sala mental de emoções.

Estresse e ansiedade são, em níveis adequados, necessários para não nos tornar pacatos demais. Contudo, em desequilíbrio, podem aniquilar nossa paz de espírito e interferir prejudicialmente em todas as nossas formas de relacionamento.

O cônjuge descontrolado pode ofender o outro se der respostas impensadas. Depois, muitas vezes, as desculpas não serão mais suficientes e a relação estará abalada e poderá até ser destruída, porque marcas deixadas pelas palavras não se fecham com desculpas. São como os pregos na madeira depois de retirados: já causaram um grande estrago, e a marca só poderá sumir se você fizer um trabalho impecável de restauração. Geralmente, nem assim somem, só ficam menos visíveis.

As palavras e atitudes são como pedras lançadas, que machucam aos outros, com a diferença que, no caminho, podem virar um bumerangue, retornando e fazendo estragos também na vida de quem as atirou.

Infelizmente, por falta de controle emocional, vemos notícias terríveis de pais que batem para valer nos filhos, ou vice-versa. Pessoas que se amam acabam se ofendendo e magoando-se mutuamente, às vezes uma tirando a vida da outra.

Profissionalmente, o controle da emoção é um dos fatores que mais influenciam a carreira das pessoas. Funcionários competentes tecnicamente, dinâmicos, proativos, são demitidos por não saber se relacionar com o restante do grupo, pois esse comportamento quebra a sinergia da equipe, interferindo negativamente nos resultados. Gerentes arrogantes demitem pessoas competentes só para mostrar quem manda, destruindo equipes que tinham tudo para dar certo.

À NOITE O SOL NÃO SOME

 ALGUMAS EMPRESAS NÃO DÃO CERTO, NÃO PORQUE SEUS GESTORES E COLABORADORES NÃO SAIBAM ADMINISTRAR OS NÚMEROS. ELES NÃO SABEM GERENCIAR SUAS PALAVRAS.

Travis Bradberry revela no livro "Desenvolva sua inteligência emocional" que mais de 60% da produtividade e dos resultados de uma pessoa advém de sua capacidade de controlar as emoções. É um percentual e tanto para colaboradores, líderes, empresários ignorarem os prejuízos que podem ter sem esse controle.

Presenciei donos de empresas que gritam e dão murros em suas mesas, porque o resultado não foi satisfatório. Não percebem que dão um péssimo exemplo ao grupo, que se sente cada vez mais inseguro, com medo, e a maioria das pessoas que o compõe tende a debandar da empresa ou continuar dando resultados piores ainda, além de receber um aval para tratar os colegas e, provavelmente, os clientes, igualmente.

O empresário deveria aprender a regra básica para aprender a parar de gritar: é só não gritar quando sentir vontade. Por mais difícil que pareça, com o tempo e treinamento, essa necessidade neurótica desaparece.

Treinei um empresário, como ele mesmo se intitulava, de "pavio curto". Perdia muitos clientes pelo estilo de negociação que praticava, sempre intimidador.

Em um projeto que sua empresa estava realizando, a equipe organizou todos os materiais para instalação dos produtos na casa do cliente. Chegando na obra, que era em outra cidade, distante uns 300 quilômetros, deram início à instalação. Hospedados em um hotel, no terceiro dia em que concluiriam os serviços uma das peças da casa estava com o piso recém-colocado, e só poderia ser acessado dali a dois dias, impossibilitando que terminassem a parte que cabia a eles, como programado.

O líder da equipe ligou para o empresário, que, por sorte, estava comigo em treinamento e contou o ocorrido. Sem saber o que se passava, apenas ouvi a voz dele, ao telefone: "Não acredito, esse cliente é f**##**. Agora vocês terão que ficar mais dois dias no hotel, com alimentação e tudo. Isso vai me

PROF. PAULO SÉRGIO

gerar uns 2 mil reais a mais em custo... não acredito, confirmei com o arquiteto, que me garantiu que poderíamos nos deslocar e terminar tudo. Vou ligar agora para ele e falar que vai sair do bolso dele esse custo".

Assim que desligou, contou-me o fato. Então falei: "Veja bem, meu amigo, você está falando de um orçamento de mais de um milhão de reais. Esse cliente e seu arquiteto podem projetar você nessa cidade, trazendo um faturamento e lucro inimagináveis para seus negócios. E você está me dizendo que por dois mil reais vai jogar tudo isso fora?".

Respirou fundo, engoliu seco, ampliou seu pavio e disse: "Paulo, graças a Deus você está aqui comigo, senão eu já teria cometido uma besteira enorme sem pensar duas vezes. Obrigado".

Agimos descontroladamente porque, inicialmente, nossas células estão acostumadas a criar as conexões necessárias para gritar, ofender, magoar, humilhar. Ou seja, é o que elas "imaginam" que precisa ser feito, pois sempre fizeram isso. Quando começamos a controlar nossas emoções, elas vão diminuindo as conexões com a área do cérebro responsável pelo comando "gritar/ofender/magoar" até que essa necessidade praticamente se evapora e passamos a ver os acontecimentos de uma maneira mais serena ou, na maioria das vezes, antevendo possíveis problemas que nos tirariam do sério.

Quando vibramos uma energia ruim, que surge pelo descompasso emocional que a maioria das pessoas vive, essa vibração vai afetar todas as áreas da nossa vida.

Imagine um executivo de uma grande empresa, que está com os nervos à flor da pele, devido a um erro num projeto muito importante. Ele está soltando fumaça pelas narinas, parecendo um touro bravo em um rodeio. De repente, seu filho aparece sem avisar, entra em sua sala e diz:

> "Pai, preciso que você...", e é interrompido pelo pai que responde: "Claro que você precisa. Você é sempre assim, só sabe pedir, reclamar. O que você quer? Dinheiro? É isso? Mais e mais dinheiro? Não ajuda em nada, só sabe pedir, pedir e pedir".

À NOITE O SOL NÃO SOME

Então, o filho, já fechando a porta da sala ao sair, fala:

> "Não pai, só queria dizer a você que preciso que saia mais cedo hoje. É meu aniversário e gostaria muito que você e a mamãe fossem juntos jantar comigo, embora estejam separados".

Veja como o descontrole emocional acaba destruindo nossas relações, pois enquanto mantivermos uma vibração pesada, negativa, falaremos sem pensar, antes de fazer qualquer análise ponderada sobre a situação. Só pioramos as coisas ao agir dessa maneira. Em vez de solução, criamos mais problemas. É como se tentássemos limpar a casa com a vassoura cheia de barro.

PERDER O CONTROLE EMOCIONAL E TENTAR RESOLVER A SITUAÇÃO É COMO TENTAR LIMPAR A CASA COM UMA VASSOURA CHEIA DE BARRO.

Por isso, é importante usar algumas técnicas para melhorar o controle da emoção. As que eu mais gosto são o fenômeno dos 60 segundos; empatia; segure a onda.

PROF. PAULO SÉRGIO

O FENÔMENO DOS 60 SEGUNDOS

Entre a ação e a reação, há um vazio, um vácuo. É nesse vazio que residem nossas escolhas. Quando reagimos de maneira agressiva, impensada, depois que sofremos algo que consideramos um ataque, foi porque não soubemos fazer a escolha certa entre a ação que recebemos e a reação que oferecemos.

Imagine que você sente um caminhar em seu braço. Ao olhar, nota uma aranha andando vagarosamente por ele. A grande maioria das pessoas terá a reação de bater na aranha ou sacudir o braço com rapidez. É bem provável que sejam atacadas pela aranha.

Porém, se calmamente tivessem pego algum recipiente, como um papel, uma toalha, e colocado no trajeto que a aranha fazia, essa subiria e então a pessoa teria de se livrado do ataque.

É complicado manter-se calmo, sem externar reações impensadas? Sim, mas, como vimos, é uma escolha, que feita de maneira adequada traz ótimos resultados, não só para se livrar de uma aranha, mas para não cair nas teias das brigas e conflitos pessoais e/ou profissionais do cotidiano.

À NOITE O SOL NÃO SOME

Na relação entre as pessoas, diante de situações conflitantes, antes de expressar qualquer reação impensada, o ideal é respirar profunda e lentamente várias vezes. Enquanto as palavras não forem ditas, e os comportamentos não forem praticados, há tempo de evitar muitos prejuízos nos negócios e na vida, como perda nas vendas, de produtividade, além de brigas, ofensas, mágoas e muitas lágrimas.

O cérebro do ser humano responde aos acontecimentos em uma velocidade inimaginável. É isso que torna tão difícil manter o controle da emoção. No entanto, é preciso aprender a manter a mente quieta por, pelo menos, 60 segundos nos focos de tensão. Com isso, evitamos dar respostas agressivas no calor do momento, o que fará toda a diferença no resultado final do processo, seja um diálogo pessoal, de vendas, com seu chefe, cliente, no trânsito.

Nesse tempo, enquanto respiramos profundamente, a mente tende a recobrar o equilíbrio emocional. Quanto mais tempo conseguirmos não responder de bate-pronto, melhores serão as respostas que daremos.

Algumas pessoas até escrevem cartas para a pessoa que pretendiam ofender, mas não enviam. Depois de algumas horas ou dias, quando leem novamente o que escreveram, sentem vergonha e rasgam. Assim evitam rasgar brilhantes carreiras, amizades, relações.

QUANDO VOCÊ ESCREVE UMA CARTA PARA ALGUÉM, COM AS PALAVRAS OFENSIVAS QUE PRETENDIA DIZER, MAS NÃO ENVIA, TEM A CHANCE DE RASGAR A CARTA DEPOIS QUE A RAIVA PASSAR. ISSO EVITA RASGAR SEUS RELACIONAMENTOS.

Mas porque é que é tão difícil controlar as emoções?

Uma das razões é que valorizamos demais o que as pessoas nos dizem, sobretudo quando nos criticam. A realidade é que não deveríamos nos importar tanto com elas, porque:

PROF. PAULO SÉRGIO

- Se as críticas forem verdadeiras, não há razão para nos ofendermos, e ainda podemos usá-las para nosso crescimento;

- E se forem falsas, devem ser completamente ignoradas.

Se você levar sua vida emocional com esse foco, raramente perderá o controle.

Outra razão exponencial para perder o controle emocional é que queremos que as pessoas tenham as mesmas atitudes que teríamos diante de algo que deve ser feito. O pai quer que o filho aja igual a ele. O líder espera o mesmo grau de atitude do liderado. A esposa quer a mesma atenção que dá ao marido. Como cada pessoa tem seu próprio mecanismo de ação, será sempre frustrante esperar que o outro tenha o mesmo comportamento nosso, ou muito semelhante.

Quando passamos a compreender que as pessoas têm visões e atitudes diferentes, pelo menos reduzimos o estresse em relação ao comportamento delas. Essa compreensão acaba abrindo espaço para que, quando necessário, elas, ou nós, promovam mudanças.

E a razão mais forte para nossa perda de controle da gestão emocional é que a parte mais primitiva do nosso cérebro, chamada de cérebro reptiliano, tem uma função primordial: nos manter vivos. Nesse caso, quando ele sente um perigo, a reação é de ataque ou fuga.

Essa avaliação é feita em milésimos de segundos, ou seja, não existe uma análise mais acurada dos fatos. Claro que isso é importantíssimo, pois diante de situações emergenciais, como correr de um cachorro bravo, pular pela janela de um quarto em chamas, são reações necessárias para nossa sobrevivência.

O problema é que muitos de nós não conseguiram desenvolver outras áreas do cérebro, do chamado sistema límbico, que tem uma capacidade maior de gerenciar nossas emoções, não tomando decisões tão rápidas como o reptiliano, e a parte mais recentemente estudada a fundo, responsável por fazer análises mais cuidadosas dos acontecimentos, o neocortex, teoricamente

À NOITE O SOL NÃO SOME

seria o mais inteligente e o responsável por decisões que tornam-nos humanos que pensam, criam, inventam, em vez de agir apenas por impulso ou instinto.

A grande questão é: qual desses "cérebros" é o mais forte? Os cientistas defendem que é o reptiliano, por isso é tão difícil controlar as emoções, pois, ainda que o límbico e o neocortex se juntem, caso o reptiliano sinta-se em risco vai se sobrepor aos dois e tomar a decisão que achar a melhor para a proteção da pessoa, mesmo que nem sempre seja a decisão mais adequada.

Quando alguém sofre um acidente, por exemplo, um dos primeiros comandos cerebrais é o de "apagar" a pessoa, sobrevindo um desmaio. Isso acontece porque o cérebro reptiliano quer usar todas as energias, concentrando-as para manter a pessoa viva. Ou seja, desmaiando, há um mínimo de esforço em relação a todas as demais ações que ela teria se estivesse ativa.

O problema é que, em um acidente veicular, digamos, com um princípio de incêndio, seria extremamente necessário estar consciente e ativo, para, mesmo que fosse rastejando, sair de perto do veículo.

É basicamente essa disputa cerebral que temos dentro de nós o tempo todo, em situações onde o "cérebro emocional" e o "racional" querem que tenhamos ações diferentes. O grande dilema é que precisamos tanto de um quanto de outro e, geralmente, em cada situação, que um deles tome a decisão mais acertada para o momento.

Isso demanda treinamento intensivo, ajustando-os aos focos de tensão, para que ambos os "cérebros" aprendam a respeitar a decisão mais adequada.

Se a pessoa foi ofendida, por exemplo, quem sabe o "cérebro emocional" queira agir rapidamente, ofendendo também, por sentir que isso é uma ameaça. Se treiná-los, fazendo nosso "cérebro racional" explicar ao "emocional" que a ofensa não nos pertence, mas, sim, a quem está ofendendo, e que entrar na mesma frequência da outra pessoa só causará piora, em vez de solucionar o caso, com o tempo ambos os "cérebros",

PROF. PAULO SÉRGIO

eufemisticamente falando, se respeitarão, compreendendo que ambos querem o melhor para o outro.

Em um estudo realizado pela Universidade de Stanford, onde alunos foram expostos a imagens desoladoras, o cérebro emocional imediatamente reagiu negativamente, gerando sentimentos de tristeza, repulsa etc. Quando esses alunos fizeram um esforço consciente ("cérebro racional") para controlar as emoções, as atividades do "cérebro emocional" perderam intensidade. Ou seja, com treinamento, é possível que os dois "cérebros" se entendam, gerando um controle das emoções, para não reagirmos na mesma proporção à ação negativa a que podemos ser expostos.

Esse aprendizado é essencial para sabermos que teremos de travar uma grande batalha para vencer nossa mente emocional, pois ela, quando atacada, tende a dar respostas de defesa ou de fuga, quase sempre nos distanciando da possibilidade de aplicar o fenômeno dos 60 segundos, que somente com o treinamento para harmonizar os "cérebros" terá sua aplicação possível, em que o emocional abre espaço para aceitar a decisão do racional.

Se aprendermos, e isso demanda treinamento e práticas diárias, a não deixar o "cérebro emocional" tomar conta em momentos de maior tensão, onde não seja necessária uma ação de luta ou fuga, nossos resultados serão imensamente mais producentes.

Esse controle é fundamental. Já presenciei atendimentos terríveis de vendedores despreparados. Quando o cliente demora muito para escolher ou pede mais e mais produtos e informações, alguns profissionais dizem: "Vai levar ou não?", matando a venda com essa atitude.

Pessoas perdem o emprego porque respondem de maneira agressiva ao chefe. Chefes perdem excelentes profissionais porque maltratam, sobretudo publicamente, seus colaboradores, e acabam prejudicando todo resultado dos negócios.

Assim, podemos concluir, então, que treinar para gerenciar as nossas decisões e ações, domando nosso cérebro primitivo, fazendo com que a mente racional vá ganhando forças em situações que não demandem fugir ou lutar, é vital para que nos sintonizemos na frequência do sucesso.

PROF. PAULO SÉRGIO

EMPATIA

Outra forma de controle emocional é a empatia, que é a capacidade de se colocar no lugar do outro, e tentar sentir o que ele está sentindo. Sempre que você faz isso, a tendência é que assuma o controle das suas emoções e da situação que tem de enfrentar. Embora seja impossível você sentir exatamente o que a outra pessoa está sentindo, já que cada um possui um sistema de emoções próprias, ao fazer isso você, pelo menos, consegue perceber como se sentiria com a ação ou reação que você mesmo teria para com o outro, ou seja, como você receberia a sua atitude se fosse o outro que estivesse agindo.

O colaborador que consegue ser empático entende melhor seu chefe. Mesmo que esse chame sua atenção em público, ele vai ouvir o sermão em silêncio. Acalmado os ânimos, vai até a sala do chefe e diz:

> "Chefe, sempre admirei seu profissionalismo. Quando me chama a atenção aqui na sala me sinto muito feliz por saber que sou importante para a empresa, pois já vi pessoas serem demitidas sem qualquer chance de explicação. Sei que

À NOITE O SOL NÃO SOME

> muitas vezes fica frustrado com os resultados que apresento, mas tenho feito meu melhor. Imagino o quanto o senhor é cobrado também, porém gostaria de pedir a gentileza de, toda vez que for me chamar a atenção, que seja aqui na sala. Isso evita constrangimento e não damos mau exemplo ao restante da equipe".

Qualquer reação rápida no momento da chamada de atenção só aumentaria o problema e poderia levar o colaborador a ser demitido, pois é a parte mais fraca na relação. Quando se usa a empatia, tentando compreender verdadeiramente a outra pessoa, as atitudes são mais brandas e equilibradas e evitam muita dor de cabeça e prejuízos.

O chefe que chamou a atenção do colaborador publicamente, antes disso, deveria ter pensado: "Poxa, não devo dar um sermão coletivo nele na frente dos outros. Imagine como irá se sentir, aliás, como eu me sentiria sendo vexado na frente dos colegas de trabalho? E provocarei medo em toda a equipe, o que vai fazer nossa produtividade, vendas e lucro caírem".

A maioria dos profissionais não consegue ser empática, para manter o equilíbrio emocional. Isso tem feito muita gente boa e competente ficar sem trabalho e muitas empresas perderem ótimos profissionais, e, consequentemente, ver seus resultados piorarem.

Para usar a empatia, precisamos procurar, antes de julgar, a razão positiva pela qual a pessoa está agindo dessa ou daquela forma. Razão positiva está sempre ligada a quem age e não a quem percebe a ação dos outros.

Quando procuramos entender o que a outra pessoa quis fazer, transmitir, com determinadas atitudes, com os olhos dela, e não com os nossos, compreendemos que o controle emocional é algo que depende unicamente de nós, pois, ao entender a intenção positiva da outra parte, nos libertamos de qualquer julgamento.

Eu tenho um amigo que se estressa muito com as atitudes de alguns parentes seus. Certa vez, um deles comprou um carro usado, embora estivesse vivendo do seguro-desemprego. Meu amigo ficou arrepiado com a atitude do seu parente. Foi

PROF. PAULO SÉRGIO

até a casa dele e falou tantas coisas que a amizade acabou ali mesmo. Ao me encontrar, ele disse: "Fui à casa do Fulano e disse tudo o que eu pensava sobre ele comprar um carro, mesmo mal podendo pagar a conta de energia elétrica".

Rindo, respondi: "E aí, como se sente, sabendo que acabou com uma relação de vários anos? Você sabia que seu parente foi lá em casa me oferecer seus serviços? Ele disse que começou a fazer fretes com o carro que adquiriu".

Empatia é procurar descobrir algo positivo na atitude do outro. Claro que em algumas situações é impossível, pelos nossos olhos, enxergar isso. Porém, se olharmos pelas lentes da pessoa que agiu, geralmente conseguimos. Assim vivemos melhor, menos estressados, sem sofrer por comportamentos alheios, aos nossos olhos, inadequados.

Isso não quer dizer que vamos aceitar e conviver com as graves falhas das pessoas. Significa apenas que não iremos condená-las nem sofrer em demasia por seus comportamentos. Afinal, agindo assim, abrimos espaço para que as pessoas procurem ver o lado positivo do que nós também fazemos de maneira equivocada.

Com empatia, trabalhamos melhor ao lado de pessoas que não possuem, por exemplo, a mesma atitude, proatividade, comprometimento nossos. Antes de condená-las, tentaremos entender a razão desse comportamento, procurando meios de ajudar. Também lideramos melhor por meio da empatia, pois veremos nas dificuldades do outro uma possibilidade de ajudá-lo a crescer, treinando nossa própria capacidade de liderar.

Em vendas, os vendedores que mais se realizam são aqueles empáticos, que compreendem o cliente, inclusive, quando esses fazem alguma objeção.

Se um cliente fala que o preço está caro, a maioria dos vendedores responde que não, e começam a descrever benefícios e mais benefícios, sem se darem conta de que esses benefícios são o que eles veem como tal e não o que os clientes enxergam.

Um vendedor empático, diante da mesma objeção do cliente, diria: "Entendo você, realmente nosso produto tem um valor

À NOITE O SOL NÃO SOME

diferenciado. E, como vimos, ele vai resolver os problemas que descreveu que está tendo, e atender a essa, aquela e aquela outra necessidade sua, economizando mais tempo, dinheiro e energia para você curtir bons momentos em família". Essa é uma forma empática de responder, que gera respeito, confiança e um relacionamento entre vendedor e cliente, propiciando mais vendas e lucro.

A empatia também é fundamental nos relacionamentos pessoais. O cônjuge que se colocar no lugar do outro saberá respeitar as diferenças de opiniões, sem despejar críticas, porque um dos dois não trabalha fora. Ambos entenderão que têm um papel vital na condução da casa ou dos negócios, com a mesma importância.

Em vez de brigarem porque um ou outro saiu com os amigos, aproveitariam o tempo longe para refletir o quanto se amam, para que, no retorno, estejam morrendo de saudades um do outro.

 DEVEMOS APROVEITAR O TEMPO PARA DIZER AOS OUTROS O QUANTO SÃO IMPORTANTES PARA NÓS, E NÃO PARA DESVALORIZÁ-LOS.

Com empatia, os pais compreenderiam e respeitariam as diferenças de gerações, e não obrigariam seus filhos a fazer o que faziam antigamente. Notariam que o mundo mudou e que o smartphone é tão fascinante quanto o carrinho de rolimã ou o videogame Atari com o qual brincavam. Com empatia, pais e filhos gastariam dez minutos brincando juntos, ensinando um ao outro sobre as coisas do seu tempo e não criando conflitos para ver qual época é a melhor.

Antes de agir, treine sua empatia. Ela vai trazer resultados para todas as áreas da sua vida, que, talvez, até agora, você nem imaginava que seriam possíveis. Ser empático conecta na frequência em que o outro está e nos faz entender melhor as pessoas e suas atitudes. Dessa forma, tendemos a responder melhor diante dos acontecimentos, evitando conflitos completamente desnecessários.

PROF. PAULO SÉRGIO

SEGURE A ONDA

Segurar a onda é uma fonte inesgotável de controle emocional.

As pessoas andam muito ansiosas. Em relação ao sucesso profissional, essa ansiedade se torna ainda mais evidente. Muitas querem trabalhar de dia e já colher o resultado à noite. Por um lado, isso é ótimo, porque pessoas assim, geralmente, são cheias de atitude, pensamentos empreendedores, querem mudar o mundo.

Contudo, por outro lado, é preciso entender que raramente o sucesso vem com tamanha velocidade. Mesmo que algumas exceções aconteçam, a realidade é que as conquistas na carreira e na vida acontecem com o passar dos anos, quando vamos ganhando competência e experiência. Muitas oportunidades que parecem estar batendo na nossa porta podem trazer sérios problemas se as agarrarmos na época errada.

 OPORTUNIDADES AGARRADAS NA ÉPOCA ERRADA PODEM TRAZER SÉRIOS PREJUÍZOS.

À NOITE O SOL NÃO SOME

Quando eu tinha cerca de 20 anos de idade, me deixei convencer que poderia ser dono do meu próprio negócio. Pedi demissão do emprego para ser sócio de um escritório de contabilidade. Meu sócio disse que teríamos 33 clientes. Realmente era verdade, porém, só três deles estavam pagando honorários em dia. No fim das contas, em menos de seis meses estávamos quebrados.

Na introdução do livro, falei que você teria de aprender a aproveitar as oportunidades certas. Quando não seguramos nosso ímpeto, corremos o risco de não perceber que determinadas oportunidades não são interessantes, como no exemplo próprio que apresentei.

Nossa ansiedade em ter resultados precisa ser controlada. Nem assassinada, nem alimentada demais: apenas gerenciada, para que traga resultados positivos e duradouros, e não negativos.

Muitos profissionais competentes estão jogando fora carreiras que poderiam ser brilhantes. Eles entram na empresa, trabalham por seis meses, um ano, e praticamente exigem promoção, aumento de salário, benefícios. Quando não obtêm o que querem, vão pulando de galho em galho, sem perceber que essa decisão pode prejudicar sua imagem no mercado de trabalho e dificultar sua entrada em outras empresas.

É importante saber que, geralmente, o sucesso acontece quando somamos paciência ativa às demais habilidades necessárias para obtê-lo. Paciência ativa não é ficar sentado no sofá, imaginando que tudo vai cair do céu. Isso, com o tempo, também gera descontrole emocional. Significa estar ciente de que se está fazendo tudo para realizar seus sonhos, mas que isso precisa de um tempo para acontecer.

 UM INGREDIENTE FORMIDÁVEL PARA O SUCESSO É A PACIÊNCIA ATIVA.

Uma grande empresa, por exemplo, não vai entregar a gestão dos seus negócios para um administrador recém-formado. Por mais bem preparado que ele seja, terá de começar "por baixo" até mostrar seu potencial. Raramente isso acontece de maneira diferente. É muita coisa em jogo para ser entregue a quem está engatinhando profissionalmente. Esse tempo de espera não pode frustrar os sonhos do gestor iniciante, fazendo a pessoa se descontrolar e pedir demissão.

Esse profissional tem de compreender que, provavelmente, ainda passará um ou mais anos como assistente administrativo, transitando por vários setores, como financeiro, estoque, compras, para adquirir experiência, errar onde se pode errar, sem causar grandes prejuízos. Se se sair bem em cada lugar pelo qual passar, construirá a ponte que o ligará ao cargo de supervisor, gerente, diretor da empresa, que tanto almeja.

"A PACIÊNCIA TEM MAIS PODER DO QUE A FORÇA."
(Augusto Cury)

Qual o tempo certo para crescer na carreira? É difícil dizer um tempo exato. Penso que, com a velocidade que as coisas acontecem atualmente, um prazo de dois anos seja aceitável para você ter subido alguns degraus na carreira. Talvez não seja suficiente para você se tornar gerente, diretor, mas, pelo menos, para estar ganhando mais do que quando começou e responsável por tarefas e decisões mais complexas.

Claro que isso depende basicamente de que você tenha evoluído profissionalmente para melhor, assumindo mais responsabilidades, e esteja gerando mais resultados para a organização.

Quando estamos no lugar certo, ou seja, em uma empresa que nos ofereça perspectivas, onde a liderança valorize a garra, o interesse, os resultados, temos ótimas oportunidades para crescer ali dentro, e em um prazo curto. É só manter nosso nível em 361,5°, aliado à paciência ativa, para que, enquanto a grande oportunidade não chega, continuarmos agarrando as pequenas todos os dias.

Irrigue sua emoção com doses diárias de inteligência e sabedoria, dando pelo menos 60 segundos de oxigenação ao seu cérebro, sendo empático e segurando a onda, antes de agir impulsivamente.

À NOITE O SOL NÃO SOME

 AÇÕES IMPULSIVAS CAUSAM MUITO ESTRAGO. SÃO COMO DARDOS ARREMESSADOS EM DIREÇÃO AO ALVO ERRADO.

Alinhe suas emoções na frequência certa. Manter esse controle é ajustar seu nível de sucesso para cada vez mais perto de 361,5°.

BOX DA 4ª SINTONIA

Controle suas emoções. Muita gente com um currículo invejável, seja empresário ou colaborador, tem perdido dinheiro e a chance de ter uma vida de paz com as finanças e com o travesseiro, por querer estar sempre certo, por agir de maneira impulsiva e responder a tudo e a todos de bate-pronto. Refresque sua mente com doses cavalares de respiração profunda, oxigenando seu cérebro. Esquente seu coração e sintonize sua mente em altas doses de análises, para não dar respostas impensadas, que podem magoar, ofender e destruir seus projetos pessoais e profissionais.

PROF. PAULO SÉRGIO

5ª SINTONIA: FAÇA DA SUA VIDA UMA TROCA

Depois de aprendermos a gerir nossas emoções, estaremos bem mais aptos à consecução de resultados consistentes. E este capítulo vai mostrar a você como adicionar uma forma extraordinária para potencializá-los, que é fazer da sua vida uma intensa troca.

Certa vez, em um processo de seleção para trabalhar em uma grande empresa, havia 20 candidatos, que foram deixados numa sala esperando. Alguns começaram a conversar entre si, contando suas histórias de vida, pessoal e profissional. Muitos se empolgaram tanto que falavam muito mal de outras empresas que tinham trabalhado, enquanto outros só teciam elogios sobre suas experiências pelas empresas que passaram. O clima estava tão descontraído que, em pouco tempo, havia um grande envolvimento entre aqueles candidatos, ao menos com a maioria deles. Claro que alguns pareciam jogar raios pelos olhos, tentando trucidar seus adversários. Poucos não interagiam, apenas mexiam em seus smartphones. Sem aviso, começa a passar na tela da TV

À NOITE O SOL NÃO SOME

que estava na sala alguns avisos importantes sobre o teste, além de perguntas que os candidatos deveriam anotar e responder, para entregar na próxima etapa, caso fossem aprovados. De repente, dois candidatos começaram a chorar copiosamente, o que fez com que muitos se sentassem para observar e comentar sobre a atitude deles. Comentários como "nossa, esses são fracos, se já estão com medo no processo de entrevista, imagine se entrarem na empresa", e riam dos colegas enquanto preenchiam as perguntas feitas na tela da TV. Mas duas moças foram em direção às duas pessoas que choravam e pediram um copo com água para a secretária da empresa que estava sentada na mesa trabalhando. Gastaram um bom tempo conversando, acalmando, dizendo que o nervosismo não era necessário, pois todos teriam as mesmas chances e que o teste, ainda que não passassem, não era o fim, era só o começo de um novo projeto de vida. Que eles ainda teriam muitas oportunidades, caso não passassem nesse teste.

O que essa história tem a ver com trocas?

Os dois candidatos que começaram a chorar eram colaboradores da empresa, infiltrados entre os demais participantes. A secretária, na realidade, era a psicóloga que avaliaria os interessados em trabalhar na empresa. Ao final de 20 minutos, ela pediu a atenção de todos, contou o que estava acontecendo e selecionou apenas as duas moças para a próxima etapa do processo, dizendo:

"A vida não é uma competição predatória. Nossa profissão não é meramente competitiva. É preciso cooperação, estar sintonizados na capacidade de se doar pelos outros, e não apenas pensar em si mesmo. Essas duas moças abandonaram o teste, aliás, quem sabe nem tenham se dado conta disso, porque valorizaram o ser humano e não um cargo, o dinheiro, que são de extrema importância, mas nem se comparam com o valor de uma pessoa. Na vida, jamais podemos trocar cooperação por competição, gente por funções, cargos, status, tampouco, preocupação com

PROF. PAULO SÉRGIO

> o outro por ser aprovação para uma vaga. Na vida, vocês vão precisar realizar as trocas certas para serem bem-sucedidos e isso acontece com mais frequência quando ajudamos ao próximo".

Possivelmente você já passou por entrevistas de emprego? Já havia pensado que, o tempo todo, nesses casos, estão testando você?

Esse é só um exemplo de que nossa vida é uma troca muito intensa entre as pessoas. Logicamente que você vai se deparar com todos os perfis de empresas e cada uma delas valoriza mais, ou menos, determinadas atitudes.

E, também, o fato de você ser uma pessoa generosa, preocupada com o outro, não o exime de ter de oferecer outras habilidades, de ser competente naquilo que está se dispondo a fazer. Mas pensar no outro nos coloca à frente nas disputas, pois uma empresa nada mais é do que uma porção de pessoas com o foco em uma ajudar a outra a realizar metas cada vez maiores, coletivamente, como vimos no capítulo Sucesso 361,5°.

Na lei da troca, principalmente no meio corporativo, é preciso trocar várias habilidades, competências e a capacidade de manter relacionamentos saudáveis por emprego, comissões, vendas, lucro.

É muito simples de resolver o problema do baixo salário, bem como da falta de mão de obra da qual as empresas lamentam: basta cada parte fazer trocas justas. O fato, por exemplo, de trocar a mão de obra de um colaborador por um bom salário não significa que temos o direito de humilhá-lo publicamente. Ele não está disposto a trocar sua honra por dinheiro. E essa é a razão de muitas empresas reclamarem da falta de mão de obra e do turnover.

Também não é porque a pessoa ganha um salário baixo que, em troca disso, vai dar o seu pior no trabalho, e ainda ter esperança de ser promovida. Se tudo no mundo é uma troca, e quase sempre recebemos na mesma proporção que oferecemos, jamais devemos sequer pensar em entregar pouco, fazer pouco, trocar pouco, com a expectativa de receber muito.

À NOITE O SOL NÃO SOME

É essencial verificar o que temos oferecido ao mundo e às pessoas, porque é muito provável que, com o tempo, recebamos o devido retorno, seja bom ou ruim.

ANTES DE TRANSFORMAR SUA MENTE EM UMA MÁQUINA DE GANHAR DINHEIRO, TRANSFORME-A EM UMA MÁQUINA DE AJUDAR PESSOAS.

A lei da troca facilita nosso crescimento profissional. As pessoas bem-sucedidas sabem que para chegar aonde chegaram foi necessária a ajuda de muita gente. Nós somos os maiores responsáveis por nossos resultados, mas, obviamente que se contarmos com o apoio das pessoas, as coisas podem ficar menos complexas. Cada pessoa pode ser uma ponte para que a outra chegue mais rápido e mais longe do que pensava.

As empresas, os gerentes e colaboradores falam muito em inovação. A onda é inovar para se atingir o próximo nível na carreira e nos negócios. Isso é fantástico, mas, para mim, a maior inovação no universo corporativo é trabalhar para ajudar a transformar a vida do outro para melhor, sejam nossos chefes, colegas de trabalho, clientes. Isso transforma não só a produtividade, as vendas, os lucros, os negócios em geral e as carreiras, mas, sobretudo, a nossa vida como um todo.

NÃO HÁ NADA MAIS INOVADOR PARA O SEU SUCESSO DO QUE AJUDAR NO SUCESSO DOS OUTROS.

O vendedor de sucesso vive fazendo trocas. Ele entrega bons produtos e serviços, além de atendimento, segurança, credibilidade, benefícios, a ponto de o cliente perceber valor naquilo que está adquirindo, deixando o preço em segundo plano. Dessa forma, troca seu dinheiro pelo que o vendedor está oferecendo.

Em todas as áreas de atendimento, vendas, serviços, liderança, negócios em geral, estar em sintonia com essa percepção de que tudo é uma troca é vital.

PROF. PAULO SÉRGIO

Empresários e gerentes de sucesso sabem que devem fazer boas trocas com seus colaboradores. Pagam bem, reconhecem o esforço e o desempenho das pessoas, premiam os resultados acima da média e, dessa forma, adquirem o respeito e a admiração dos colaboradores. Esses, como moeda de troca, dão o seu melhor no trabalho, reduzem perdas, cuidam dos equipamentos, atendem adequadamente os clientes, gerando mais resultados.

É uma pena quando isso não acontece, notamos um cabo de guerra entre o líder e a equipe. O líder, em vez de reter pessoas competentes e inteligentes, as derrete. E as pessoas, em vez de doarem seus talentos à empresa, os retêm, modificando para pior todo resultado do negócio. Dessa maneira, todos saem perdendo.

Colaboradores que querem ter um ambiente de trabalho agradável, onde há reciprocidade e ninguém precisa puxar o tapete do outro para crescer, só conseguem isso realizando boas trocas. O colaborador, recém-chegado, traz toda sua energia, novidades que viu em outros segmentos, e troca essas coisas pela experiência e o apoio dos que já estão há mais tempo na organização. Não é necessário que haja medo de um tomar o lugar do outro. Podem, e devem, aproveitar as experiências de cada um, trocando ideias, conhecimentos, opiniões. Assim, todos evoluem.

Os negócios funcionam na base da lei da troca. As parcerias feitas hoje se fundamentam nessa lei. A fusão de empresas está alicerçada nela. Compras, vendas, carreira, tudo está cimentado nessa lei.

Em nosso escritório, repetidamente apresento os clientes uns aos outros. Muitas vezes eles estão sentados no mesmo banco de espera e sequer conversam. Quando os apresento, iniciam um diálogo sobre negócios e com frequência fazem parcerias.

> Certa vez uma jovem empresária, que estava começando um negócio de bijuterias e cosméticos, sentou-se ao lado da dona de uma escola de maquiagens, massoterapia e outros cursos da área. Ficaram mais de 15 minutos muito

À NOITE O SOL NÃO SOME

> próximas, mas sem trocar um olhar sequer. Quando saí da minha sala apresentei uma à outra. Ao saírem foram juntas para o escritório da dona da escola para fechar uma parceria.

Perdemos muitas oportunidades de fazer excelentes trocas, pelo simples fato de não abrir um diálogo com pessoas que não conhecemos ainda. Às vezes nosso maior parceiro de negócios pode estar na fila da padaria ou em um banco de espera de um escritório ou consultório qualquer.

Acredito que mudamos pouco em relação à época do escambo. Naquela época, basicamente, as pessoas trocavam o que tinham, e não precisavam tanto, pelo que não possuíam e necessitavam. Hoje a diferença é que a maior moeda de troca é o dinheiro, antes eram os próprios produtos. Atualmente, avaliamos mais se realmente vale à pena trocar nosso dinheiro pelo que nos oferecem, e pelo que precisamos.

Nas trocas atuais, muita coisa está em jogo além da nossa necessidade. Status, credibilidade, senso de urgência, segurança, assistência, tudo isso e muito mais é avaliado na hora de negociar.

Bons vendedores e empresários conseguem detectar o que é que o cliente está buscando, ou seja, pelo que ele está disposto a trocar seu dinheiro.

Quem compra um relógio Rolex® não está desejando apenas saber que horas são. Na sua mente o desejo é outro: ele quer ostentar poder, passar alguma informação de que tem dinheiro, que se deu bem na vida. Se fosse para ver as horas, ele compraria um despertador de 1,99.

Quando eu ministrava aulas, como sempre levei a sério a lei das trocas via em cada aluno um potencial parceiro de negócios, tanto é verdade que contratei vários deles para trabalharem comigo, e alguns estão há mais de dez anos ao meu lado.

Uma dessas alunas me contava com frequência que, na empresa na qual trabalhava, o proprietário estava muito descontente com os serviços de contabilidade. Acreditava que estava pagando muitos impostos, o que é comum no Brasil. Eu a

PROF. PAULO SÉRGIO

inquiria sobre alguns pontos da tributação, e como ela estava envolvida profissionalmente com o atual contador, dizia que muitas coisas das quais eu falava não eram feitas por ele, ou seja, havia grande possibilidade de haver coisas erradas.

Passado um ano de aula, ela me avisa que o dono da empresa pediu uma visita minha, para apresentar soluções tributárias, visto que havia chegado no ápice de sua paciência, sem ter informações precisas e confiáveis da atual contabilidade. Depois de uma reunião com ele, fechamos um contrato de serviços tributários, que me rendeu, na época, um excelente retorno financeiro, pois descobrimos e corrigimos várias falhas, que deram um ótimo retorno ao empresário.

Portanto, nunca menospreze a capacidade de parceria. Às vezes, as pessoas que menos aparentam ser capazes de gerar algum resultado são as que mais valem a pena. Quando os interesses são recíprocos, e a parceria é baseada em trocas justas, sempre dá certo.

Em um treinamento que eu realizava para uma empresa com atividade de venda de imóveis, pedi aos corretores para entregarem para mim uma lista com seus vinte parceiros de negócios mais ricos, pois os imóveis em que a imobiliária estava focada exigiam compradores com altos rendimentos, fosse para investir ou para morar no novo empreendimento.

Para minha surpresa, e deles, essa lista não existia, e jamais tinham pensado em fazê-la. A partir desse momento, começaram a escrever, imediatamente, nomes de pessoas e locais que pudessem ser seus parceiros. Porém, nenhum deles escreveu mais de dois nomes.

Eu disse: "Onde seus clientes podem estar neste momento?". E a resposta foi: "Nossa, sei lá, na empresa, na academia, na sauna, em um restaurante, andando de bicicleta, tomando um café na padaria...". Devolvi a eles: "E vocês estão nesses lugares? Seus imóveis estão nesses lugares?"

Durante toda a fase do treinamento, eles passaram a fazer parcerias com inúmeros empresários, donos de lanchonetes, restaurantes, pizzarias, concessionária de veículos. Entende-

À NOITE O SOL NÃO SOME

ram tanto o sistema que penso que, se o sorveteiro passasse em frente à imobiliária, eles dariam um folder a ele oferecendo uma parceria, que poderia, claro, dar muito certo.

Diversos imóveis foram vendidos, por exemplo, levando a maquete dos prédios para ficar em exposição em academias, parques públicos da cidade, cafeterias. E, repetidamente, vendedores de roupas, recepcionistas, secretárias ligavam aos corretores indicando imóveis. A imobiliária nunca vendeu tantos imóveis, e seus parceiros nunca ganharam tanto dinheiro sem fazer muito esforço, a não ser ficar antenados para indicar clientes.

Quais parceiros de negócios você está deixando de ter hoje? Onde estão seus clientes finais? Como é que você vai chegar até eles? Quem pode ajudar você? Essas trocas que fizer a partir de agora vão ajudar você a usufruir conquistas que talvez não tenha conseguido até agora, mas sabe que merece. Somente quem atinge o nível 361,5° fica ligado no todo, e vai além, enxergando oportunidades para realizar ótimas trocas.

Em outro treinamento, um cliente meu estava com um orçamento de um milhão de reais junto ao dono de uma construtora, que havia deixado a compra de acabamentos da construção de um prédio para o presidente do condomínio. Essa pessoa também era dona de uma imobiliária. Meu cliente não sabia de que maneira poderia iniciar uma parceria com quem iria fechar o orçamento, visto que não tinha acesso ao presidente do condomínio.

Porém, focados na lei da troca, das boas parcerias, descobrimos que alguns amigos do meu cliente tinham imóveis para alugar, mas tentavam fazê-lo de maneira particular. Os convencemos a entregar para uma imobiliária intermediar o aluguel. E adivinhe em qual imobiliária fomos? Claro, na do presidente do condomínio do prédio. Entre um assunto e outro, meu cliente disse: "Ótimo, que bom que deu certo você fechar essa parceria com esses imóveis que indiquei. Também estou com vários orçamentos na minha empresa e, neste momento delicado, cada centavo que entra ajuda. Atualmente estou fo-

PROF. PAULO SÉRGIO

cado em apresentar o melhor orçamento para aquele empre-endimento novo, o XYZ..."

O dono da imobiliária responde: "Sério que você tem um or-çamento para nós? Eu sou o responsável pela compra desses materiais. Deixe comigo, que farei todo o possível para fechar com vocês, desde que façamos um bom negócio para ambos".

A lei da troca raramente falha para quem sabe aproveitar as oportunidades e fazer parcerias em que todos saiam ga-nhando. No caso acima, a venda foi fechada por 960 mil reais.

Outra maneira interessante de realizar ótimas trocas é você dar antes de receber. Mesmo que você, aparentemente, por um momento, saia perdendo, no fim das contas é um bom ne-gócio, se feito de maneira estratégica.

Quando comecei minha carreira como palestrante, fiz mui-tas palestras de graça. Para algumas empresas, se me pedis-sem, talvez até pagasse para tê-las como referência. Como eu estava convicto de que possuía uma boa mensagem e que daria resultado às empresas, me oferecia para ministrar um evento, sem cobrar nada além dos custos básicos.

Certa vez fiz um treinamento para uma grande rede de lojas de roupas. Cobrei um valor simbólico, não porque quis, mas porque não aceitaram o valor que propus; na época, algo em torno de 2 mil reais. O proprietário, muito feliz, no final do evento me chamou até sua sala e disse: "Professor, vou lhe pagar os 2 mil. Confesso que se tivesse pedido 5 mil depois de assistir, eu pagaria. Vamos fechar mais treinamentos para nos-sas outras filiais". Pensei em dizer a ele: "Se me pressionasse, eu teria feito o primeiro evento de graça".

Às vezes vale a pena fazer algumas trocas "de graça", para mostrar o que podemos fazer por alguém ou pela empresa. A lei da troca, de alguma maneira, acaba recompensando.

Claro que nem sempre dá para sair ganhando. Algumas ve-zes me contratavam, eu estipulava um valor e, na ânsia de fazer o evento, dizia que se não gostassem do resultado não precisa-vam pagar. Eu dava tudo de mim no palco. Via que as pessoas da plateia riam, choravam, faziam anotações, aplaudiam em pé.

À NOITE O SOL NÃO SOME

Mas na hora do pagamento o contratante dizia: "Não gostei", e eu voltava com o bolso vazio.

Mesmo que você perca algumas vezes, não pare de praticar a lei da troca, porque, como dizem, o mundo sempre dá voltas e quem descumpre essa lei com falta de caráter acaba se dando mal.

Infelizmente, várias empresas e vendedores estão perdendo muito dinheiro por não serem capazes de cumprir a lei da troca. Eles inventam benefícios na hora da venda que depois não podem cumprir. Os clientes se irritam, e o fogão, sofá, mesa, jogo de quarto, pia que comprariam na loja vão comprar noutro lugar, além de, com razão, espalharem que aquela loja não presta.

Com as mídias sociais a todo vapor, não é difícil que uma reclamação postada atinja milhares, milhões de clientes, levando a empresa a um colapso rapidamente.

Num curto espaço de tempo, a empresa que continuar agindo desonestamente com seus clientes os verá cruzando a rua para comprar no concorrente, enquanto ela amarga prejuízos.

Na sua carreira é a mesma coisa. Precisa aprender a trocar suas competências, habilidades e seu tempo por um salário melhor, uma remuneração mais justa. Para isso, tem de se esforçar, oferecer mais de si mesmo aos seus chefes, para que percebam que vale a pena pagar mais a você e promovê-lo sempre que haja oportunidades.

PROF. PAULO SÉRGIO

A SINTONIA ENERGÉTICA DAS TROCAS

Tudo no mundo possui uma energia. Essa energia, assim como a nossa mente, pode vibrar numa frequência boa ou ruim.

Se você, por exemplo, abre uma Bíblia e a deixa sobre sua mesa de trabalho, esse livro sagrado emite uma energia boa. Mas se você deixa sobre a mesa um livro com o nome de "Adoradores do Capeta", a energia da sua sala ou empresa será outra.

As pessoas de sucesso conhecem e respeitam essas energias.

Você atrai para si basicamente o que deseja, voluntária ou involuntariamente, pois o universo decodifica as mensagens que emitimos em todas as nossas ações ou inações e dá o devido retorno.

Em outros termos, essa ideia de energia também advém de uma das leis da física, que diz que toda ação tem uma reação. Quando você chuta uma pedra, por exemplo, tem uma ação. A reação é que, conforme o tamanho da pedra, você vai sentir muita dor, podendo, inclusive, quebrar o pé.

Se você xinga alguém, desenvolve uma ação, da qual pode ter como reação uma atitude pior ainda da outra parte. Ao

À NOITE O SOL NÃO SOME

fazer isso, você não sabe se a pessoa vai xingar você mais ou se ela optará por agredir, ou, ainda, pode ser que ela fique em silêncio, podendo, também, imprimir uma reação surpreendente, abraçando você (o que geralmente não acontece).

O que eu quero que você compreenda não são os conceitos da física, mas, sim, que tudo o que você fizer transmitirá uma energia positiva ou negativa. Dessa sua ação virão grande parte dos seus resultados, que, também, tendem a ser um reflexo das suas ações, ou seja, positivos ou negativos. Embora nem tudo retorne da mesma maneira como foram suas ações, na imensa maioria das vezes o retorno é proporcional.

Se você é uma pessoa educada, a tendência é que sejam educados com você. Se você é competente, é provável que receba as recompensas e reconhecimentos que merece. Nem sempre quando deseja, mas, persistindo, eles vêm.

Se você atende bem os clientes, há uma forte tendência de que eles façam negócios com você e sua empresa. Se mantém uma relação harmoniosa com a equipe, a maior parte dela vai emanar energias positivas, melhorando produtividade, vendas e o lucro. Se você ajuda seus colegas nas funções da empresa e, também, está preocupado em colaborar para o crescimento deles, é mais que provável que também façam o mesmo em relação a você. Ou seja, haverá uma ótima troca de energias.

Entretanto, quem tem atitudes impróprias, em um primeiro momento pode levar vantagem e acreditar que as energias estão a seu favor. Uma pessoa que, por exemplo, rouba um livro da livraria pensa que obteve êxito por tê-lo conseguido sem pagar nada. A verdade é que esse objeto roubado está carregado de energia negativa e vai para dentro da casa de quem o roubou, para a sua mesa de trabalho ou para qualquer outro lugar.

Imediatamente, o universo decodifica a mensagem e dá o retorno que a pessoa desejou por meio do ato de roubar o livro. Algo como: "Vamos enviar mais e mais objetos, pessoas, situações, negativas para ela. É disso que ela gosta...". Essa é uma das principais razões que muita gente não entende por que coisas ruins acontecem na vida delas.

PROF. PAULO SÉRGIO

O empresário que engana seus funcionários acerca de seus salários pode achar que está ganhando dinheiro. Momentaneamente o que ele vê é um saldo maior em sua conta bancária.

No entanto, atitudes como essa enviam mensagens negativas, e as energias vibram no universo, retornando à empresa e aos negócios todo tipo de pessoa negativa, sejam clientes, colaboradores, fornecedores. A rede de relacionamentos desse empresário será composta por pessoas sem caráter. Seus funcionários agirão ilicitamente na empresa, os clientes serão aqueles que compram, mas não pagam, fornecedores que prometem, mas não entregam. Será uma empresa pesada, com um clima desagradável, onde um quer derrubar o outro. Ou seja, há uma péssima troca de energia.

E minha teoria é que existem frequências cruzadas de energias.

Nem sempre somos afetados na mesma dimensão da energia negativa que emitimos. Por exemplo: a pessoa que é desonesta profissionalmente e sabota a empresa, ou tenta subir na carreira pisando nos outros, pode não ser afetada negativamente na carreira, mas, sim, na sua relação conjugal ou com os filhos, na sua saúde etc. Às vezes a pessoa custa a entender por que o casamento não dá certo, os amigos se afastam ou não encontra a razão de uma doença incurável na sua vida.

Eu sei que talvez tenha pensado que pessoas boas, honestas, que respeitam a lei da troca, também ficam doentes, perdem negócios, têm prejuízos. Sim, isso é verdade. Mas a grande diferença é como cada um passará por momentos assim e quem terão ao lado para enfrentar situações delicadas como essas e tantas outras.

A vida acaba devolvendo aquilo que oferecemos a ela. É por essa razão que alguns parecem ter espinhos no travesseiro, enquanto outros têm pétalas. Na realidade, nem espinho nem pétalas estão no travesseiro: ambos residem na consciência de quem se deita sobre ele.

PROF. PAULO SÉRGIO

A REEMISSÃO DAS ENERGIAS

Como vimos, pela lei da troca, a energia do universo devolve aquilo que emitimos. Precisamos entender, então, que palavras, pensamentos, ações têm energia e transmitem mensagens ao cosmos. Pode até demorar um tempo, mas aos poucos elas são reenviadas a nós na mesma frequência em que foram emitidas.

Um empresário para o qual eu realizava treinamentos, após criarmos um grupo de relacionamento pelo celular, onde eu também enviava mensagens sobre o curso, publicou, logo após um colaborador ter dito que um cliente era chato, o seguinte: "Sim, além de chato, tem um tipinho arrogante". Imediatamente respondi a ele, em particular: "Meu amigo, parabéns por estar treinando sua equipe para atender mal os clientes e, sobretudo, por dar a ela o direito de chamá-los de chatos e arrogantes. Da próxima vez que um cliente seu adentrar a loja, acostume-se a vê-los sendo mal atendidos". Ele entendeu minha mensagem e, no mesmo instante, se retratou com o grupo.

Essa energia dos exemplos é fundamental, seja na educação dos filhos ou na criação de um time vencedor nas empresas.

À NOITE O SOL NÃO SOME

Sabemos que exemplos ainda são a melhor maneira de treinar e educar, seja em que área for.

 OS EXEMPLOS AINDA SÃO A MELHOR FORMA DE EDUCAR E TREINAR.

Fique atento ao que tem entregue ao mundo e às pessoas, porque o que você oferecer será aceito e trocado por algo equivalente em algum momento da sua vida.

Por essa razão, é importante sempre entregar o nosso melhor ao mundo. Se as pessoas estão prejudicando você, não devolva na mesma moeda. Procure compreender e ofereça uma atitude positiva. Deixe que o universo reemita a elas aquilo que enviaram.

Eu sei que é complicado ter ações positivas quando nos agridem, magoam, ofendem. Tudo indica que deveríamos agir com uma resposta ainda mais rude, agressiva. Todavia, o ódio, a raiva, o rancor, a agressividade, estão na atitude do outro e não em nós. Se respondermos na mesma frequência negativa, só vamos incendiar a discussão. Mas, se mudar nossa frequência, expandir nossa visão e dar respostas diferentes, que vibrem numa frequência positiva, no nível 361,5º, sairemos vencedores, podendo até acalmar e acabar com as ações destrutivas dos agressores.

No âmbito profissional, serve o mesmo conselho. Se você trabalha bastante, é comprometido, dedicado, mas se seu chefe não reconhece seu trabalho, não pense que tem de entregar resultados ruins em virtude disso. Continue dando o seu melhor e permita que as forças positivas do universo conspirem a seu favor no tempo certo. Se não for nessa empresa, será em outra.

Se você responder à ação do seu chefe com um péssimo trabalho, vai acabar eternizando a falta de reconhecimento nesse e, provavelmente, em todos os lugares por onde passar, pois essa energia estará com você, fazendo com que vibre sempre nessa frequência errada. A única maneira de mudar é mudando o seu jeito de enxergar a situação, mantendo sua postura, atitude e energia positivas, mesmo em situações difíceis.

PROF. PAULO SÉRGIO

Em casa, se o parceiro ou a parceira não oferece mais tanta atenção como antes, compreenda, quem sabe é só uma necessidade de ficar sozinho em alguns momentos. Se isso perdurar, converse, dialogue numa boa e devolva em dobro a atenção, o carinho e o amor que espera receber. Com o tempo, por dedicar tanto amor, as coisas vão se encaixar e a pessoa vai oferecer de volta o que você entregou. Se ela não fizer isso, alguém fará!

Geralmente tendemos a usar a Lei de Talião (olho por olho, dente por dente). Queremos ser mais grosseiros do que quem nos ofendeu, mostrar que somos mais capazes de humilhar do que quem nos humilhou, falar mais alto do que quem está gritando conosco.

Nas empresas, quando não somos reconhecidos, tendemos a agir com comportamentos que vão denegrindo nossa imagem. Chegamos tarde, fazemos corpo mole, criamos conflitos com a equipe.

Quando fazemos isso, parece que sentimos um alívio na alma. Mas, na realidade, estamos deixando essa alma mais pesada, pois a carregamos com energias negativas. O ideal é continuar agindo positivamente, com prudência e sabedoria, até que as coisas se ajeitem.

Agir com base no olho por olho, dente por dente, emana energias negativas que impedem que o universo devolva tudo de bom que estava preparando para nós. E aí, a tendência é perpetuar resultados ruins na nossa vida.

Toda vez que temos uma atitude é como se colocássemos o plug da frequência na tomada: ela vai ser carregada de algum modo, positiva ou negativamente.

Imagine que o dono da empresa na qual trabalha paga um salário fajuto em relação ao seu nível de comprometimento e responsabilidades. Além disso, trata mal você. Há dois anos que você aguenta a situação e continua dando o seu melhor, fazendo seu trabalho muito bem-feito. Nesse período, tudo estava conspirando a seu favor e o universo já preparava uma nova empresa para você trabalhar, sem que se desse conta

À NOITE O SOL NÃO SOME

desse movimento positivo. Nessa empresa nova, você ganharia mais e seria reconhecido.

No entanto, cansado da situação, você começa a fazer um trabalho ruim, não é mais responsável como antes, chega atrasado, cria intrigas para ser demitido e fala mal da empresa e do chefe para todo mundo. Sem se dar conta, você sabotou o seu sucesso, pois o universo vai ter que redirecionar as coisas boas que vinha preparando para entregar, já que agora você não merece mais, pois colocou seu plug na tomada, que se carregou de frequência negativa.

Todos nós sabemos como é difícil ficar em um trabalho em que somos mal pagos e maltratados. Porém, não estamos algemados a esse lugar. Nesses casos, o mais correto é ter uma boa conversa com o chefe e, se nada mudar, partir para outro trabalho, fazendo o melhor e confiando que o universo conspirará a nosso favor para o progresso.

Diante de qualquer cenário, ofereça só o que tem de melhor ao mundo. Se perceber que não vai conseguir fazer isso onde está, procure outro lugar em que possa oferecer todo o seu potencial e, em troca, vai receber as oportunidades e os resultados que há tempos estavam sendo preparados para você. Tudo o que precisa fazer é manter-se na frequência energética correta, sem descer para os níveis abaixo do 361,5°.

PROF. PAULO SÉRGIO

PERDAS SÃO TROCAS

A maioria das perdas que acontecem nas nossas vidas são extremamente necessárias, porque raramente nos damos conta de que não temos a capacidade para carregar tudo o que acumulamos. Se algumas perdas não acontecerem e não realizarmos essas trocas com as pessoas, com o universo, acabamos não evoluindo. O acúmulo de tantas coisas, muitas delas inúteis, nos mantêm sintonizados a tantas tranqueiras, situações e pessoas que ficamos pesados demais para chegar ao lugar que queremos.

Muitos empresários só construíram grandes negócios porque foram demitidos de seus empregos. Tinham tanto receio de perder a vaga quando eram colaboradores que jamais pensavam em fazer essa troca. Porém, depois de serem dispensados abruptamente, notaram o quanto cresceram.

Se você almeja algo maior, precisa trocar pelo que já possui. Se o seu sonho é ser diretor da empresa, mas é supervisor atualmente, precisará de coragem para perder esse cargo atual e assumir o novo. Se atua como assistente administrativo, mas porém tem o desejo de se tornar supervisor, chegará o

À NOITE O SOL NÃO SOME

momento de trocar o cargo atual pelo qual almeja. Geralmente não dá para acumular funções e nem é prudente isso, para não bloquear o crescimento de outras pessoas.

Na realidade, perdas são apenas trocas que a vida faz, restabelecendo nossa conexão com a frequência daquilo que é melhor para nós. Só precisamos ter a capacidade de compreender as perdas, aprender com elas, em vez de maldizer tudo e a todos porque pensamos ter perdido alguma coisa, quando, realmente, são somente as trocas necessárias para que o novo, o melhor, entre em nossa vida.

Digamos que você tenha um carrinho velho hoje e deseja um zero quilômetro. Fica mais fácil isso acontecer se você perder (negociar) o carro velho para que o novo chegue até você. Se você está namorando, mas tem o desejo de se casar, vai ter de perder o namorado ou namorada, para assumirem um compromisso mais sério (sem deixar de serem eternos enamorados).

Quantos vendedores não conseguem clientes novos porque ficam presos a negócios em que só existe a esperança de que deem certo. Já fizeram tudo o que era possível para fechar a venda, mas o cliente ou está blefando ou ainda não decidiu comprar. Todo cliente é importante, porém nenhum deles é mais essencial do que aquele que temos uma nota 9,9 para o fechamento da venda, numa escala de 0 a 10.

Líderes ficam presos aos seus liderados, e vice-versa. Muitas vezes, encarcerados na arrogância ou no salário. Precisam se soltar, perder um ao outro para que possam crescer e, quem sabe, após esse afastamento, essa perda momentânea, notarem o quanto era importante estarem juntos e, então, se conectarem novamente, de uma maneira mais respeitosa, com desejos de progressos mútuos.

Nossa vida deve ser uma eterna troca, em todos os sentidos. Quantas pessoas já passaram por você, deixando não necessariamente nada material, mas uma imagem, um ensinamento, um comentário, uma dica? Dezenas, centenas talvez.

Do mesmo modo, você também passou pela vida delas deixando sua mensagem, seu jeito, seu estilo, seus valores. Toda

PROF. PAULO SÉRGIO

vez que há esse encontro, há trocas, ganhos e perdas. Trocamos de amigos, confidentes, mentores, professores, empregos, empresas, cargos, funções. E as melhores trocas que fazemos são aquelas em que sabemos que teremos de perder algo, mas que essa perda é para nosso crescimento presente e/ou futuro.

APRENDA A PERDER, POIS, PARA TER ALGO MELHOR, É PRECISO ESTAR DISPOSTO A PERDER O QUE TALVEZ PRENDE E SEGURA HOJE.

PROF. PAULO SÉRGIO

GENEROSIDADE 361,5°

 A GENEROSIDADE É O PONTO MAIS ALTO DA FREQUÊNCIA DO SUCESSO.

Temos a falsa ideia de que ser generoso é ajudar alguém. Na verdade, ser generoso é ajudar a nós mesmos.
Conheço gente com um coração enorme, que adora ajudar os outros. Mas, infelizmente, tenho visto que muitas pessoas estão diminuindo a bondade no coração, porque sofreram decepções de alguém a quem ajudaram.

Talvez você mesmo tenha ajudado uma ou várias pessoas, um amigo, parente, vizinho, um colega de trabalho, um liderado ou líder, e tenha sofrido ao receber a ingratidão dessa pessoa.

Isso dói, mas sabe o que é certo fazer? Continuar ajudando ainda mais outras pessoas, afinal, o feijão nunca deixa de ser feijão só porque o mato invadiu a lavoura. Então você não pode deixar de ser uma pessoa generosa, pelo simples fato de alguém ter abusado da sua boa vontade.

À NOITE O SOL NÃO SOME

 O FEIJÃO NUNCA DEIXA DE SER FEIJÃO SÓ PORQUE O MATO INVADIU A LAVOURA. PORTANTO, VOCÊ JAMAIS PODE DEIXAR DE SER GENEROSO SÓ PORQUE ALGUÉM FOI INGRATO.

Além disso, o mundo anda realmente carente de gente generosa, que se preocupa em ajudar o próximo. O altruísmo, quase sempre, tem perdido lugar para a ostentação.

Há pessoas que um dia foram pobres, mas que batalharam duro na vida, e quando conseguiram riquezas, perderam sua essência boa e acabaram se auto endeusando, criticando aquelas que não tiveram o mesmo êxito. Essas atingem o nível mais baixo do sucesso 361,5°: o egoísmo e a arrogância, que vibram em -361,5°.

 O EGOÍSMO E A ARROGÂNCIA SÃO OS DEGRAUS MAIS BAIXOS NA ESCADA DO SUCESSO. ELES VIBRAM EM -361,5°.

Às vezes sinto que pego pesado nos meus livros, nas palestras, falando da importância das escolhas, de que a grande maioria das pessoas não consegue ter o que deseja, porque pararam no tempo e perderam oportunidades, se entregando ao conformismo destrutivo.

Mas confesso que, lá no fundo, sei que, muitas vezes, as oportunidades são complicadas de serem vistas, aproveitadas, e quando elas não surgem, mesmo que tentemos criá-las, nem sempre dá certo. Enxergar e agarrar uma oportunidade depende muito da história de vida de cada um e dos personagens que criamos em nossa mente durante toda nossa trajetória existencial.

Depende daquele diálogo interno, e eterno, entre o anjo e o demônio. O anjo diz: "Vai lá, você consegue, dê seu melhor, aprenda, seja determinado", enquanto o demônio retruca: "Pare com isso, você é um incompetente mesmo, é um azarado, nasceu para sofrer, viver de maneira torta, fracassar. Venha comigo para as profundezas do inferno... pelo menos é quentinho".

PROF. PAULO SÉRGIO

Sei a importância que é para as pessoas terem um "anjo" de verdade, com o qual possam trocar energias ruins, vibrações ruins, por sintonias boas, e que esse anjo incentive e, sobretudo, compreenda-as.

Por isso, desde cedo, decidi escrever, sendo generoso com meus leitores por meio das histórias próprias que conto e dos métodos que utilizo para atingir o meu sucesso 361,5°, mas que podem ser usados pelos leitores, com as suas adaptações. Faço isso, mesmo sabendo que mais de 90% da população brasileira não lê ou não termina a leitura de um livro.

Para mim, saber que você leu já é uma grande vitória. Não escrevo para ganhar dinheiro, mas para ajudar as pessoas: se fosse para faturar, eu venderia cerveja!

Ser generoso não é sair distribuindo cestas básicas, dar esmola aos pedintes, ajudar a pessoa idosa a atravessar a rua. Muito mais que isso, generosidade significa compreender os motivos que levaram alguém a estagnar, paralisar seus sonhos e projetos, desistir de si mesmo e dos outros. É enxergar na dor alheia, no abismo que a pessoa criou entre ela e seus desejos abortados, a oportunidade de ajudá-la, abrindo sua mente, para que mude seu jeito de ver e depois de agir, para que seus resultados se ampliem.

Ser generoso quer dizer, também, que precisamos entender a motivação de alguém que decide paralisar sua carreira, desanimar, e viver reclamando das coisas em vez de fazer acontecer. Em princípio, é muito difícil de encontrar motivos para alguém decidir seguir por essa via profissional.

Sabe por que isso é generosidade? Porque nunca conhecemos inteiramente o que se passa na mente de uma pessoa, tampouco somos capazes de penetrar o seu passado para cavoucar suas misérias, seus medos, as lembranças que a atormentam.

Alguém que desde a infância só recebe críticas, gritos, maus-tratos tem uma tendência fortíssima a fracassar na vida, a se tornar uma pessoa amarga, tímida, com dificuldades de relacionamento inter e intrapessoal. Precisaremos de muita generosidade para compreendê-la.

À NOITE O SOL NÃO SOME

Às vezes dizemos às pessoas: "o mundo é de quem faz, você precisa reagir, se não todos passarão por cima de você", na tentativa de "motivá-las". A verdade é que esse discurso, sem mais tempo para contextualizar o que estamos dizendo, por vezes só aumenta o medo da pessoa.

Pouca gente reage bem ao ser imprensada, colocada contra a parede. Raras são as que, quando desafiadas nos seus limites, se motivam a mudar de vida e a sair do caos em que vivem.

Ao sermos generosos com elas, mostrando que compreendemos suas angústias, suas tristezas e dores, abrimos espaço para realmente ajudá-las. Elas tendem a compartilhar mais abertamente seus problemas, e aí podemos colaborar para que mudem atitudes e comportamentos.

Há muita gente que não se dá bem na vida por falta de uma mão estendida em momentos difíceis.

Não falo no sentido de que devemos aceitar a posição em que se encontram e apenas chorar junto com elas suas lágrimas. A generosidade de que falo é no sentido de entrar no mundo em que a pessoa está, dar a mão a ela, abrir seus olhos e mostrar que há um mundo melhor fora desse lugar, no qual ela pode participar ativamente e colher resultados formidáveis.

É para isso que eu escrevi este livro. Por mais que todo o método tenha uma pegada que puxa seu status mental, para se manter na linha de vencedor, eu sei que você vai abandonar ainda muitos projetos, se sentir sem ânimo.

Mas é exatamente nesse momento que eu quero que você seja generoso com você e simplesmente diga: "Eu não vou desistir agora. Posso até dar uma pausa, mas logo em seguida vou recomeçar, até chegar lá aonde sei que mereço".

É muito mais fácil sair do fundo do poço quando nos sentimos seguros, com alguém ao nosso lado. Mas, depois que recebermos ajuda e tomarmos um pouco de fôlego, temos de tomar consciência de que nossa estrada é solitária na maior parte do tempo. Afinal, ninguém é responsável pelos resultados de um ser humano adulto.

PROF. PAULO SÉRGIO

É essa generosidade que eu peço para que você tenha com você, pois só assim poderá tocá-la e trocá-la com as demais pessoas.

Se você já é um sucesso, ajude outros a serem também. Troque ideias, dê bons conselhos, abra seus ouvidos para ouvi-las, mas, principalmente, abra completamente seu coração para senti-las. Não crie um muro entre você e as pessoas com problemas. Elas já têm seus "muros" imaginários, então, colocar mais um não as ajuda em nada.

Ajude seu colega de trabalho a progredir. Não o deixe realizar um trabalho malfeito só porque não ganha o quanto quer. Mostre sua generosidade, incentivando-o a se doar, a gerar mais resultados. Ensine o que sabe, transmita sua energia positiva. Quem sabe assim a pessoa cresça tanto que poderá ajudar você de algum modo.

E se você é um dos que precisam da generosidade dos outros (e todos nós, de algum modo, precisamos), estique um pouco seus braços para receber a ajuda que precisa. Vejo gente sofrendo muito na vida, sem aceitar ou pedir ajuda porque cria o muro do orgulho, em vez de criar a ponte da humildade, e aí se isola e sofre cada vez mais. Como diz o ditado: "Orgulho não enche barriga de ninguém".

O SUCESSO DEVE JORRAR HUMILDADE E NÃO SERVIR COMO UMA TORNEIRA DE ARROGÂNCIA.

O mundo precisa muito da sua generosidade, consigo mesmo e com os outros. Será essa troca generosa que poderá realmente transformar a vida de muita gente.

Precisamos de gente na frequência da generosidade 361,5°, que é reconhecer que ser generoso não é doação, é retorno, recompensa. Temos de ser capazes de nos comover com o sofrimento alheio e, além disso, ajudar como pudermos, seja com dinheiro, alimento, mas, principalmente, com palavras e gestos que alimentem a alma de quem sofre, para que consigam, no tempo certo, caminhar com as próprias pernas, se desligando

À NOITE O SOL NÃO SOME

completamente dos ruídos, para realizarem boas trocas e se sintonizarem no nível 361,5° da frequência do sucesso.

BOX DA 5ª SINTONIA

Tudo o que você oferece ao mundo, no tempo determinado, vai receber de volta. Portanto, se quiser receber problemas, dor, sofrimento e fracasso, atire pedras com inveja, ódio, cobiça, enganação, antiética e desonestidade. Se quiser receber paz, alegria, sucesso e dinheiro, atire pétalas de rosas perfumadas com respeito, determinação, energia, motivação e integridade. Aprenda a perder, pois, para ter algo maior, é preciso estar disposto a perder o que talvez prende e segura hoje. E, finalmente, faça da generosidade seu alimento diário, para poder ajudar a trocar tristeza por alegria, medo por coragem, incertezas por superação. Assim, poderá tocar o coração e a alma, seus, e os de todos à sua volta.

PROF. PAULO SÉRGIO

CONEXÃO EM VEZ DE EQUILÍBRIO

Uma pessoa de sucesso busca muito mais que equilíbrio na sua vida. Ela não é só trabalho, nem só lazer. Ela não é só profissional, também não é só parceiro ou parceira, tampouco é só pai, mãe, irmão, amigo. Ela é tudo isso, do melhor jeito, em cada ocasião.

Muitas pessoas dizem que não trabalham mais para ficar com os filhos ou para que a relação afetiva não seja deteriorada. Mas não conseguem entender o porquê, mesmo chegando todo dia às seis da tarde em casa, a felicidade parece morar na casa ao lado. Outras têm um ego e o bolso enormes, mas um coração e uma agenda pequenos para quem mais deveria importar na sua vida.

O que há de errado com esses dois modelos de vida? Vamos verificar.

A relação não se deteriora porque uma ou outra pessoa trabalha bastante ou pouco. Quem deseja construir um patrimônio que dê um bom presente e prospecte um futuro promissor, em que possa dar condições boas de saúde, alimentação, lazer para si e para os outros, vai ter que trabalhar um pouco

À NOITE O SOL NÃO SOME

mais por um bom tempo. Todavia, isso não é argumento para deixar família e bons amigos sempre de lado.

O que destrói uma relação familiar é não mostrar o quanto vale a pena trabalhar mais. É alegar cansaço quando o filho ou a filha pedem ajuda para fazer a tarefa da escola ou quando o parceiro ou a parceira pede carinho.

ALGUMAS PESSOAS TÊM O EGO E O BOLSO GIGANTES, MAS O CORAÇÃO E A AGENDA PEQUENOS PARA QUEM MAIS DEVERIA IMPORTAR.

O filho reconhece que o trabalho dos pais é importante e sente que eles são super-heróis, que trabalham honestamente e dão um duro danado para manter o padrão de vida que construíram. Ou mesmo que não seja um alto padrão de vida, os filhos que são amados admiram seus pais pelo esforço deles em pôr comida na mesa e para comprar o apontador e a régua que a escola pública não deu.

As pessoas vencedoras, quando estão trabalhando, dão o seu melhor, se empenham, esticam seus limites, ficam depois do expediente se for preciso, trabalham final de semana, à noite.

Elas sabem que isso significa a viagem que a família deseja realizar no final de ano, o tênis novo e a bicicleta para os filhos, o carro novo, uma boa poupança para emergências. Elas mostram aos familiares que é importante trabalhar e ganhar dinheiro. Todos compreendem e, mesmo que às vezes reclamem, logo depois reconhecem que o esforço extra é necessário e tem valido a pena.

O importante é saber usar o tempo que temos, ajustando-o à carreira, aos negócios e à vida pessoal. Pessoas de sucesso trabalham 10, 12, 15 horas por dia sempre que for necessário. Quando chegam em casa, ainda que cansadas, conseguem dar atenção ao parceiro ou à parceria, abraçam seus filhos, contam histórias e brincam juntos.

Elas não perdem tempo reclamando do trabalho em casa, nem reclamando de casa no trabalho, pois sabem que reclamar é tempo perdido, e tudo o que não querem é perder tempo.

PROF. PAULO SÉRGIO

Sabe por que elas conseguem isso? No fim das contas, elas não tentam equilibrar a vida pessoal e profissional. Elas conectam uma área à outra. Se não formos capazes de conectar vida pessoal e profissional, não dá mais para ter sucesso em nenhuma delas.

Ninguém precisa de equilíbrio entre vida pessoal e profissional. Precisamos de CONEXÃO. Os filhos querem estar conectados com os pais, seja por uma hora, mas uma hora que valha a pena. A família prefere pais presentes, intensamente, por 15 minutos, do que aqueles que chegam arrebentados em casa depois do trabalho e passam oito horas dando sermão em todo mundo, sem participar ativamente da relação.

Geralmente me procuram ao final dos eventos ou me enviam mensagens pelas mídias sociais, alegando que exijo muito das pessoas profissionalmente. Muitos comentam que eu falo que a pessoa tem de se doar ao máximo no seu trabalho e que isso faz com esqueça as pessoas importantes. Isso é ouvir pela metade o que falo. Embora eu explique a razão disso, algumas pessoas não entendem e tendem a ficar eternamente enxergando embaçado.

A verdade é que conheço filhos que têm seus pais por dez horas em casa, mas são filhos mal-educados, gritam com os pais, mesmo tendo todo o tempo do mundo para amá-los.

E, também, conheço filhos que ficam com os pais por quatro horas na semana, mas são educados, carinhosos, se amam, se abraçam, pedem a bênção, convivem, vivem profundamente a relação.

Às vezes, a pessoa passa 15 horas por dia em casa com os filhos, contudo está desempregada ou não se doa completamente à profissão que ocupa, e isso a faz não poder comprar nem o material escolar ou um tênis para a criança, o que a deixa mais frustrada, estressada, e acaba descontando nos familiares, nos colegas de trabalho ou num copo com cerveja.

Buscar equilíbrio é viver com a visão embaçada, enxergando pela metade o real significado do sucesso, da vida e dos relacionamentos.

À NOITE O SOL NÃO SOME

Doe-se ao seu trabalho, à sua profissão. É daí que você vai extrair sua dignidade para a vida pessoal, é desse lugar que sai o produto para a realização dos seus sonhos.

Pare de ouvir gente que só tem diplomas e argumenta qualquer cenário aos olhos teóricos. Se você quer realmente atingir um nível 361,5°, busque, sobretudo, quem tem calos, dores, cansaço, insônia e histórias para contar.

Entregue-se por completo a tudo que fizer. Se é para ser pai ou mãe, que seja por inteiro. Se está na posição de filho, faça seus pais se orgulharem de terem trazido você ao mundo. Se é para ser amigo, faça valer a pena. Se é para ser parceiro, faça seu par afetivo sentir seu amor o tempo todo, sem deixar a relação esfriar mais do que o tempo necessário, para que, quando se encontrarem, a relação esteja pegando fogo de saudades.

Se é para ser colaborador, empresário, profissional liberal, entre arrebentando nos negócios. O grande lance para realizar com maestria tudo isso é conseguir viver conectado em todos esses papéis ao mesmo tempo.

Não é incrível como as pessoas mais ocupadas sempre dão um jeito de arrumar tempo para fazer novas tarefas?

Lembro um dia em que um cliente me ligou para saber minha opinião sobre demitir ou não um colaborador. Eu perguntei algumas coisas para adotar uma linha de raciocínio, e, de repente, o cliente diz:

"Paulo, que barulho é esse ao fundo, enquanto fala comigo?"

Respondi:

"É a Peppa e o Papai Pig. Estou com o Davi no colo enquanto conversamos".

Ele riu, eu dei minha resposta e voltei a assistir e brincar com o Davi, que na época tinha dois anos.

Gente ocupada arranja tempo!

Isso é conexão, não é meramente equilíbrio. Nem sempre é possível trabalhar oito horas, dormir oito horas e dar atenção às pessoas oito horas por dia. Você vai ter que misturar tudo na maior parte do tempo. Não tem mais jeito, nós mesmos criamos essa necessidade e será assim até que criemos outro estilo de vida e negócios.

E só consegue isso quem sabe conectar todas as suas vidas.

Trabalhar tem que dar prazer. A relação conjugal tem que ser prazerosa. Ser pai, mãe, amigo, filho tem que ser um encanto.

Portanto, esteja ciente de que você pode muito mais, e isso basicamente depende da sua atitude em relação àquilo em que pode interferir, fazendo uma conexão entre suas várias formas de atuar nesse espetáculo que é a sua vida.

Crie uma conexão entre sua vida profissional e pessoal. Dê o tempo necessário para cada compromisso, valorize cada segundo que estiver no trabalho e, também, os quais passar na companhia das pessoas que ama. É desse jeito que fará um tremendo sucesso nas duas áreas.

Valorize a presença dessas pessoas. Elas são a melhor parte da sua vida. Não viva de arrependimentos por não ter vivido com elas da maneira mais especial possível.

OS MAIORES ARREPENDIMENTOS SEMPRE SÃO OS BEIJOS E ABRAÇOS NÃO DADOS E OS ELOGIOS NÃO FEITOS A QUEM AMAMOS.

Riqueza material só traz até você o que é possível comprar. A riqueza imaterial, como amor, respeito, solidariedade, generosidade, gratidão, vem de berço, e da sua capacidade em evoluir como gente. A felicidade acontece quando você consegue conectar toda sua existência ao elo entre essas duas riquezas.

PROF. PAULO SÉRGIO

A DISTÂNCIA ENTRE
A MÃO E A TAÇA

Qual a distância entre a mão e a taça? Entre a voz e o microfone? O pé e a bola? Os olhos e o arco-íris? Os pais e os filhos? As lágrimas e os sorrisos?

Depende. Para mim, para você, talvez sejam perguntas ridículas, sem sentido, que podemos responder, dizendo que não há distância relevante.

Mas não é tão simples assim.

Para alguém com esclerose lateral amiotrófica, essas distâncias são de quilômetros, mais precisamente de uma vida toda, que dia após dia vai se distanciando de cada uma dessas ações.

Para um filho que perdeu o pai, ou para o pai que perdeu o filho, seja para as doenças, para as drogas ou rompimentos dos mais diversos, essas respostas também não são simples. Quem sabe jamais eles as encontrem, ainda que passem a vida toda imaginando que poderiam ter impedido essa perda, ouvindo mais um ao outro, estando mais presentes, sendo menos autoritários e mais amorosos, com menos cobranças e mais exemplos, menos "seu velho, sua velha atrasados", e mais "meu pai herói, minha mãe amável".

À NOITE O SOL NÃO SOME

Para quem perdeu todos os movimentos, não há respostas, não há chances, não há possibilidades de responder outra coisa, senão, uma vida toda apenas de esperanças ou desesperanças de encurtar as distâncias.

Para quem vive a incerteza do diagnóstico, o medo do prognóstico ou a certeza da dor, a distância entre a mão e a taça, os olhos e o arco-íris, o pé e a bola, os braços e os abraços, é um abismo, uma cratera, um deserto de sofrimento. Para nós, que estamos com um pequeno calo aqui, uma dorzinha singular ali, quase não há distância entre essas pequenas dores e o riso, ainda que muitos insistam em chorar por nada.

Eu tenho procurado uma única resposta para todas essas distâncias e acho que a encontrei. A distância depende da gratidão e da fé.

Para quem sabe agradecer por poder realizar pequenas coisas, como tocar a taça com vinho, olhar a beleza do arco íris, dar e receber um abraço ou um beijo, ouvir a maçaneta da porta se abrindo quando o pai, a mãe ou os filhos voltam, a distância é curta, pois quando há gratidão, esses pequenos movimentos e momentos que a vida nos dá de presente a cada segundo criam aproximações, em vez de afastamentos.

Para quem perdeu a chance de continuar executando todos esses atos acima, o que não se pode perder depois disso é a fé genuína, talvez a única coisa invisível e concreta de que tudo pode ser recuperado.

A distância entre os pais e os filhos que se amam é estreita, pois nada mais é do que a gratidão por poderem encurtá-la por meio dos abraços e beijos que podem se dar.

A distância entre os que se magoaram e se ofenderam é longa, porque é a ausência da gratidão, que os levou a não se abraçarem, não se beijarem. É a fé natimorta na ida à igreja aos domingos, nas orações da madrugada, ditas em palavras, mas não em gestos que deveriam ser praticados dentro de casa e em todas as suas interações.

A distância entre a rede e o peixe pode ser curta ou longa. Depende de quanta gratidão e fé precedem a pesca.

PROF. PAULO SÉRGIO

A distância entre a meta e o resultado é encurtada pela gratidão do que já foi conquistado, pelas pequenas vitórias diárias. Mas essa distância se agiganta quando a gratidão fica de fora, e não se comemora, não se celebra, apenas se reclama, e perde-se a fé no cumprimento do objetivo.

A distância entre a posição atual e a promoção é um abismo ou um pequeno salto. Tudo depende do quanto a gratidão se externou no singelo contracheque, de quanto a fé aconteceu na oração de agradecimento pela refeição à mesa, mesmo que com arroz, feijão, farinha e ovo frito, comprados com honra e dignidade.

A distância entre os que vivem e o cemitério é tão somente a gratidão por estarem vivos e a fé de que, depois disso, continuarão assim pela eternidade.

A distância entre viver celestialmente na Terra ou fazer da vida terrena um inferno é a gratidão pelo que se é e tem e a fé que seremos e teremos aquilo que, basicamente, escolhermos. É a gratidão pelo pedaço de pão, que ainda que seja pouco, sempre pode ser despedaçado e virar dois, três, cinco mil pedaços, alimentando a muitos.

A distância entre o lucro e o prejuízo pode ser medida a palmo ou com trenas alinhadas. Depende de quanta gratidão externamos a todos que se uniram e ajudaram a gerar os bons resultados, de quanta fé move a equipe e o empreendimento, capaz de expurgar os resultados ruins.

A distância entre o pão e a mesa, o doce e o filho, o tapete e as risadas, pode ser estreita ou larga. Só depende da gratidão pelo dia que amanheceu e da fé que, no finzinho da noite, as cócegas e o cafuné amenizarão o estresse do dia cheio e abrirão sorrisos e criarão energia para os novos e tão aguardados dias.

Se você quer encurtar todas as distâncias que vive hoje, lembre-se de que isso só é possível por meio da gratidão e da fé, que aproximam o Papai Noel e os pedidos feitos, o Cristo e os milagres esperados, os pais e os filhos, o irmão e a irmã, a cabeça e o colo, o carro e a garagem, o ombro e o choro, a dor e o riso, a cura e a doença, a taça e as mãos, o arco-íris e os olhos, os braços e os abraços, o pé e a bola, o beijo e a face.

À NOITE O SOL NÃO SOME

Quando perceber, na próxima vez em que for degustar um vinho, uma água, um suco, uma refeição, qual a distância entre a mão e a taça, o talher e a boca, terá a chance de agradecer, com fé genuína, pelos pequenos movimentos que realiza, sabendo que todas as grandes realizações futuras que deseja dependem disso.

Assim, encurta todas as distâncias que separam você da frequência do sucesso e da felicidade. Viva com gratidão e fé, para encurtar essas distâncias.

PROF. PAULO SÉRGIO

A VIAGEM

Em uma viagem de avião, o piloto avisou:

> "Pessoal, vamos passar por uma grande turbulência, o tempo está fechado, há muitos raios e uma grande tempestade se aproxima. Apertem os cintos e fiquem atentos às instruções de segurança que receberam".

Todos apertaram os cintos e ficaram muito tensos, mas em poucos segundos o comandante avisa novamente:

> "Senhores passageiros, corremos sérios riscos. Uma asa do avião foi danificada, teremos que fazer um pouso forçado".

Nesse momento, todos que tinham fé começaram a rezar, orar, pedir ao Pai Celestial que tudo desse certo. Passaram a maior parte do tempo de olhos fechados, sem coragem de sequer espiar a tempestade.

A maioria das pessoas recordava com tristeza dos familiares e amigos. Uma mãe lembrou que no dia da sua viagem não teve tempo para abraçar a filha de doze anos. Pela manhã,

À NOITE O SOL NÃO SOME

quando acordou, foi até o quarto, mas a filha estava dormindo. A relação entre as duas já estava fria e preferiu deixar para conversar mais tarde.

Outro passageiro chorava, pois em seus pensamentos vinha a lembrança do último pedido de seu irmão, para que fosse até a casa dele participar de uma festa no final de semana, mas respondeu que estava sem tempo.

Um jovem estava nitidamente abatido. Na sua memória havia apenas uma recordação: de ter dito ao seu pai que ele estava velho demais, ultrapassado, e que não entendia nada na vida atualmente.

Uma professora se lembrava de não ter dado atenção a um aluno especial. Ele havia tirado nota baixa em matemática, mas como a maior parte da turma havia se saído bem, ela disse que o culpado era ele. Isso a remoía, pois, talvez, a última esperança daquele aluno fosse a atenção e o carinho da professora, pois ela sabia o quanto ele sofria em casa, com a falta de atenção e amor.

Um médico se recordava do quanto não cumprira seu juramento. Lembrou especialmente de dois pacientes que perderam a vida por não conseguirem dinheiro a tempo para realizar a cirurgia.

Pais se retorciam em seus pensamentos, pois lembravam o quanto não deram atenção aos filhos. Trabalhavam tanto que não se recordavam quando fora a última vez que rolaram no tapete da sala com eles. Filhos sentiam um aperto no peito por terem sido desrespeitosos com seus pais, os culpando por seus fracassos.

A aeromoça também chorava. Lembrou que havia maltratado sua melhor amiga, porque descobriu que ela era homossexual. De olhos fechados, lembrava o quanto aquilo não tinha importância, pois sua amiga era incrível como ser humano.

Um pai tentou ligar para seu filho, que havia deixado de castigo, porque ele derramou suco no sofá novo, e viu o quanto aquilo era banal, mas foi a última imagem que havia deixado à criança sobre si mesmo. Ao mesmo tempo, também gostaria de falar para seu filho mais velho que abandonasse a Faculdade de Medicina e fosse estudar música, como sempre quis, mas foi impedido por ele.

PROF. PAULO SÉRGIO

Uma mãe, desesperada, apertava as teclas do celular de um aplicativo de mensagens, mas a mensagem não ia. Ela queria falar com a filha viciada em cocaína, para a qual havia negado um último abraço.

Todos sentiam uma imensa tristeza e juravam que, se saíssem vivos dessa, fariam tudo diferente e lutariam o tempo todo para fazer quem mais amavam felizes, além de cuidarem melhor da própria felicidade.

Mas, sem entenderem muita coisa, ouviam alguns risos vindo da última poltrona.

Lá no fundo, havia um senhor que durante toda a turbulência sorria. Obedeceu à ordem de apertar os cintos e, também, buscou na sua crença, pedir a Deus para que pousassem em segurança. Todavia, em vez de fechar os olhos, ele olhava pela janela e soltava algumas gargalhadas.

O piloto conseguiu aterrissar o avião e algumas pessoas imediatamente foram tirar satisfação com aquele senhor que sorria: "O senhor está maluco? Como pode vir sorrindo em meio a tamanha turbulência, até parece que não tem amor à vida?".

Sorridente, ele respondeu:

> "Sim, tenho muito amor à vida, à minha e a de todos vocês. Mas não pude deixar de observar a beleza da tempestade. Os raios eram lindos, clareavam tudo. Vocês não fazem ideia de quanta formosura havia nas nuvens. Não quero parecer místico, mas, em uma delas, até acho que vi o dedo de Deus apontando para nós, como se dissesse: 'Cuida deles aí, meus anjos'. Foi um momento mágico na minha vida".

Espantados, perguntaram como ele conseguiu ser tão corajoso. A resposta foi:

> "Não se adquire coragem em um momento difícil. A coragem é construída quando se sabe aproveitar a vida em todos os seus instantes, fáceis, difíceis, bons e ruins. Eu procuro sempre vibrar na frequência da alegria, do amor, do sucesso e da

À NOITE O SOL NÃO SOME

felicidade. Tentar encontrar coragem e essa frequência apenas quando se está em perigo é como procurar uma agulha que não está no palheiro. A coragem nasce da capacidade de se fazer bem--feito tudo o que fazemos todos os dias, de amar e encantar as pessoas diariamente, sejam elas nossos colegas de trabalho, clientes, chefes, enfim, sejam quem forem. Ela surge também quando as nossas lembranças nos fazem felizes, em vez de espinharem nossa consciência. Tenho vivido intensamente cada dia da minha vida, pois, apesar de não sabermos o final da nossa história, o que importa é aproveitar cada etapa da jornada, sem deixar para ser feliz apenas na reta final. Querer ser feliz somente quando formos e tivermos tudo o que queremos é decidir ter uma vida sem sabor, igual chuchu sem tempero. Semana passada fizemos um lindo almoço em família. Rimos muito das dores do passado e concluímos que elas é que nos trouxeram até esta vida deliciosa que temos hoje, ainda que com contratempos. No dia seguinte ao almoço, fui passear com meus filhos em uma praça pública e degustamos um delicioso algodão doce, logo após um cachorro-quente que estava melhor ainda. Na realidade, o sabor deles se intensificou pela nossa felicidade naquele momento. Antes de viajar, beijei e abracei as pessoas que amo e me despedi até do meu cachorro. Liguei para a empresa a agradeci ao chefe pela oportunidade de estar viajando, bem como mandei um vídeo, antes de entrar no avião, para o grupo da família e da empresa, dizendo o quanto era feliz por tê-los na minha vida. Antes que a tempestade começasse, eu estava lendo um bom livro e rindo das histórias contadas. Se o avião caísse, eu tenho certeza de que as pessoas teriam boas lembranças de mim e eu iria feliz, pois fiz o melhor que pude. Enfim, pessoal, vamos agradecer ao piloto pelo excelente pouso, ele é um sucesso, é o herói disso tudo, aliás, é meu filho".

Nós decidimos como passar pelas tempestades. O destino pode ser o mesmo, mas a felicidade está em nossa capacidade de viver intensamente cada segundo, para poder aproveitar a trajetória.

PROF. PAULO SÉRGIO

APROVEITE O VENTO

VOCÊ PODE TER MUITAS OPORTUNIDADES PARA GANHAR DINHEIRO E TODA RIQUEZA QUE QUISER. MAS NÃO TERÁ UMA SEGUNDA CHANCE DE VER SEU FILHO ANDAR DE BICICLETA PELA PRIMEIRA VEZ, NEM DE FAZER O CURATIVO NA SUA PRIMEIRA QUEDA.

Temos lutado tanto para ter, e isso é excelente e saudável. No entanto, muitos de nós não conseguem mais ser.

É INCRÍVEL, MAS O DINHEIRO DEIXA MUITA GENTE MAIS POBRE.

Lutamos para ter um belo carro, mas não conseguimos aproveitar as viagens que fazemos com ele. Nos estressamos

À NOITE O SOL NÃO SOME

porque alguém não deu sinal para fazer a conversão. Estamos a bordo de um carro magnífico, mas vamos a viagem inteira brigando com os filhos que não param quietos. Brigamos com eles porque estavam tão felizes de carro novo que até derramaram refrigerante nele. Andamos com o melhor carro, porém de vidros fechados, com medo das pessoas.

 QUANDO SUA VIDA SE RESUME A DINHEIRO, VOCÊ VIVE UM RESUMO, NÃO UMA HISTÓRIA!

Temos as melhores casas, entretanto mais se parecem um presídio, com muros altos, cerca elétrica e monitoramento 24 horas. Temos medo até de passear pelo jardim. Moramos bem, porém não levamos mais os amigos de antes para festejar conosco, pois nos achamos melhores do que eles agora que temos dinheiro, riqueza e nos tornamos, às vezes, arrogantes, usando o saldo bancário como argumento para pisar nos outros. É essa a pior pobreza que o dinheiro pode trazer: a falta de histórias de vida; uma vida de resumos apenas.

Usamos roupas, bolsas, calçados e cintos de grife, no entanto vestimos juntamente com eles o manto da soberba e não conseguimos sequer aproveitar as festas que vamos, pois o mais importante parece que é aparecer, e isso nos impede de usufruir o que de mais belo temos: nós mesmos e a companhia de pessoas especiais!

Caminhamos nas melhores ruas e avenidas, contudo não conseguimos aproveitar a paisagem, com medo de levarem nossos pertences. Temos lindas e deslumbrantes paisagens, mas sequer conseguimos fechar os olhos e sentir o frescor do vento balançando os cabelos.

Sejamos nós mesmos, do nosso jeito, com respeito próprio e pelos outros. Talvez seja isso que esteja faltando para que a vida valha a pena.

Lembre-se que, ao se aproximar do sucesso financeiro, não pode permitir que essa aproximação o afaste da felicidade, afinal tudo o que fazemos deve nos levar para ela.

PROF. PAULO SÉRGIO

A FELICIDADE NÃO ESTÁ ESTAMPADA NAS NOTAS DE CEM REAIS. ELA ESTÁ GRAVADA NAS NOTAS SUAVES DAS BATIDAS DO SEU CORAÇÃO E NA FREQUÊNCIA DO SUCESSO SINTONIZADA NA SUA MENTE, QUE PULSAM PELO PRAZER DE VIVER E OFERECER O SEU MELHOR NAQUILO E NO MOMENTO EM QUE ESTIVER FAZENDO.

Quantas coisas você, realmente, gosta de fazer? Por exemplo: dançar, jogar futebol, ouvir música, andar de bicicleta, passear em um parque, assistir a um filme no cinema, visitar uma amiga, um amigo, sair sem rumo, andar mais descalço, correr na chuva, escorregar na grama molhada, saborear com mais calma um sorvete, comer um cachorro-quente, demorar mais no abraço, suspirar mais quando beija etc.

Quantas dessas coisas você fez no último mês?

É isso que deveria estar procurando fazer com mais frequência, criando todas as conexões necessárias para isso.

Ter é fundamental. Para quem sabe viver, aproxima muito da felicidade. Mas ser é vital. Sem ser, o ter perde o brilho, o valor e o sentido.

Quando estiver caminhando, sinta mais o vento no rosto, ande descalço, observe o revoar das borboletas e dos pássaros, cumprimente desconhecidos e deseje a eles um excelente dia. Permita que a fragrância das flores penetre por suas narinas e leve esse aroma até o cérebro. Isso areja a mente e refresca a alma, alivia a tensão, o estresse, dá mais qualidade de vida.

Se estiver de carro, abra as janelas e permita que o vento adentre. Agradeça a Deus por tudo o que tem, aproveite intensamente suas conquistas, e com mais do que equilíbrio, ou seja, com conexão, vá buscar o que ainda deseja, sendo muito feliz nessa caminhada.

Se em algum momento falhar, perder alguma oportunidade de ouro na relação com as pessoas que mais ama, tenha a humildade de pedir desculpas, abrindo seu coração, expondo as razões. Depois corrija a rota.

À NOITE O SOL NÃO SOME

Lembre-se que, por mais que não consiga assistir seu filho pela primeira vez andar de bicicleta, nem aplicar um curativo na sua primeira queda, você terá muitas oportunidades de dizer a ele o quanto é importante na sua vida. Por mais que não tenha conseguido chegar a tempo à formatura de alguém especial, fará com que o próximo encontro seja inesquecível. Por mais que não tenha visitado uma pessoa amada no hospital, vai recordar dela com as melhores lembranças que viveram juntos.

 A SEGUNDA CHANCE TENDE A SER MARAVILHOSA QUANDO RECONHECEMOS O QUANTO FOI TERRÍVEL TER PERDIDO A PRIMEIRA.

Para encerrar este capítulo, quero dizer que aproveitar o vento é não se martirizar com as decisões que já tomou ou terá de tomar. Apenas faça tudo o que é possível para viver com saudade das pessoas, e não com remorsos. Se sentir que tem errado com quem lhe é caro, resolva esse impasse o mais rápido possível.

PROF. PAULO SÉRGIO

CELEBRAÇÃO 361,5°

A frequência sonora da vida é muito melhor quando encontramos a estação da celebração, afinal, a vida é feita de celebrações. Cada vez que celebramos, elevamos verdadeiramente nossas orações ao céu e mostramos nossa fé e gratidão. Talvez celebrar seja, sim, um grande conceito do que é fé, pois é a gratidão na prática.

Comemorar as pequenas e grandes coisas, momentos alegres e mais delicados. Essa energia e sintonia da celebração rompem o cárcere daquilo que trava nosso crescimento, nossa saúde e felicidade.

Celebrações se fazem com abraços, beijos, sorrisos, mas nada impede que sejam regadas, também, com um belo jantar em família, com aquelas pessoas que nos fazem derrubar muros, construir pontes, enraizar cada vez mais o amor e as boas atitudes em nossas vidas.

Comemorar o bom filho, a amável mãe, o austero, firme, mas adorável pai. Celebrar até mesmo se não estão ou nunca estiveram presentes, pois é pelos espinhos que às vezes mais aprendemos. Geralmente, são eles que ensinam as grandes lições, que usaremos quando menos forças tivermos para continuar.

À NOITE O SOL NÃO SOME

Eu acredito que quando a gente celebra, Deus abre as mãos lá de cima e manda o que fará bem. Quando não celebramos, Ele continua de mãos abertas, mas o que era para ser nosso cai ali no quintal do vizinho que comemorava seu pequeno e simples jantar, realizado com o prato na palma das mãos por falta de mesa, logo após terem dividido um pequeno pedaço de salame em várias fatias, sobrando duas ou três para cada pessoa. Claro, não fazem suas refeições antes de erguer os olhos para o céu, tirar seus chapéus, em um gesto de gratidão pelo muito que dividiram.

Celebre com as pessoas especiais todos os seus momentos. Dos mais simples aos mais sofisticados.

Da minha infância, uma das minhas lembranças preferidas é a de ficar esperando na porta de casa a caixa de compras do supermercado chegar, para ver se meu pai tinha comprado uma bandeja de iogurte ou um pacote de bolachas da marca Maria.

Geralmente ou vinha uma coisa ou outra. Claro, não raras vezes, nenhuma delas!

Olhando hoje, vejo o quanto complicamos a felicidade. Naquela época, quando não vinha nem iogurte nem bolacha, eu ficava "p" da vida, mas saía para brincar e tudo voltava ao normal, e já criava a expectativa de que no outro mês, na caixa de compras, viria o iogurte ou a bolacha.

No entanto, quando avistava o iogurte ou a bolacha na caixa de compras, celebrava como se tivesse ganhado o maior prêmio do mundo, e hoje vejo que era mesmo.

Na atualidade, muita gente não valoriza coisas simples e não consegue ser feliz, mesmo que possa comprar tudo o que quer e deseja. E aí, concluo que: a felicidade vai embora quando podemos comprar tudo o que queremos.

A grande sacada da vida é o sucesso simples, fácil, leve, é sermos felizes, principalmente, com tudo aquilo que o dinheiro não pode comprar. Iogurte e bolacha você compra com dinheiro, mas aquele fabuloso momento de espera, a expectativa e a esperança, não!

PROF. PAULO SÉRGIO

Ele é construído todos os dias, a todo momento. Pequenas atitudes e ações vão trazendo-o mais perto de nós. Sucesso requer saber estar na mesma frequência e sintonia das ondas da contemplação da vida. Apesar dos contratempos, viver é um estágio indescritível quando aprendemos a valorizar o que temos, sem desistir dos sonhos que ainda não realizamos.

Mais do que isso: viver é valorizar quem temos. Quase nunca dispensamos atenção a quem está bem próximo de nós. Deixamos para dizer o quanto eram importantes quando não podem mais ouvir. Não permita que isso se repita mais na sua vida, e celebre, o tempo todo, os muitos ou poucos momentos que têm com quem está ao seu lado. Se acha que gastou tempo falando bobagens às pessoas que amava ou não demonstrou todo o amor que sentia e pensa que não pode mais resolver isso, porque elas já se foram, você tem duas saídas: celebre mais vezes quem ainda está com você e ore agradecendo por quem se foi. Alguma coisa me diz que isso vai aliviar o peso da sua alma.

Mesmo vivendo em um mundo cheio de turbulências, precisamos aprender a arte de contemplar todos os nossos momentos, em vez de adiar a felicidade para depois, quando tudo se resolver. Ideias como essas estão nos afastando do que mais precisamos: ser felizes mais vezes do que só de vez em quando!

Adoro quando pergunto aos meus filhos mais velhos se eles são felizes e me respondem: "Claro, paizão". Não é pelo "claro", sei que estão felizes, mas, sim, pelo "paizão". No dia em que me chamarem apenas pelo meu nome ou simplesmente de pai, terei de rever minhas atitudes. Quando estão longe, mal sabem eles que minha maior felicidade é quando o trinco da porta é aberto ou o interfone toca e os vejo. Não há nada mais valioso para os pais do que a imagem dos seus filhos retornando. Quando sofrem, é como se eu fosse o dedo que se machuca no espinho da roseira. Porém, quando vejo que estão aprendendo com a tristeza e o sofrimento, celebro, pois o espinho que causa dor perdeu espaço para a maciez das pétalas do crescimento e da evolução que essa dor foi capaz de gerar.

À NOITE O SOL NÃO SOME

Fico muito feliz quando a Marli, minha esposa, consegue ler meus pensamentos e aparece com um doce, uma palavra amiga, um abraço surpresa, enquanto passeio pelo jardim. Isso mostra nossa conexão com a felicidade, na qual procuramos viver o máximo tempo possível. Amo quando o Davi, meu filho mais novo, de três anos, pede para subir em minhas costas. Mesmo que as hérnias de disco tentem impedir, dou um jeito de correr com ele pelas ruas e parques, pois o sorriso dele transborda felicidade e alivia qualquer dor.

Eu lembro que na minha infância, quando tinha por volta de cinco, seis anos, uma das coisas que mais me deixava feliz era, no inverno, o fato de minha avó fazer fogo no fogão à lenha e assar pinhão (uma espécie de castanha) na chapa. Colocávamos os pés no forno do fogão para nos esquentar e ficávamos ali por um longo tempo. Eu adorava ouvir suas histórias. Sempre fui muito feliz ao lado dela, aquele era um momento mais que especial. Era como um ingresso para a felicidade.

Com o tempo, infelizmente, vamos perdendo essa sensibilidade de sentir felicidade nas coisas mais simples e deixamos o ingresso a ela cada vez mais caro.

No entanto, como dádiva, todos os dias recebemos um passe-livre, que dá direito a entrar na mesma frequência de acesso à sala do fracasso e das angústias ou à sala do sucesso e da felicidade. Sabe quem será feliz? Aquele que escolher a sala dois? A resposta é: não.

Será feliz aquele que conseguir passar pela frequência negativa da sala 1, pois é ela que dá acesso à outra sala. A passagem pela sala 1 é obrigatória, pois ela e a porta 2 são inseparáveis. Esse é o grande segredo da frequência do sucesso.

Ser feliz é fácil: basta fazer, todos os dias, mais coisas que deixam você feliz do que as que deixam você triste.

Aprenda a contemplar o que você tem e a correr em busca daquilo que você quer. Não reclame, pois o tempo, a energia e os recursos que você gasta reclamando farão falta quando precisar superar as adversidades, e até mesmo para dar aquele sprint final nessa doce loucura que é a vida.

PROF. PAULO SÉRGIO

Quando eu era criança, mal tínhamos o que comer. Minha mãe faleceu vítima de um câncer no seio quando eu tinha dez meses de vida. Minha avó cuidou de mim, mesmo já tendo mais de 60 anos de vida. Ela sempre ganhou um salário mínimo, e tinha que comprar muitos remédios. Então, nossa alimentação sempre foi muito simples.

Sabe o que ela fazia toda vez em que íamos comer? Agradecia pelo que tínhamos. Ela erguia suas mãozinhas para o céu e dizia: "Senhor, obrigado por tudo que temos nesta mesa... Que o Paulinho cresça e seja muito feliz, e que eu tenha saúde para ver isso acontecer. Amém".

Sabe o que aconteceu? As preces dela foram ouvidas. Ela faleceu com 89 anos e teve tempo de ver aquele menino que catava material reciclável na rua conseguir transformar ferro--velho em ouro!

Agradeça pelo que você tem. Reze bastante, porque Deus sempre ouve aqueles que têm um coração bom e cheio de gratidão.

A sua vida tem de estar sintonizada nessas cinco frequências que aprendeu:

- **Construa uma mente 361,5°;**

- **Corte os ciclos destrutivos;**

- **Empreenda Visão e Atitude 361,5°;**

- **Controle suas emoções;**

- **Faça da sua vida uma troca.**

Porque, assim, fica sintonizado na frequência, visão e atitude 361,5°, fazendo sua vida e a de todos à sua volta valer a pena.

Vá em frente. Fique com Deus, torço pelo seu sucesso e sua felicidade, sempre.

E lembre-se que você só tem uma coisa a temer nesta vida: viver sem sonhos, o mesmo que não viver!

PROF. PAULO SÉRGIO

AH, E A HISTÓRIA DE FAZER LARANJADA COM LIMÕES NO INÍCIO DO LIVRO?

Nossa, eu já ia esquecendo.

Bem, se você leu todas as páginas anteriores, tenho certeza que já descobriu o que é preciso para fazer do limão uma laranjada. Afinal, a ideia está em todo o livro. Você aprendeu que não há receita pronta para o seu sucesso, que é preciso ir muito além do que todos pensam que dá para fazer, suportar mais dor do que todos suportam, ser espremido mais que limão para suco e, ainda assim, dar o seu melhor, acreditando que não será em vão, que seu sol não sumirá à noite, apenas está em outro lugar brilhando, esperando que você vá a esse lugar, que é onde estará a realização dos seus sonhos e objetivos.

Se você veio até aqui, sem ter lido as outras páginas, seja por curiosidade ou para descobrir em uma página "o segredo", sinto muito. Eu não faria isso com você, nem com quem doou horas, dias, meses para ler todo o livro e compreender essa história de fazer laranjada com limões, e de estar convicto de que à noite o sol não some, só pode ser realizada se você mudar sua frequência mental, sua visão e suas atitudes em relação ao que viveu, vive e viverá em toda a sua história!

REFERÊNCIAS

ANDREAS, Steve. *PNL, a nova tecnologia do sucesso.* Rio de Janeiro: Elsevier, 1995.

ARTIGAS, Ana. *Inteligência relacional.* São Paulo: Literare Books, 2017.

ARISTÓTELES. *Metafísica.* São Paulo: Edipro, 2012.

BRADBERRY, Travis. *Desenvolva sua inteligência emocional: tudo o que você precisa saber para desenvolver seu Q.E.* Rio de Janeiro: 2007.

BROWN, Jeff. *O cérebro do vencedor.* Rio de Janeiro: Elsevier, 2010.

BYRNE, Ronda. *O segredo.* Rio de Janeiro: Ediouro, 2007.

CLUTTERBUCK, David. *Coaching eficaz.* São Paulo: Gente, 2008.

Chopra, Deepak. *A cura quântica.* Rio de Janeiro: Bestseller, 2017.

CURY, Augusto Jorge. *Nunca desista dos seus sonhos.* Rio de Janeiro: Sextante, 2004.

GEDIMAN, Corine. *Deixe seu cérebro em forma.* Rio de Janeiro: Sextante, 2008.

HANNA, Paul. *Você pode.* São Paulo: Fundamento Educacional, 2004.

HILSDORF, Carlos. *Atitudes vencedoras.* São Paulo: Senac, 2006.

JOHNSON, Steven. *De cabeça aberta, conhecendo o cérebro para entender a personalidade humana.* Rio de Janeiro: Jorge Zahar, 2008.

JUNG, Carl Gustav. *Psicologia do inconsciente.* Petrópolis: Vozes, 2008.

MICHAEL, Russ. *A fórmula secreta do sucesso.* São Paulo: Madras, 2007.

RIBEIRO, Lair. *O sucesso não ocorre por acaso.* Rio de Janeiro: Objetiva, 1993.

SALEM, Marc. *Desperte e fortaleça sua mente.* Rio de Janeiro: Elsevier, 2007.

SERVAN-SCHREIBER, David. *Curar: o stress, a ansiedade e a depressão sem medicamento nem psicanálise.* São Paulo: Sá Editora, 2004.

SHINYASHIKI, Roberto. *A revolução dos campeões.* São Paulo: Gente, 1995.

SPRENGER, Reinhard K. *Toda mudança começa em você.* São Paulo: Fundamento, 2006.

STANLEY, Charles F. *Como desenvolver todo o seu potencial.* Rio de Janeiro: Central Gospel, 2012.

TOLLE, Eckhart. *O poder do agora.* Rio de Janeiro: Sextante, 2002.